# 지식재산법개론

김창화

박영사

To my Family ...

## 제7장  부정경쟁방지법

## 제8장  저작권법

제1장

# 지식재산법 총론

I

# 지식재산의 의의 및 유형

## 1 지식재산의 의의

###  지식재산 기본법

> **제3조(정의)** 이 법에서 사용하는 용어의 뜻은 다음과 같다.
> 1. "지식재산"이란 인간의 창조적 활동 또는 경험 등에 의하여 창출되거나 발견된 지식·정보·기술, 사상이나 감정의 표현, 영업이나 물건의 표시, 생물의 품종이나 유전자원, 그 밖에 무형적인 것으로서 재산적 가치가 실현될 수 있는 것을 말한다.
> 2. "신지식재산"이란 경제·사회 또는 문화의 변화나 과학기술의 발전에 따라 새로운 분야에서 출현하는 지식재산을 말한다.
> 3. "지식재산권"이란 법령 또는 조약 등에 따라 인정되거나 보호되는 지식재산에 관한 권리를 말한다.

지식재산에서 지식은 인간의 정신적 활동으로 발생하는 모든 것을 의미하며, 이러한 지식을 경제적 가치, 즉 재산으로 인정한 것이 바로 지식재산이다. 이러한 지식재산은 법에 의해 등록되거나 일정한 요건을 만족하는 경우 권리로써 인정될 수 있고, 이들을 통칭하여 지식재산권이라 한다. 세계지적재산권기구(WIPO) 설립협약 제2조 제8호도 유사하게 지식재산권을 "문학, 예술 및 과학적 저작물, 실연자의 실연, 음반 및 방송, 인간 노력에 의한 모든 분야에서의 발명, 과학적 발견, 디자인, 상표, 서비스표, 상호 및 기타의 명칭, 부정경쟁으로부터의 보호 등에 관련된 권리와 그 밖의 산업, 과학, 문학 또는 예술 분야의 지적 활동에서 발생하는 모든 권리"로 규정하고 있다. 이러한 지식재산은 기술의 발전에 따라 새롭게 탄생하기도 하며, 이를 신지식재산이라 한다.

## 2 지식재산의 유형

지식재산은 발명, 고안, 영업비밀, 디자인, 상표, 저작물 등이 있으며, 이들은 각각 특허법의 특허권, 실용신안법의 실용신안권, 부정경쟁방지 및 영업비밀보호에 관한 법률의 영업비밀, 디자인보호법의 디자인권, 상표법의 상표권, 저작권법의 저작권 등의 모습으로 보호된다. 신지식재산은 전통적인 지식재산 분야에서 보호 범위가 확대되는 소리·냄새 상표, 트레이드 드레스(Trade Dress), 전송 등이 있고, 새로운 분야로서 반도체 배치설계, 인공지능, 생명공학 등이 있다. 이들은 기존 지식재산법에서 그 보호를 포함하거나 새로운 방안을 마련하는 등의 조치를 하고 있다.

# 지식재산 시스템의 필요성

## 1 지식재산의 속성

지식재산의 속성을 설명하는 이론에는 자연권 이론(Natural Rights Theory)과 공리주의(Utilitarianism)가 있다. 먼저, 자연권 이론의 일종인 로크(John Locke)의 노동이론(Labor Theory)에 따르면, 인간에 의해 만들어진 생산물은 인간이 소유한다. 따라서 인간의 정신적 창작(노동)으로 만들어진 성과물은 인간의 재산이 된다. 다음으로, 공리주의는 지식재산의 속성을 자원의 효율적 생산과 분배를 통한 사회 차원의 부(富)에 대한 극대화에서 찾는다. 따라서 공리주의는 개인보다 공동체에 더 많은 비중을 두어, 법경제학적 측면에서 재산권을 부여함으로써 사회에 필요한 재화의 생산을 촉진하고, 효율적으로 분배될 수 있도록 하여, 사회 전체의 부가 증가하도록 한다.

경제학적으로 사회의 재화들은 재화가 동시에 다수에 의해 소비될 수 있는 성질인 경합성(Rivalrousness)과 특정 재화에 대한 타인의 접근을 제한할 수 있는 성질인 배제성(Excludability)의 유무를 기준으로 분류된다. 재화는 그리하여 경합성과 배제성을 모두 갖는 것을 사적 재화(private goods), 경합성은 있으나 배제성이 없는 공유재(common goods), 경합성은 없으나 배제성이 있는 클럽재(club goods), 경합성과 배제성이 모두 없는 공공재(public goods)로 나눌 수 있다. 지식재산은 2명 이상이 동시에 사용할 수 있고, 타인의 사용을 물리적으로 제한하기 어려워 공공재로서 비유된다.

## 2 지식재산 시스템의 발생

공공재로서의 지식재산은 타인이 지식재산에 쉽게 접근할 수 있도록 하고, 정당한 비용을 지급하지 않고 지식재산을 이용하려는 무임승차(Free-Riding)를 쉽게 발생시킨다. 지식재산은 일반적으로 초기 투자 비용이 많이 요구되는 반면, 배분하는 데에는 상대적으로 적은 비용으로도 가능하다. 따라서 무임승차가 가능하다면, 최초 창작자들은 자신의 투자에 대한 개발 위험만을 안게 되며, 모방하거나 도용하는 자들만 투자 없이 쉽게 영리를 취하게 됨으로써 정당한 경쟁이 이루어질 수 없게 된다. 지식재산법은 이러한 불평등을 바로잡기 위해 지식재산권자에게 강력한 배타적(Exclusive) 권리를 부여하고 이를 통해 타인의 도용으로부터 지식재산권자를 보호한다. 여기서 배타적 권리의 부여는 지식재산권자에게 최초의 투자 비용을 안정적으로 회수할 수 있게 하고, 이를 통해 더 많은 창작을 유인하도록 하여 관련 산업의 발전을 꾀할 수 있게 하는 유인책(Incentive)이 된다. 이것이 공리주의 중 하나인 유인이론(Incentive Theory)이며, 지식재산 시스템(지식재산법)의 존재근거를 설명하는 가장 유력한 이론이다.

세계 30대 제약사들이 신약 허가 당 지출한 평균 비용은 48억 달러이고, 그 개발에는 10.5년이 소요되었다. 또한, 영화 '어벤져스(Avengers)'를 제작하는 데 들어간 비용은 약 3억 달러이고, 제작하고 상영하기까지 15개월이 걸렸다. 그렇다면, 신약의 제조 비법을 알고 난 후 그 의약품을 제작하고, 영화를 불법으로 복제하여 보는 경우 얼마큼의 시간과 비용이 들어갈까? 아마도 이를 만들기 위해 들어간 비용과는 비교가 될 수 없을 정도의 시간과 비용이 들어갈 것이다. 이러한 도용은 위에서 살펴본 바와 같이 정당한 경쟁이 이루어질 수 없게 하며, 결국 제작자나 창작자들로 하여금 더 이상의 지식재산을 만들지 않게 한다. 이러한 문제들을 해결하기 위해, 제작자나 창작자들에게 유인책으로써 강력한 지식재산권을 부여한다. 그리하여 도용을 막고, 더 많은 지식재산을 만들도록 한다. 이것이 지식재산 시스템이고, 지식재산 시스템은 지식재산을 더 많이 만들어 우리 사회에 축적되도록 하고, 사회 모두에게 배분하며, 이를 통해 지식재산법의 궁극적 목적인 산업 발전을 달성하도록 한다.

# 다른 법률과의 관계

## 1 헌법과의 관계

헌법 제22조 제2항은 "저작자·발명가·과학기술자와 예술가의 권리는 법률로써 보호한다"고 함으로써 지식재산법의 존재 근거를 제공한다. 또한, 헌법 제37조 제2항은 "국가안전보장·질서유지 또는 공공복리를 위하여 권리를 제한할 수 있다"고 규정하여, 지식재산권을 제한할 수 있는 근거도 제공하고 있다. 미국도 헌법에서 지식재산법의 근거를 다음과 같이 제공하고 있다.

### US Constitution

Art. I , Sec. 8, Cl. 8. To promote the Progress of Science and useful Arts, by securing for limited Times to Authors and Inventors the exclusive Right to their respective Writings and Discoveries.

## 2 민법 및 민사소송법과의 관계

민법은 일반인의 사적 생활관계인 재산관계와 가족관계를 규율하는 법으로서, 그 적용범위에 있어 특별한 한정이 없이 일반적으로 적용되는 일반법이다. 지식재산 분야에서도 지식재산법에 관련 규정이 없을 때 보충적으로 적용된다. 특히, 지식재산권에 대한 침해는 불법행위를 구성하기 때문에, 민법의 불법행위 규정들이 지식재산권 침해에 적용된다. 지식재산의 침해금지청구권, 침해예방청구권, 손해배상청구권 등은 민법의 불법행위에서 비롯된 것이며, 저작권의 간접 침해에 대하여 민법상의 방조책임이 적용되었다. 또한, 지식재산과 관련된 심판이나 소송 또는 재심에 대한 절차에는 민사소송법이 준용된다. 지식재산 관련 침해 소송 중 금지청구나 손해배상 청구는 민사소송으로서 민사소송법이 적용된다.

## 3 독점규제 및 공정거래에 관한 법률과의 관계

독점규제 및 공정거래에 관한 법률 제117조는 "저작권법, 특허법, 실용신안법, 디자인보호법 또는 상표법에 따른 권리의 정당한 행사라고 인정되는 행위에 대해서는 적용하지 아니한다"고 규정하고 있다. 따라서 지식재산법들은 독점규제 및 공정거래에 관한 법률에서의 독점금지에 대한 예외가 된다. 다만, 이러한 예외는 권리의 정당한 행사라고 인정되는 범위에서만 가능하며, 권리를 남용하는 경우에는 그러하지 아니하다. 그리하여 지식재산권의 부당한 행사에 대한 심사지침을 마련하여, 지식재산권 행사에 대한 독점규제 및 공정거래에 관한 법률 적용의 일반 원칙과 구체적 심사기준을 제시하고 있다.

## 4 기타 법과의 관계

지식재산법은 노동법과도 관련되는데, 직무발명, 직무디자인, 업무상 저작물 그리고 영업비밀에서의 전직 금지 약정 등의 경우에 사용자와 종업원의 관계로 인한 문제가 발생한다. 종업원이 지식재산을 창작하지만, 대부분의 경우 사용자는 그러한 창작에 상당히 기여하기 때문에, 지식재산에 대한 이익은 양자의 이익을 조화하는 방향으로 결정된다. 한편, 지식재산법의 발생이나 관리 등은 특허청이나 문화체육관광부 등의 행정기관과 관련되어 이루어진다. 따라서 이와 관련하여 문제가 발생한 경우 행정법, 행정심판법 그리고 행정소송법 등이 적용될 수 있다.

# 지식재산의 국제적 보호

## 1 국제기구

### (1) 세계지식재산기구(World Intellectual Property Organization, WIPO)

WIPO는 유엔(UN) 전문기구 중의 하나로, 1967년 WIPO 조약에 의거하여 1970년 제네바에 설립되었다. 2023년 5월 193개의 회원국이 있으며, 우리나라는 1979년에 가입하였다. WIPO는 WIPO 설립협약, 산업재산권 관련 파리협약, 특허협력조약, 상표법 조약, 저작권 관련 베른협약 등 총 26개 조약을 관장하고 있으며, 국제 지식재산 출원 서비스를 위해 특허협력조약(PCT)에 의한 특허 국제출원, 마드리드 협정에 의한 상표 국제출원, 헤이그 협정에 의한 디자인 국제출원 등을 처리하고 있다. 또한, 최근에는 유전 자원 등의 보호에 관한 조약, 방송사업자 보호조약 등 신규 국제규범 제정을 위해 노력하고 있다.

### (2) 세계무역기구(World Trade Organization, WTO)

자유로운 국제무역의 창설을 목적으로 1995년 설립된 세계무역기구는 기존의 관세 및 무역에 관한 일반협정(GATT)에 비하여 강제력(구속력과 집행력)을 가지며, 특히 농산물, 서비스, 지식재산권 등도 관할한다. 따라서 WTO 체제하에서 상품에 관해서는 GATT, 서비스에 관해서는 GATS, 지식재산권에 대해서는 TRIPs 협정(Agreement on Trade-Related Aspects of Intellectual Property Rights)이 각각 적용된다. 현재 160개 이상의 회원국을 갖고 있으며, 20개 이상의 국가가 가입을 추진 중이다.

## 2 조약

### (1) 기본 조약

공업소유권의 보호를 위한 파리협약은 1883년 체결되어 현재 177개국이 가입하고 있으며, 우리나라는 1980년 5월 당사국이 되었다. 특허, 실용신안, 디자인, 상표 및 상호, 산지 표시 및 원산지명 등의 지식재산권 보호를 목적으로 하며, 내국민 대우의 원칙, 우선권 제도, 각국 지식재산권 독립의 원칙(속지주의)의 3대 원칙을 갖고 있다.

무역 관련 지식재산권에 관한 협정(WTO/TRIPs)은 특허, 디자인, 상표, 저작 등 지식재산권에 대한 최초의 다자간 규범이며, 그 대상은 컴퓨터프로그램, 데이터베이스, 반도체, 집적회로, 영업비밀 등을 포함하고 있다. 기존의 개별 조약들과 달리 지식재산권의 국제적인 보호를 강화하고 침해에 대한 구제 수단을 마련하였으며, 회원국 모두에 적용된다. 파리조약의 내국민대우 원칙과 달리 최혜국 대우를 원칙(특정 국가에게만 차등적인 특혜를 부여하지 않는다는 원칙)으로 한다.

### (2) 특허 관련 조약

특허협력조약(Patent Cooperation Treaty, PCT)은 특허법상 속지주의 원칙에도 불구하고, 해외출원절차를 통일하고 간소화하기 위해 만들어진 조약이다. 현재 152국이 가입하였으며, 우리나라는 1984년 8월 당사국이 되었다. 특허법조약(Patent Law Treaty, PLT)은 체약국의 특허 절차를 통일화하기 위해 만들어졌으며, 현재 36개국이 가입하고 있다. 특허실체법조약(Substantive Patent Law Treaty, SPLT)은 특허 요건 등의 실체적 사항들을 통일화하는 데 그 목적이 있다. 이 외에도 특허 관련 조약에는 미생물기탁의 국제적 승인에 관한 부다페스트(Budapest) 조약, 국제특허 분류에 관한 스트라스부르그(Strasbourg) 협정 등이 있다.

### (3) 디자인 관련 조약

디자인의 국제 분류에 관한 로카르노(Locarno) 협정은 산업디자인 물품 분류의 국제적 통일을 위한 다자간 협정이다. 헤이그(Hague) 시스템은 세계지식재산기구(WIPO) 국제사무국에 하나의 국제 출원서를 제출하여 여러 체약국에서 디자인을 보호받을 수 있도록 하는 제도이다. 헤이그 시스템은 특허의 PCT와 같이 하나의 국제출원이 복수의 관청에 제출하는 어려움을 감소시킨다.

## (4) 상표 관련 조약

상표 관련 조약은 표장 등록을 위한 상품 및 서비스업의 국제 분류에 관한 니스(Nice) 협정이 있으며, 표장의 국제등록에 관한 마드리드 협정에 대한 의정서는 상표의 해외출원절차를 간소화하기 위하여 성립되었다. 표장의 도형요소의 국제 분류 제정을 위한 비엔나 협정은 도형으로 구성된 상표에 대한 국제적 분류를 위하여 도형요소를 29개 대분류와 1,667개 소분류 기준에 따른 분류체계를 만들었다.

## (5) 저작권 관련 조약

문학·예술적 저작물의 보호를 위한 베른협약은 저작권에 관한 최초의 다자조약 가운데 하나이다. 저작권의 보호에 어떠한 절차나 형식이 필요하지 않다는 무방식주의를 천명하고 있다. 이 외에도 저작권 보호를 확대하는 세계저작권협약(UCC), 저작인접권을 보호하는 로마협약과 음반협약 그리고 WIPO 저작권 조약(WCT)과 WIPO 실연·음반 조약(WPPT) 등이 있다.

INTELLECTUAL PROPERTY LAW

# 제2장

# 특허법

# I

# 특허법의 목적

 **특허법**

> **제1조(목적)** 이 법은 발명을 보호·장려하고 그 이용을 도모함으로써 기술의 발전을 촉진하여 산업발전에 이바지함을 목적으로 한다.

특허법 제1조는 모든 지식재산법에서 그러하듯 법의 존재 이유인 법의 목적을 규정하고 있다. 제1조에 따르면, 특허법의 목적은 발명의 보호와 그 이용에 대한 균형을 통해 산업발전을 실현하는 것이다. 여기서, 발명의 보호는 수단이지 목적이 아니며, 궁극적 목적은 산업발전이라는 것을 유의해야 한다. 특허법의 목적은 특허법 전반에 걸쳐 적용되는 가장 중요한 기준이다. 따라서 법을 적용하고자 하나, 구체적 기준이 없거나 그 기준이 모호할 때 특허법의 목적은 그 해석의 기준이 된다.

특허법은 목적을 실현하기 위한 수단으로서 발명의 보호와 이용에 관한 규정들을 각각 두고 있다. 발명의 보호와 관련해서는 실체적 보호와 절차적 보호를 제공하고 있다. 실체적 보호로서, 발명을 완성한 경우 특허를 받을 수 있는 권리가 발생하며, 출원 공개 후 정당한 권한 없이 출원발명을 실시하는 경우 보상금 청구권을 인정한다. 설정등록이 이루어진 후에는 특허권이 발생하며, 이는 배타적인 권리로서 특허권자의 동의 없이는 특허발명을 실시할 수 없게 한다. 특허권자의 동의 없이 특허권을 실시한 경우, 특허침해가 성립하고, 특허권자는 일정한 구제조치를 취할 수 있다. 절차적 보호에는 보정, 분할, 변경, 우선권제도 등이 있다.

특허법은 산업의 발전을 위하여 발명을 제한하여 이용을 촉진하기도 한다. 먼저, 발명의 이용을 위해 특허법은 출원발명의 내용을 일정한 경우를 제외하고는 일반 공중에게 반드시 공개하도록 하고 있다. 공개를 통하여, 출원발명에 관한 내용을 바탕으로 새로운 기술을 개발할 수도 있고, 해당 발명에 대해 잘못된 점을 지적할 수도 있고, 동일한 기술의 개발을 막아 중복투자를 방지할 수도 있다. 또 다른 특허의 제한으로는 특허권의 존속기간이 있으며, 해당 특허권의 존속기간이 만료되면 누구나 해당 발명을 실시할 수 있는 공중 재산(Public Domain)이 되도록 한다. 이 외에도, 특허법은 발명을 원활하게 이용할 수 있도록 하기 위해, 특허권의 효력이 미치지 아니하는 범위와 법정실시권과 강제 실시권 등을 마련해 놓고 있다.

### 미국 특허법의 목적

미국 헌법 Art. Ⅰ, Sec. 8, Cl. 8은 특허법(저작권법의 목적 포함)의 목적을 다음과 같이 규정하고 있다: "**To promote the progress of** science and **useful arts**, by **securing for limited times** to authors and **inventors the exclusive right to their** respective writings and **discoveries**." 따라서 미국 특허법의 목적은 **기술(useful arts)의 발전을 촉진하는 것이고, 이를 위해 발명자에게 발견(discoveries)에 대한 배타적 권리를 제한된 기간 부여한다.**

# 특허법의 보호대상

## 1 발명의 성립성

### (1) 발명의 정의

📜 **특허법**

> **제2조(정의)** 이 법에서 사용하는 용어의 뜻은 다음과 같다.
> 1. "발명"이란 자연법칙을 이용한 기술적 사상의 창작으로서 고도한 것을 말한다.
> 2. "특허발명"이란 특허를 받은 발명을 말한다.

특허법의 보호대상은 발명이며, 특허발명은 특허를 받은 발명을 말한다. 특허 출원된 발명이 특허를 받기 위해서는 우선 특허법상 발명에 해당해야 한다. 발명은 자연법칙을 이용해야 하고, 기술적 사상이어야 하고, 창작이어야 하고, 고도한 것이어야 한다. 먼저, 특허법상 발명이 되기 위해서는 자연법칙을 이용한 것이어야 한다. 자연법칙 그 자체(만유인력의 법칙, 열역학 법칙, 에너지 보존의 법칙), 단순한 발견이어서 창작이 아닌 것(천연물의 발견이나 자연현상의 발견. 다만, 물질 자체의 발견이 아니라 천연물질에서 특정 물질을 인위적으로 분리하는 방법을 개발한 경우에는 발명에 해당하고, 분리된 화학물질 등도 발명에 해당함. 또한, 자연계에 존재하는 물질의 속성을 발견하고 그 속성에 따라 새로운 용도를 제시하는 경우에도 발명이 될 수 있음), 자연법칙에 위배되는 것(영구기관. 발명의 일부라도 자연법칙에 위배되면 발명에 해당하지 않음), 자연법칙을 이용하지 아니한 것

(경제법칙, 수학공식, 게임의 규칙), 기능(악기 연주방법, 투구방법), 단순한 정보의 제시(음악이 녹음된 CD, 컴퓨터프로그램 리스트 자체), 미적 창조물(회화, 조각), 컴퓨터프로그램 언어 자체나 컴퓨터프로그램 자체, 반복하여 동일한 효과를 얻을 수 없는 것 그리고 미완성 발명은 발명에 해당하지 않는다.

다음으로, 발명이 성립하기 위해서는 창작, 즉 새롭게 만들어진 것이어야 하며, 이는 차후 특허요건인 신규성과 연결된다. 마지막으로, 고도한 것의 의미는 실용신안법상의 고안과 발명을 구분하기 위한 상대적인 개념이다. 고도성은 차후 특허요건인 진보성과 연결된다. 발명의 성립성에 대한 문제는 자연법칙의 이용 여부만을 판단하고, 다른 요건들은 차후 특허요건에서 판단하기 때문에 대부분의 경우 판단하지 않는다. 또한, 발명의 성립성이 결여된 경우 해당 사항은 거절이유에 포함되어 있지 않아, 특허요건 중 산업상 이용가능성에서 함께 판단되어, 발명의 성립성을 만족하지 않는 경우 산업상 이용할 수 없다는 이유로 거절이유를 통지한다.

---

**판례**

■ **대법원 2019. 1. 17. 선고 2017후523 판결** - 발명이 완성되었다고 볼 수 있기 위해서는 통상의 기술자가 출원 당시의 기술수준에 따라 그 청구범위에 기재된 구성요소들을 반복 실시할 수 있고, 발명이 목적하는 기술적 효과의 달성 가능성을 예상할 수 있을 정도로 구체적, 객관적으로 구성되어 있어야 한다.

■ **대법원 2004. 4. 16. 선고 2003후635 판결** - 종래의 인쇄기를 이용하여 색상의 배열이 다른 일련의 파일 묶음을 인쇄하는 경우, 생산 공정의 단순화라는 목적을 달성하기 위한 구체적인 수단으로서 **단위별 및 색상별 순차 인쇄라는 인쇄 공정을 개시하고 있는 것은 자연법칙을 이용하였다고 할 수 없다.**

■ **대법원 2003. 5. 16. 선고 2001후3149 판결** - 명칭을 "생활쓰레기 재활용 종합관리방법"으로 하는 출원발명은 전체적으로 보면 관할 관청, 배출자, 수거자 간의 약속 등에 의하여 이루어지는 인위적 결정이거나 이에 따른 위 관할 관청 등의 **정신적 판단 또는 인위적 결정에 불과**하므로 자연법칙을 이용한 것이라고 할 수 없으며, 그 각 단계가 컴퓨터의 **온라인(on-line)상에서 처리되는 것이 아니라** 오프라인(off-line)상에서 처리되는 것이고, 소프트웨어와 하드웨어가 연계되는 시스템이 구체적으로 실현되고 있는 것도 아니어서 비즈니스모델 발명의 범주에 속하지도 아니하므로 이를 특허법 제29조 제1항 본문의 "산업상 이용할 수 있는 발명"이라고 할 수 없다.

> ■ 대법원 2001. 11. 30. 선고 97후2507 판결 - 소프트웨어를 구동시켜 하드웨어 수치 제어장치에 의하여 기계 식별. 제어. 작동을 하게 하는 것일 뿐만 아니라 하드웨어 외부에서의 물리적 변환을 야기해 그 물리적 변환으로 인하여 실제적 이용가능성이 명세서에 개시되어 있는 **컴퓨터프로그램 관련 발명은 자연법칙을 이용하지 않은 인간의 순수한 정신적 활동에 의한 것이라 할 수 없다.**
> ■ 대법원 1998. 9. 4. 선고 98후744 판결 - 영구기관과 같이 에너지 보존 법칙에 위배되는 것은 자연법칙을 이용한 **발명에 해당하지 않는다.**

## (2) 발명 대상의 확대

자연법칙의 이용을 발명의 성립요건으로 한 것은 특허 대상을 자연을 제어하고 자연력을 이용한 인간의 창작물로 한정한 것이고, 그 대상이 인간의 모든 정신적 활동까지 지나치게 확대되는 것을 방지하기 위해서였다. 하지만 이러한 개념은 전통적 원칙에 따라서는 발명의 성립성을 만족하지 못하지만, 그 보호의 필요성이 매우 높은 유전공학이나 화학 분야 그리고 소프트웨어나 영업 방법이 나타나면서 큰 도전을 받았다. 그리하여, 2000년대 초반부터 컴퓨터프로그램과 영업 방법이 결합된 비즈니스 모델(BM)에 대한 특허를 인정해 왔으며, 이에 따라 컴퓨터 관련 발명의 심사 기준과 전자상거래 관련 발명의 심사 지침을 마련하여 발명의 성립성을 심사하고 있다.

### 🛡 미국의 특허 대상

■ 미국의 특허 대상은 **Utility Patent**(machines, articles of manufacture, compositions of matter, process)와 **식물특허** 그리고 **디자인 특허**를 포함한다.

■ 미국은 특허법 제101조에서 "신규하고 유용한 발명 내지 발견"을 특허 대상으로 규정하고 있으며, 1980년 연방대법원은 **Diamond v. Chakrabarty 사건**에서 "**태양 아래 인간이 만든 어떠한 것도 특허의 대상이다**"라고 판시한 이후, **추상적 아이디어와 자연현상 및 자연법칙 그 자체만을 특허 대상에서 제외하고 있다.** 이는 특허의 대상을 상당히 넓게 보고 있는 것이라 할 수 있다. 그리하여 컴퓨터프로그램과 영업

방법이 결합된 비즈니스 모델에 대한 특허를 인정해 왔다. 그런데, 미국에서 **Alice Corp. v. CLS Bank International 판결** 이후 영업 방법 발명의 성립성에 관한 판단이 더욱 엄격해져, 업계에 많은 혼란을 일으켰으나, 이는 **저품질 소프트웨어 발명의 성립성을 부정할 수 있는 근거를 마련**한 것으로 평가되고 있다.

## 2 발명의 유형

### (1) 물건발명과 방법발명

 **특허법**

**제2조(정의)** 이 법에서 사용하는 용어의 뜻은 다음과 같다.
3. "실시"란 다음 각 목의 구분에 따른 행위를 말한다.
　가. 물건의 발명인 경우: 그 물건을 생산·사용·양도·대여 또는 수입하거나 그 물건의 양도 또는 대여의 청약(양도 또는 대여를 위한 전시를 포함한다)을 하는 행위
　나. 방법의 발명인 경우: 그 방법을 사용하는 행위 또는 그 방법의 사용을 청약하는 행위
　다. 물건을 생산하는 방법의 발명인 경우: 나목의 행위 외에 그 방법에 의하여 생산한 물건을 사용·양도·대여 또는 수입하거나 그 물건의 양도 또는 대여의 청약을 하는 행위

　물건발명과 방법발명은 특허법이 직접적으로 규정하고 있는 발명의 유형이다. 먼저, 물건발명은 기계, 장치, 물질 등과 같은 유체물의 발명을 말하며, 방법발명은 물건을 생산하는 방법을 포함하여 측정방법이나 분석방법 등과 같이 시계열적인 구성으로 된 발명을 말한다. 특허법 제2조 제3호는 특허권의 효력이 미치는 실시 행위를 발명의 유형에 따라 구별하고 있다. 물건발명의 실시는 "그 물건을 생산·사용·양도·대여 또는 수입하거나 그 물건의 양도 또는 대여의 청약"을 하는 행위를 말하고, 방법발명의 실시는 그 방법을 "사용"하는 것이며, 물건을 생산하는 방법발명의 실시는 그 방법의 사용 외에 그 방법에 의하여 생산된 물건을 사

용·양도·대여 또는 수입하거나 그 물건의 양도 또는 대여의 청약을 하는 행위를 포함한다.

## (2) 기본발명과 개량발명

기본발명은 해당 기술 분야에서 다른 발명을 이용하지 아니한 개척발명을 말하며, 개량발명은 선행발명을 개선하거나 발전시킨 발명을 말한다. 또한, 개량발명 중 선행발명을 실시하면서 새로운 부분을 추가한 것을 이용발명이라고 한다. 대부분의 발명은 이러한 개량발명이나 이용발명에 해당하며, 이 경우 선행발명과의 이익 균형이 필요하다. 특허법 제98조는 이러한 경우 선행발명에 대한 권리자의 동의 없이는 이용발명을 실시할 수 없도록 하고 있다.

## (3) 직무발명

 **발명진흥법**

> **제2조(정의)** 이 법에서 사용하는 용어의 뜻은 다음과 같다.
> 2. "직무발명"이란 종업원, 법인의 임원 또는 공무원(이하 "종업원등"이라 한다)이 그 직무에 관하여 발명한 것이 성질상 사용자·법인 또는 국가나 지방자치단체(이하 "사용자등"이라 한다)의 업무 범위에 속하고 그 발명을 하게 된 행위가 종업원등의 현재 또는 과거의 직무에 속하는 발명을 말한다.

직무발명은 사용자에게 고용된 종업원이 직무에 관해서 한 발명이다. 직무발명과 관련하여, 종업원은 발명을 실제로 한 자이고, 사용자는 그 발명을 위해 많은 지원(월급, 연구장비, 재료, 연구실 등)을 한 자이다. 그렇다면, 직무발명에 대한 권리를 누구에게 귀속시켜야 하는지가 모호하다. 종업원과 사용자 둘 다 발명에 기여한 바가 있어, 누구에게 권리를 귀속시키더라도 옳지 않다고 할 수는 없다. 따라서 이러한 결정은 각 국가의 정책에 따라 이루어질 수밖에 없다. 우리나라는 직무발명에 대한 권리를 원시적으로 종업원 등에게 귀속(발명자 원칙)하도록 한다. 그리고 사용자 등에게 일정한 혜택을 부여하는 것으로 하고 있다. 사용자는 직무발명에 대하여 사전에 직무발명을 한 경우 승계하기로 하는 약정을 하여, 해당 특허에 대한 권리를 승계받을 수 있는 사전승계권을 갖는다. 그리고 종업원 등이 특허,

실용신안, 디자인등록을 받았거나 특허 등을 받을 수 있는 권리를 승계한 자가 특허 등을 받으면 사용자 등은 해당 권리에 대하여 무상의 통상실시권을 가진다.

직무발명은 본래 특허법에 규정되어 있었으나, 현재는 발명진흥법에서 규율하고 있다. 종업원 등이 한 발명이 직무발명이 아닌 경우에는 사용자 등에게 특허받을 수 있는 권리나 특허권 등을 승계시키거나 사용자 등을 위하여 전용실시권을 설정하도록 하는 계약이나 근무규정의 조항은 무효이다. 종업원 등은 직무발명에 대하여 특허 등을 받을 수 있는 권리나 특허권 등을 계약이나 근무규정에 따라 사용자 등에게 승계하게 하거나 전용실시권을 설정한 경우에는 정당한 보상을 받을 권리를 가지며, 사용자 등이 직무발명에 대한 권리를 승계한 후 출원하지 아니하거나 출원을 포기 또는 취하한 경우에도 정당한 보상을 받을 수 있다. 반면, 종업원 등은 사용자 등이 직무발명을 출원할 때까지 그 발명의 내용에 관한 비밀을 유지하여야 한다.

## (4) 기타 발명

위의 발명 유형 외에도 실시에 있어 다른 발명을 이용할 필요가 없는 발명과 다른 발명을 실시하지 않으면 실시할 수 없는 독립발명과 종속발명이 있다. 또한, 하나의 기술적 문제를 해결하기 위해 수 개의 장치 또는 방법을 결합한 발명으로서의 결합발명과 그렇지 않은 비결합발명이 있으며, 이는 해당 요소들의 결합이 특정한 효과를 발생하는가 여부에 따라 특허권의 부여 여부가 결정된다. 그리고 발명 대상의 유형에 따라 식물발명, 미생물발명, 동물발명, 컴퓨터 관련 발명 등으로, 발명자의 수에 따라 단독발명과 공동발명으로 나눠지기도 한다. 특히, 미생물발명에 관하여서는 서면주의에 대한 예외로서 해당 미생물을 기탁해야만 한다. 앞서 언급한 바와 같이 특정 물질에 대한 용도를 발견한 때에는 발견임에도 불구하고 용도발명으로서 보호될 수 있다.

### 🛡 발명유형의 예시

요소($CO(NH_2)_2$)는 인간이 무기 화합물로부터 합성한 최초의 유기 화합물로 비료 등으로 사용된다. 요소를 발명한 경우, 이는 **물건(물질)발명**에 해당하고, 이를 만드는 방법인 BASF법, Du Pont법, 동양고압법은 **제법발명**에 해당하며, 요소의 다른 속성이 사용되어 이뇨제와 방염제로써 사용될 수 있으면, 용도를 발견한 것이 되어 **용도발명**에 해당한다. 여기서, 제법발명이나 용도발명의 특허권자들은 자신들의 발명을 실시하면 모두 물질발명이 생산되거나 그 물질을 이용해야 하므로, 그 **실시를 위해서는 물건발명 특허권자의 동의를 얻어야만 한다**. 이는 물건발명 특허권이 관련 특허권 중에 가장 강력한 영향력을 가질 수 있는 것을 의미한다.

---

**판례**

■ 대법원 2019. 1. 31. 선고 2017다289903 판결 - '물건의 발명'에 대한 특허권자 또는 특허권자로부터 허락을 받은 실시권자가 우리나라에서 특허발명이 구현된 물건을 적법하게 양도한 경우, 양수인이나 전득자가 물건을 사용, 양도하는 등의 행위에 대하여 특허권의 효력이 미치지 않는다. 그리고 '물건을 생산하는 방법의 발명'에 대한 특허권자 등이 우리나라에서 특허방법에 의하여 **생산한 물건을 적법하게 양도한 경우에도 마찬가지로 특허권의 효력이 미치지 않는다**. '물건을 생산하는 방법의 발명'을 포함한 '방법의 발명'에 대한 특허권자 등이 우리나라에서 **특허방법의 사용에 쓰이는 물건을 적법하게 양도한 경우로서 물건이 위 방법의 발명을 실질적으로 구현한 경우**, 양수인 등이 그 물건을 이용하여 위 방법의 발명을 실시하는 행위에 대하여 특허권의 효력이 미치지 않는다. 또한, 어떤 물건이 '물건을 생산하는 방법의 발명'을 포함한 **'방법의 발명'**(이하 통틀어 **'방법발명'**이라고 한다)을 실질적으로 구현한 것인지 여부는 사회통념상 인정되는 그 물건의 본래 용도가 방법발명의 실시뿐이고 다른 용도는 없는지 여부, 그 물건에 방법발명의 특유한 해결수단이 기초하고 있는 기술사상의 핵심에 해당하는 구성요소가 모두 포함되었는지 여부, 그 물건을 통해서 이루어지는 공정이 방법발명의 전체 공정에서 차지하는 비중 등 위의 각 요소들을 종합적으로 고려하여 사안에 따라 구체적·개별적으로 판단하여야 한다. 사회통념상 인정되는 물건의 본래 용도가 방법발명의 실시뿐이고 **다른 용도는 없다고 하기 위해서는, 그 물건에 사회통념상 통용되고 승인될 수 있는 경제적, 상업적 또는 실용적인 다른 용도가 없어야 한다**. 이와 달리 단순히 특허방법 이외의 다른 방법에 사용될 이론적, 실험적 또는 일시적 **사용가능성이 있는 정도에 불과한 경우**에는 그 용도는 사회통념상 인정되는 그 물건의 **본래 용도라고 보기 어렵다**.

■ **대법원 2014. 11. 13. 선고 2011다77313 판결** - 직무발명에 대한 특허를 받을 수 있는 권리 등을 사용자 등에게 승계시킨다는 취지를 정한 약정 또는 근무규정의 적용을 받는 종업원 등이 직무발명의 완성 사실을 사용자 등에게 통지하지 아니한 채 특허를 받을 수 있는 권리를 제3자에게 **이중으로 양도하여 특허권 등록을 마치게 한 경우, 불법행위가 된다.** 2인 이상이 공동으로 발명한 때에는 특허를 받을 수 있는 권리는 공유로 하는데, 특허법상 위 공유관계의 지분을 어떻게 정할 것인지에 관하여는 아무런 규정이 없으나, 특허를 받을 수 있는 권리 역시 재산권이므로 성질에 반하지 아니하는 범위에서는 민법의 공유에 관한 규정을 준용할 수 있다(민법 제278조 참조). 따라서 특허를 받을 수 있는 권리의 공유자 사이에 지분에 대한 별도의 약정이 있으면 그에 따르되, **약정이 없는 경우**에는 민법 제262조 제2항에 의하여 지분의 비율은 **균등한 것으로 추정**된다. 직무발명 사전승계 약정 등의 적용을 받는 종업원 등이 직무발명 완성사실을 사용자 등에게 알리지 아니한 채 특허를 받을 수 있는 권리를 제3자의 적극 가담 아래 이중으로 양도하여 제3자가 특허권 등록까지 마친 경우, 직무발명 완성사실을 알게 된 사용자 등이 종업원 등에게 권리 승계의 의사를 문서로 알리면 특허권이전등록청구권을 가지게 되며, 그 청구권을 피보전채권으로 하여 종업원 등의 제3자에 대한 특허권이전등록청구권을 대위행사할 수 있다.

# 특허요건

 **특허법**

> **제62조(특허거절결정)** 심사관은 특허출원이 다음 각 호의 어느 하나의 거절이유(이하
> "거절이유"라 한다)에 해당하는 경우에는 특허거절결정을 하여야 한다.
> 1. 제25조·제29조·제32조·제36조제1항부터 제3항까지 또는 제44조에 따라 특
>    허를 받을 수 없는 경우
> 2. 제33조제1항 본문에 따른 특허를 받을 수 있는 권리를 가지지 아니하거나 같은 항
>    단서에 따라 특허를 받을 수 없는 경우
> 3. 조약을 위반한 경우
> 4. 제42조제3항·제4항·제8항 또는 제45조에 따른 요건을 갖추지 아니한 경우
> 5. 제47조제2항에 따른 범위를 벗어난 보정인 경우
> 6. 제52조제1항에 따른 범위를 벗어난 분할출원 또는 제52조의2제1항에 따른 범위
>    를 벗어나는 분리출원인 경우
> 7. 제53조제1항에 따른 범위를 벗어난 변경출원인 경우

　출원된 모든 발명이 특허를 받을 수는 없다. 위에서 열거된 거절이유에 해당하
는 사항이 하나도 없는 경우에만 특허를 받을 수 있다. 거절이유는 제25조(외국인
의 권리능력), 제29조(특허요건), 제32조(특허를 받을 수 없는 발명), 제36조(선출원),
제44조(공동출원), 제33조(특허를 받을 수 없는 자), 조약 위반, 범위를 벗어난 보정, 분할, 변경
인 경우들이다. 이 중에서 제29조 제1항과 제2항은 출원된 발명이 특허를 받기 위

해 반드시 갖추어야 할 것(적극적 특허요건)으로 산업상 이용가능성, 신규성, 진보성을 의미하며, 제29조 제3항과 제32조는 특허를 받기 위해 해당하지 않아야만 할 것(소극적 특허요건)으로 확대된 선출원과 특허를 받을 수 없는 발명을 의미한다.

### 🛡 미국의 특허요건

■ 미국도 발명이 특허를 받기 위해서는 우리와 유사하게, **유용성(utility), 신규성(novelty), 비자명성(nonobviousness)**이 요구된다.
- **유용성(utility):** 미국 특허법 제101조는 발명이 특허를 받기 위해서는 **유용(useful)할 것**을 규정하고 있다. 이 요건의 목적은 아이디어나 개념에 불가하거나 단순히 장래의 연구를 위한 기반으로서의 발명이 아니라 어느 정도의 **현실적 가치를 갖는 발명들로 특허권 보호를 제한**하기 위함이다.
- **신규성(novelty):** 미국에서 **특허출원일로부터 1년 이전에 미국 또는 외국에서 특허로 등록이 되거나 공개 및 기재된 경우, 그 발명이 미국에서 실제 산업에 이용 또는 판매된 경우**에는 신규성이 부정된다. 따라서 선출원일로부터 12개월이 경과하여 미국에 특허출원한 경우는 신규성을 상실하게 된다.
- **비자명성(Non-obviousness):** 특허법 제103조에서 규정하고 있으며, 비자명성은 우리나라 특허요건인 진보성과 동일한 개념이다. 특허를 받고자 하는 발명이 전체적으로 고려하였을 때 **선행기술과의 차이**가 발명 당시에 '그 기술분야에서 **통상의 기술을 가진자**(a person having ordinary skill in the art to which the subject matter pertains, PHOSITA)'에게 **자명하다면 특허를 받을 수 없다.**
■ 한미 FTA와 TRIPs 협정은 **유용성과 산업상 이용가능성을 동일한 개념**으로 인정할 수 있다고 규정하고 있다.

# 1 적극적 특허요건

## (1) 산업상 이용가능성

🛡 특허법

> **제29조(특허요건)** ① 산업상 이용할 수 있는 발명으로서 ...

　발명이 특허를 받기 위해서는 산업상 이용할 수 있어야 한다. 이는 특허법의 목적이 산업발전이므로 당연한 요건이라 할 수 있다. 산업상 이용가능성의 판단은 앞에서 언급한 발명의 성립성을 갖추었는지를 포함하여 실제로 산업상 이용할 수 있는지를 살핀다. 여기에서의 '산업'은 유용하고 실용적인 기술에 속하는 모든 활동을 포함하는 최광의 개념으로 해석되며, '이용가능성'은 단순히 학술적으로만 이용가능한 것이 아니라 산업에서 이용할 수 있는 것을 의미한다. 또한, 여기에서 산업상 이용은 그 발명이 실제로 또는 즉시 이용되는 것을 요구하지는 않으며, 장래에 이용될 가능성이 있으면 충분하다.

　산업상 이용가능성이 가장 많은 문제가 되는 경우는 인간과 관련될 때이다. 이는 인간의 존엄성 차원에서 인간을 산업의 대상으로 볼 수 없기 때문이다. 따라서 인간을 수술, 치료 또는 진단하는 방법의 발명, 즉 의료행위는 산업상 이용할 수 있는 발명에 해당하지 않는다. 하지만 의료기기나 의약품 그 자체, 인간으로부터 배출된 것(모발, 태반, 손톱)이나 채취된 것(혈액, 피부, 조직)을 처리하는 방법이 의료행위와는 구별되는 별개의 단계로 이루어지거나 단순히 데이터를 수집하는 방법인 경우에는 산업상 이용가능성이 인정된다. 이 외에도 개인적 · 실험적 · 학술적으로만 이용할 수 있고, 업으로서 이용될 가능성이 없는 발명이나, 오존층을 막기 위하여 지구표면 전체를 자외선 흡수 플라스틱 필름으로 둘러싸는 방법과 같이 현실적으로 명백하게 실시할 수 없는 발명은 산업상 이용가능성이 없다.

■ **대법원 2015. 5. 21. 선고 2014후768 판결** – 의약이 부작용을 최소화하면서 효능을 온전하게 발휘하기 위해서는 약효를 발휘할 수 있는 질병을 대상으로 하여 사용하여야 할 뿐만 아니라 투여주기·투여부위나 투여경로 등과 같은 투여용법과 환자에게 투여되는 용량을 적절하게 설정할 필요가 있는데, 이러한 투여용법과 투여용량은 의약용도가 되는 대상 질병 또는 약효와 더불어 의약이 효능을 온전하게 발휘하도록 하는 요소로서 의미를 가진다. 이러한 **투여용법과 투여용량**은 의약물질이 가지는 특정의 약리효과라는 미지의 속성에 대한 발견에 기초하여 새로운 쓰임새를 제공한다는 점에서 대상 질병 또는 약효에 관한 **의약용도와 본질이 같다.** 그리고 동일한 의약이라도 투여용법과 투여용량의 변경에 따라 약효의 향상이나 부작용의 감소 또는 복약 편의성의 증진 등과 같이 질병의 치료나 예방 등에 예상하지 못한 효과를 발휘할 수 있는데, 이와 같은 특정한 투여용법과 투여용량을 개발하는 데에도 의약의 대상 질병 또는 약효 자체의 개발 못지않게 **상당한 비용 등이 소요**된다. 따라서 이러한 투자의 결과로 완성되어 공공의 이익에 이바지할 수 있는 기술에 대하여 신규성이나 진보성 등의 심사를 거쳐 특허의 부여 여부를 결정하기에 앞서 **특허로서의 보호를 원천적으로 부정하는 것은** 발명을 보호·장려하고 그 이용을 도모함으로써 기술의 발전을 촉진하여 산업발전에 이바지한다는 **특허법의 목적에 부합하지 아니한다.** 그렇다면 의약이라는 물건의 발명에서 대상 질병 또는 약효와 함께 투여용법과 투여용량을 부가하는 경우에 이러한 투여용법과 투여용량은 의료행위 자체가 아니라 의약이라는 물건이 효능을 온전하게 발휘하도록 하는 속성을 표현함으로써 의약이라는 물건에 새로운 의미를 부여하는 구성요소가 될 수 있고, 이와 같은 **투여용법과 투여용량이라는 새로운 의약용도가 부가되어 신규성과 진보성 등의 특허요건을 갖춘 의약에 대해서는 새롭게 특허권이 부여될 수 있다.**

■ **대법원 2003. 3. 14. 선고 2001후2801 판결** – 특허출원된 발명이 출원일 당시가 아니라 장래에 산업적으로 이용될 가능성이 있다 하더라도 특허법이 요구하는 산업상 이용가능성의 요건을 충족한다고 하는 법리는 해당 발명의 산업적 실시화가 장래에 있어도 좋다는 의미일 뿐 **장래 관련 기술의 발전에 따라 기술적으로 보완되어 장래에 비로소 산업상 이용가능성이 생겨나는 경우까지 포함하는 것은 아니다.**

> ■ **대법원 1991. 3. 12. 선고 90후250 판결** - 사람의 질병을 진단, 치료, 경감하고 예방하거나 건강을 증진시키는 의약이나 의약의 조제방법 및 의약을 사용한 의료행위에 관한 발명은 산업에 이용할 수 있는 발명이라 할 수 없으므로 특허를 받을 수 없는 것이나, 다만 동물용 의약이나 치료방법 등의 발명은 산업상 이용할 수 있는 발명으로서 특허의 대상이 될 수 있는바, 출원발명이 동물의 질병만이 아니라 사람의 질병에도 사용할 수 있는 의약이나 의료행위에 관한 발명에 해당하는 경우에도 그 특허청구범위의 기재에서 동물에만 한정하여 특허청구함을 명시하고 있다면 이는 산업상 이용할 수 있는 발명으로서 특허의 대상이 된다.

## (2) 신규성

 **특허법**

> **제29조(특허요건)** ① 산업상 이용할 수 있는 발명으로서 다음 각 호의 어느 하나에 해당하는 것을 제외하고는 그 발명에 대하여 특허를 받을 수 있다.
> 1. 특허출원 전에 국내 또는 국외에서 공지되었거나 공연히 실시된 발명
> 2. 특허출원 전에 국내 또는 국외에서 반포된 간행물에 게재되었거나 전기통신회선을 통하여 공중이 이용할 수 있는 발명

### 1) 의의 및 취지

특허를 받기 위해서는 해당 발명의 내용이 알려지지 않은 새로운 것이어야 하는데, 이를 신규성이라 한다. 특허법상 신규성은 출원발명이 출원 전에 불특정 다수인(일반 공중을 의미하는 것이 아니고 발명의 내용을 비밀로 유지할 의무가 없는 사람이라면 그 인원의 많고 적음을 불문하고 불특정 다수인에 해당)에게 알려져 있지 않고 새로운 것이어야 함을 의미한다. 이는 특허제도가 발명의 공개를 대가로 특허권를 부여하는데, 공중에게 이미 알려져 있어 모두가 자유롭게 사용하고 있는 기술에 대하여 배타적인 권리를 부여하는 것은 앞의 지식재산 근거를 설명하는 이론에서 언급한 바와 같이, 이미 사회의 공중 재산이 된 것에 대해 다시 유인책을 제공하는 것이어서, 지식재산 시스템을 도입한 취지에 어긋나며, 특허가 난립하여 기술 발전에 오히려 해가 될 수 있다.

## 2) 신규성 상실 사유

### ① 공지된 발명

'공지된 발명'이란 특허출원 전에 국내 또는 국외에서 그 내용이 비밀상태로 유지되지 않고 불특정인에게 알려지거나 알려질 수 있는 상태에 있는 발명을 의미한다. 여기에서 공지는 발명의 내용이 이해될 수 있을 정도로 알려져 있어야 하기 때문에, 내부에 특징이 있는 기계의 발명에 대하여 외형만을 보여주는 것은 공지라 할 수 없다. 알고 있는 사람의 수는 중요하지 않으며, 비밀유지 의무를 갖는 자가 알고 있는 것은 공지에 해당하지 않는다. 예컨대, 많은 사람이 해당 발명을 알고 있더라도 그들 모두가 비밀유지 의무가 있는 경우에는 공지에 해당하지 않지만, 비밀유지 의무가 없는 1인이 안 경우에는 공지에 해당한다.

### ② 공연히 실시된 발명

'공연히 실시된 발명'은 발명의 내용이 공연히 알려진 상태 또는 공연히 알려질 수 있는 상태에서 실시되고 있는 발명을 말한다. 특정 물건에 대한 제조 공정을 불특정인에게 견학시킨 경우가 이에 해당한다. 따라서 비밀이 해제되지 않은 상태에서 실시하는 것은 공연히 실시된 것에 해당하지 않는다.

### ③ 반포된 간행물에 기재된 발명

'간행물'이란 일반 공중에게 공개할 목적으로 인쇄 기타의 기계적, 화학적 방법에 의하여 복제된 문서, 도화, 기타 이에 유사한 정보 전달 매체를 의미한다. 간행물에는 특허문헌으로서 공개특허공보와 등록특허공보가 있고, 비특허 문헌으로서 학회 논문지, 신문, 저널, 마이크로필름 또는 CD-ROM 형태의 자료 등이 포함된다. '반포'는 불특정인이 간행물을 볼 수 있는 상태에 놓이는 것을 말한다. '기재된 발명'은 해당 간행물에 기재되어 있는 사항이나 기재되어 있는 사항에 의해 파악될 수 있는 발명을 포함한다. 일반적으로 반포는 다수의 간행물이 널리 제공되는 것을 의미하나, 경우에 따라서는 1권만으로도 가능하다. 또한, 불특정다수인이 볼 수 있는 상태에 놓이면 족하고 현실적으로 그 내용을 인식하지 않았어도 무방하다.

간행물의 반포시기는 신규성 판단에서 중요하다. 간행물에 발행시기가 기재되어 있으나, 연도만이 기재된 경우에는 그 연도의 말일에, 발행연월이 기재되어 있는 경우에는 그 연월의 말일이 반포시기가 된다. 간행물에 발행시기가 기재되어 있지 아니한 경우에는 ⅰ) 외국간행물로서 국내에 입수된 시기가 분명한 때에는 그 입수된 시기로부터 발행국에서 국내에 입수되는데 소요되는 통상의 기간을 소급한 시기를 입증할 수 있는 경우에는 그때에 반포된 것으로 추정할 수 있고, ⅱ) 간행물에 관하여 서평, 발췌, 카탈로그 등을 게재한 간행물이 있을 때에는 그 발행시기로부터 당해 간행물의 반포시기를 추정하고, ⅲ) 간행물에 관하여 중판 또는 재판 등을 이용하는 경우 그 간행물의 반포시기는 초판이 발행된 시기에 발행된 것으로 추정하고(다만, 재판이나 중판에서 추가된 내용이나 변경된 내용이 있는 경우에는 인용하는 부분의 내용이 초판과 일치될 것을 전제로 함), ⅳ) 기타 적당한 근거가 있을 때에는 그것으로부터 반포시기를 추정 또는 인정할 수 있다.

④ 전기통신회선을 통하여 공중이 이용가능하게 된 발명

전기통신회선을 통하여 공중이 이용가능하게 된 발명은 2001년 전에는 공지기술로 취급되었고, 2001년에는 대통령령이 정하는 전기통신회선에 한하여 간행물과 동일하게 취급되었고, 2013년에는 '대통령령이 정하는'을 삭제하여 전기통신회선을 통하여 공중이 이용가능하게 된 발명에 대해서는 모두 간행물과 동일하게 취급되었다. 전기통신회선을 통하여 공중이 이용가능하게 된 발명이 선행기술의 지위를 가지기 위해서는 전기통신회선을 통하여 공개된 발명이어야 하며, 공중의 이용이 가능하게 된 발명이어야 한다. 여기서의 전기통신회선에는 인터넷은 물론 전기통신회선을 통한 공중게시판, 이메일 그룹 등이 포함되며, 향후 나타날 수 있는 전기·자기적인 통신방법이 포함될 수 있다. 그 공개 시점은 전기통신회선에 해당 발명을 게재한 시점이기 때문에, 이미 반포된 간행물을 전기통신회선을 통하여 공개한 경우라 하여도 전기통신회선에 공개된 발명을 인용하는 경우에는 발명이 전기통신회선에 공개된 시점을 공개일로 하여야 한다.

## 3) 신규성의 판단

① 판단 시기

신규성 판단의 시간적 기준은 특허출원일이 아닌 특허출원시이다. 예컨대, 8월 1일 오후에 해당 발명의 내용이 기재된 간행물이 공표되더라도 오전에 출원되었다면 신규성은 인정된다. 이는 후술하는 특허법 제36조의 선출원주의에서 출원일을 기준으로 하는 것과 다르다.

② 판단 지역

지역적 기준은 국제주의를 취하여 국내는 물론 국외도 포함된다. 따라서 외국에서 해당 발명의 내용이 이미 공지되었거나 공연히 실시된 경우에도 신규성이 상실된다.

③ 판단 대상 및 방법

신규성 판단의 대상은 청구범위로, 청구범위에 기재된 발명과 공지되었거나 반포된 간행물에 기재된 기술의 내용, 즉 인용발명과 비교함으로써 이루어진다. 구체적인 판단 방법은 동일성 판단으로, 인용발명과 해당 특허출원의 발명이 동일한지 여부를 검토한다. 전면적으로 일치하는 경우는 물론 실질적으로 동일한 경우도 포함된다. 여기서, 실질적으로 동일한 경우란 과제해결을 위한 구체적 수단에서 주지 관용 기술의 단순한 부가, 전환, 삭제 등에 불과하여 새로운 효과 발생이 없고, 발명 간의 차이가 발명의 사상에 실질적인 영향을 미치지 않는 비본질적 사항에 불과한 경우를 말한다. 또한, 동일성 판단은 하나의 공지기술과 비교해야만 하며, 2 이상의 기술과 조합하여 동일성을 판단해서는 안 된다. 청구범위가 2 이상의 청구항으로 구성되어 있는 경우에는 청구항마다 발명이기 때문에 각각의 신규성 유무를 판단해야 한다.

---

**판례**

■ **대법원 2021. 12. 30. 선고 2017후1304 판결** - 특허발명에서 구성요소로 특정된 물건의 구성이나 속성이 선행발명에 명시적으로 개시되어 있지는 않으나 선행발명에 개시된 물건이 특허발명과 동일한 구성이나 속성을 갖는 경우, 특허발명의 신규성은 부정될 수 있다. 이는 **위 발명이 속하는 기술분야에서 통상의 지식을 가진 사람이 출원 당시 그 구성이나 속성을 인식할 수 없었던 경우에도 마찬가지이다.** 공지된 물건의 내재된 구성 또는 속성을 파악하기 위하여 **출원일 이후 공지된 자료를 증거로 사용할 수도 있다.** 선행발명에 개시된 물건이 특허발명과 동일한 구성 또는 속성을 가질 수도 있다는 가능성 또는 개연성만으로 두 발명을 동일하다고 할 수는 **없으며,** 선행발명이 특정 제조방법에 의해 제작된 물건에 관한 공지된 문헌인 경우, **위 제조방법에 따른 결과물이 필연적으로 특허발명과 동일한 구성 또는 속성을 가진다는 점이 증명되어야만 두 발명을 동일하다고 할 수 있다.**

- 대법원 2017. 5. 11. 선고 2014후1631 판결 - 선택발명의 신규성을 부정하기 위해서는 선행발명이 선택발명을 구성하는 하위개념을 구체적으로 개시하고 있어야 한다.

- 대법원 2007. 9. 6. 선고 2005후3277 판결 - 일반 공중에게 반포에 의하여 공개할 목적으로 복제된 것이란, 반드시 공중의 열람을 위하여 미리 공중의 요구를 만족할 수 있을 정도의 부수가 원본에서 복제되어 일반 공중에게 제공되어야 하는 것은 아니며, **원본이 공개되어 그 복사물이 공중의 요구에 의하여 즉시 교부될 수 있으면 간행물로 인정될 수 있다.**

- 대법원 1997. 8. 26. 선고 96후1514 판결 - 간행물에 게재된 발명이란 그 문헌에 직접적으로 명확하게 기재되어 있는 사항 및 문헌에 명시적으로는 기재되어 있지 않으나 **사실상 기재되어 있다고 인정할 수 있는 사항에 의하여 파악되는 발명**을 말한다.

- 대법원 1996. 1. 23. 선고 94후1688 판결 - 불특정 다수인이 인식할 수 있는 상태에서 실시되었다고 하여 반드시 그 기술의 내용까지 정확히 인식할 수 있는 것은 아니므로, 공용에 의하여 신규성이 부인되기 위해서는 다시 **'당해 기술분야에서 통상의 지식을 가진 자가 그 기술사상을 보충, 또는 부가하여 발전시킴 없이 그 실시된 바에 의하여 직접 쉽게 반복하여 실시할 수 있을 정도로 공개될 것'**이 요구된다.

- 대법원 1992. 2. 14. 선고 91후1410 판결 - 기업에서 자사의 제품을 소개 또는 선전하기 위하여 제작되는 카탈로그의 배부는 국내에 한정되지 않고 오늘날과 같이 교역이 빈번하고 교통이 편리하여 짐에 따라 국제간에도 상품 및 기술정보를 입수하기 위하여 타사의 카탈로그를 신속히 수집 이용하고 있음도 우리의 경험칙상 알 수 있는 것이므로 **카탈로그는 제작되었으면 배부 반포되는 것이 사회통념**이라 하겠으며 제작한 카탈로그를 배부 반포하지 아니하고 사장하고 있다는 것은 경험칙상 수긍할 수 없어서 카탈로그의 배부 범위, 비치 장소 등에 관하여 구체적인 증거가 없다고 하더라도 그 카탈로그가 반포 배부되었음을 부인할 수 없으므로 **인용발명이 본 건 발명 출원 전에 국내에 반입되었음이 명백한 이상 카탈로그 역시 본 건 발명의 출원 전에 반포되었다고 볼 것이다.**

- 특허법원 2020. 2. 14. 선고 2019허4833 판결 - 등록공고가 없더라도 출원이 설정등록되면 누구라도 그 출원서를 열람할 수 있으므로 특허법 제29조제1항제1호의 선행기술 자료로 사용할 수 있다. 이때 설정등록된 출원의 공지시점은 등록원부가 생성된 시점이다. 그러나 출원이 설정등록되었더라도 **등록공고 또는 출원공개되지 않은 경우 그 출원서는 특허법 제29조제1항제2호의 특허출원 전에 국내 또는 국외에서 반포된 간행물이 아니므로 그 출원에 기재된 발명은 특허법 제29조제1항제2호의 선행기술로 사용할 수 없다.**

## (3) 진보성

### 🛡 특허법

> **제29조(특허요건)** ② 특허출원 전에 그 발명이 속하는 기술분야에서 통상의 지식을 가진 사람이 제1항 각 호의 어느 하나에 해당하는 발명에 의하여 쉽게 발명할 수 있으면 그 발명에 대해서는 제1항에도 불구하고 특허를 받을 수 없다.

### 1) 의의 및 취지

출원된 발명이 특허를 받기 위해서는 해당 발명이 특허출원 전에 그 발명이 속하는 기술 분야에서 통상의 지식을 가진 사람(통상의 기술자)이 선행기술에 의하여 쉽게 발명할 수 없어야 한다. 진보성을 특허요건으로 요구하는 이유는 종래기술에 비해 개선이 되지 않은 기술에 특허권을 부여하는 것은 기술의 발달에 공헌한 자에게 특허권을 대가로 부여하는 취지에 부합하지 않고, 제3자의 실시가 오히려 제한됨으로써 산업발전에 기여할 수도 없기 때문이다.

### 2) 진보성의 판단

#### ① 판단 시기

진보성의 판단 시기는 특허출원시이며, 이는 신규성의 판단과 동일하게 시·분·초까지도 고려한 개념이다.

#### ② 판단 주체

판단의 기준이 되는 자는 통상의 기술자이며, 이는 일반인이 아니라 해당 분야의 전문성을 지닌 인물이라 할 수 있다. 구체적으로는 해당 기술 분야의 기술상식을 보유하고 있고, 출원발명과 출원 전 기술 수준에 있는 모든 것을 입수하여 자신의 지식으로 할 수 있는 자로서, 연구 또는 개발을 위하여 통상의 수단을 이용할 수 있으며, 통상의 창작 능력을 발휘할 수 있는 특허법상의 상상의 인물이다.

#### ③ 진보성의 판단 방법

진보성의 정도는 통상의 기술자가 특허출원 전 공지 등이 된 발명으로부터 동기 유발에 의해 또는 통상의 창작능력의 발휘를 통하여 청구범위에 기재된 발명을 쉽게 생각해 낼 수 있는지 여부이다. 진보성 판단은 신규성 판단과는 달리 동일성 판단이 아니며, 통상의 기술자가 인용발명에 의하여 용이하게 발명할 수 있는가 여부를 판단한다. 진보성의 판단은 신규성과 달리 2개 이상의 선행기술을 결합하여 진보성을 판단할 수 있다. 청구범위에 청구항이 2 이상 있는 경우에는 청구항마다 진보성 유무를 판단한다.

진보성의 판단은 출원발명의 목적, 기술적 구성, 작용 효과를 그 대상으로 하며, 기술적 구성의 곤란성을 중심으로 목적의 특이성 및 효과의 현저성을 참작하여 종합적으로 이루어진다. 통상의 창작능력을 발휘하는 경우에는 진보성이 부정되며, 이에는 공지의 재료 중에서 가장 적합한 재료의 선택, 수치범위의 최적화 또는 호적화, 균등물에 의한 치환, 기술의 구체적 적용에 따른 단순한 설계변경, 일부 구성요소의 생략, 단순한 용도의 변경 등이 있다. 청구항에 기재된 발명과 인용발명의 차이점이 이와 같은 점에만 있는 경우에는 달리 진보성을 인정할 근거가 없는 한 통상 그 발명의 진보성은 부정된다.

발명의 제품이 상업적으로 성공하였거나 업계로부터 호평을 받았다는 사정은 진보성을 인정하는 하나의 보조적 자료로서 참고할 수 있다. 또한, 출원발명이 장기간 통상의 기술자가 해결하려고 했던 기술적 과제를 해결하거나 장기간 요망되었던 필요성을 충족시켰다는 사실도 진보성을 갖는다는 증거가 될 수 있다. 그리고 출원발명이 새로운 첨단 기술 분야에 속해 있어 관련된 선행기술이 전혀 없는 경우 또는 가장 가까운 선행기술이 출원발명과 차이가 현격한 경우 진보성이 존재할 가능성이 높다.

하지만 진보성을 판단하는 경우 출원된 발명에 의하여 얻은 지식을 전제로 하여 진보성을 판단할 경우에는 통상의 기술자가 인용발명으로부터 청구항에 기재된 발명을 용이하게 발명할 수 있는 것으로 인정하기 쉬운 경향이 있다. 이를 사후고찰이라고 하며, 진보성 판단에서는 이러한 사후고찰이 금지된다. 어떤 원인의 해명에 의한 발명으로, 일단 그 원인이 해명되면 해결이 용이한 발명의 경우에는 그 원인의 해명 과정을 중시하여 진보성을 판단하여야 하며, 단순히 그 해결 수단이 자명하다는 이유만으로 진보성을 부정해서는 안 된다. 또한, 발명의 진보성은 특허출원된 구체적 발명에 따라 개별적으로 판단되는 것이고, 다른 발명의 심사 예에 구속되지 않기 때문에 다른 나라의 심사 예는 참고 사항일 뿐 진보성 판단에 직접적인 영향을 끼치지 않는다. 더 나아가, 국내외 법률상의 제한으로 그 기술 내용의 구현이 금지된다고 하더라도 진보성은 기술의 곤란성을 판단하는 것이기 때문에 그러한 법률상의 제한은 고려되지 않는다.

■ **대법원 2022. 1. 13. 선고 2019후12094 판결** - 수치한정 발명의 진보성 판단은 수 치 범위에 대한 임계적 의의, 즉 한정한 수치 범위 내외에서 현저한 효과의 차이가 있는지를 우선적으로 고려하기보다는 선행발명의 전체적인 기재를 통해 통상의 기 술자가 사후적 고찰 없이도 해당 수치한정 발명을 쉽게 도출할 수 있는지를 기준으 로 진보성을 판단하여야 한다.

■ **대법원 2021. 12. 30. 선고 2019후10296 판결** - 발명의 진보성 유무를 판단할 때 에는, 먼저 **선행기술의 범위와 내용**, 진보성 **판단의 대상이 된 발명과 선행기술의 차이 및 통상의 기술자의 기술수준에 대하여 기록에 나타난 증거 등 자료에 기초하 여 파악**하여야 한다. 그런 다음 통상의 기술자가 특허출원 당시의 기술수준에 비 추어, 진보성 판단의 대상이 된 발명이 선행기술과 차이가 있더라도 그러한 **차이 를 극복하고 쉽게 발명할 수 있는지**를 살펴보아야 한다. 이때 진보성 판단의 대상 이 된 발명의 **명세서에 개시되어 있는 기술을 알고 있음을 전제로 사후적으로 통상 의 기술자가 쉽게 발명할 수 있는지를 판단해서는 안 된다.**

■ **대법원 2021. 4. 8. 선고 2019후10609 판결** - 인용발명에 청구항 발명의 상위개념 이 공지되어 있는 경우에도 구성의 곤란성이 인정되면 진보성이 부정되지 않는다. **인용발명에 청구항 발명의 상위개념이 공지되어 있다는 이유만으로 구성의 곤란성 을 따져 보지도 아니한 채 효과의 현저성 유무만으로 진보성을 판단해서는 안 된다.**

■ **대법원 2020. 5. 14. 선고 2017후24543 판결** - 과거 대법원은 진보성을 판단함에 있어서 "**청구항에 기재된 복수의 구성을 분해한 후 각각 분해된 개별 구성요소들이 공지된 것인지 여부만을 따져서는 안 되고, 특유의 과제 해결원리에 기초하여 유기 적으로 결합된 전체로서의 구성의 곤란성을 따져 보아야 할 것이며, 이때 결합된 전 체 구성으로서의 발명이 갖는 특유한 효과도 함께 고려**하여야 한다(대법원 2007. 9. 6. 선고 2005후3284 판결 등)"고 판시하여 왔다. 발명의 진보성을 판단함에 있 어서 목적, 구성, 효과를 순차적으로 판단하는 것이 정착된 실무이다. 그러나 구성 의 곤란성과 발명의 효과가 구체적으로 어떠한 관계에 있는지에 대하여는 기준이 분 명하지 않았다. 즉, 구성의 곤란성과 효과의 현저성이 있다는 이유로 진보성을 인정 한 예, 구성의 곤란성과 효과의 현저성 모두가 없다는 이유로 진보성을 부정한 예가 있으나, 구성의 곤란성이 없어 보이는 경우 효과의 현저성을 고려해서 진보성을 인 정할 수 있는지에 대한 사례는 없었다. 그런데 이번 대법원 판결에 따라, (특히, 화학 발명에서) 일응 **구성의 곤란성이 인정되어 보이지 않더라도 발명의 효과가 쉽게 예측 하기 어렵다면 진보성이 인정될 수 있음을 분명하게 선언**하였다.

■ **대법원 2018. 7. 12. 선고 2016후380 판결** - 출원 전에 공지된 발명이 가지는 **구성요소의 범위를 수치로써 한정한 특허발명**은 그 과제 및 효과가 공지된 발명의 연장선상에 있고 수치한정의 유무에서만 차이가 있을 뿐 그 **한정된 수치범위 내외에서 현저한 효과의 차이가 생기지 않는다면**, 그 기술분야에서 통상의 지식을 가진 사람(이하 '통상의 기술자'라고 한다)이 통상적이고 반복적인 실험을 통하여 적절히 선택할 수 있는 정도의 단순한 수치한정에 불과하여 **진보성이 부정**된다(대법원 2007. 11. 16. 선고 2007후1299 판결 등 참조).

■ **대법원 2017. 8. 29. 선고 2014후2702 판결** - 의약개발 과정에서는 약효증대 및 효율적인 투여방법 등의 기술적 과제를 해결하기 위하여 적절한 투여용법과 투여용량을 찾아내려는 노력이 통상적으로 행하여지고 있으므로 **특정한 투여용법과 투여용량에 관한 용도발명의 진보성이 부정되지 않기 위해서는 출원 당시의 기술수준이나 공지기술 등에 비추어 그 발명이 속하는 기술분야에서 통상의 지식을 가진 사람이 예측할 수 없는 현저하거나 이질적인 효과가 인정되어야 한다.**

■ **대법원 2015. 1. 22. 선고 2011후927 판결** - 제법 한정 물건발명의 특허요건을 판단함에 있어서 그 기술적 구성을 제조 방법 자체로 한정하여 파악할 것이 아니라 **제조 방법의 기재를 포함하여 청구항의 모든 기재에 의하여 특정되는 구조나 성질 등을 가지는 물건으로 파악하여 출원 전에 공지된 선행기술과 비교하여 신규성, 진보성** 등이 있는지 여부를 살펴야 한다.

■ **특허법원 2022. 1. 20. 선고 2021허1349 판결** - 출원발명이 속하는 기술분야에서의 통상의 기술자는 의·약학 분야의 석사학위 소지자로서 제약 산업 분야에서 3년 정도 종사한 사람을 기준으로 한다.

■ **특허법원 2010. 3. 19. 선고 2008허8150 판결** - 통상의 기술자란 특허발명의 출원 시를 기준으로 국내외를 막론하고, **출원 시 당해 기술분야에 관한 기술수준에 있는 모든 것을 입수하여 자신의 지식으로 할 수 있으며, 연구개발을 위하여 통상의 수단 및 능력을 자유롭게 구사할 수 있다고 가정한 자연인을 말하는 것이다.**

## (4) 공지 예외 적용

 **특허법**

**제30조(공지 등이 되지 아니한 발명으로 보는 경우)** ① 특허를 받을 수 있는 권리를 가진 자의 발명이 다음 각 호의 어느 하나에 해당하게 된 경우 그 날부터 12개월 이내에 특허출원을 하면 그 특허출원된 발명에 대하여 제29조제1항 또는 제2항을 적용할 때에는 그 발명은 같은 조 제1항 각 호의 어느 하나에 해당하지 아니한 것으로 본다.

　　1. 특허를 받을 수 있는 권리를 가진 자에 의하여 그 발명이 제29조제1항 각 호의 어느 하나에 해당하게 된 경우. 다만, 조약 또는 법률에 따라 국내 또는 국외에서 출원공개되거나 등록공고된 경우는 제외한다.

　　2. 특허를 받을 수 있는 권리를 가진 자의 의사에 반하여 그 발명이 제29조제1항 각 호의 어느 하나에 해당하게 된 경우

② 제1항제1호를 적용받으려는 자는 특허출원서에 그 취지를 적어 출원하여야 하고, 이를 증명할 수 있는 서류를 산업통상자원부령으로 정하는 방법에 따라 특허출원일부터 30일 이내에 특허청장에게 제출하여야 한다.

### 1) 의의 및 취지

공지 예외 적용은 발명이 출원 전에 공지되었다 할지라도 일정 요건을 갖춘 경우 그 공개된 발명이 신규성이나 진보성에 관한 규정 적용 시 선행기술로 사용하지 않는 것을 의미한다. 이는 발명을 발명자 본인이 공지시키거나 자기의 의사에 반하여 공지된 경우, 특허를 받지 못하게 하는 것은 연구 결과를 신속히 공개하는 특허제도의 취지와 부합하지 않고, 공지되었다는 이유만으로 특허를 부여하지 않는 것은 발명자에게 지나치게 가혹할 수 있어 마련하였다.

### 2) 요건 및 절차

2006년 개정법에서는 출원공개와 등록공고를 제외한 모든 국내외의 공지행위에 대해 예외 규정을 적용받을 수 있도록 공지 형태 제한이 완화되었다. 따라서 공지 등이 되지 아니한 발명으로 보는 경우의 예외 규정을 적용받기 위한 공지의 형태는 외국에서의 공지·공용이 모두 포함되며, 학술지뿐만 아니라 인터넷을 통한 공지도 모두 포함되어 있다. 본 규정의 예외 규정이 적용되는 유형은 권리자가

발명을 출원 전에 공개한 경우와 권리자의 의사에 반하여 공지된 경우가 있다.

### ① 권리자가 발명을 출원 전에 공개한 경우

본 규정의 적용을 받기 위해서는 ① 특허를 받을 수 있는 권리를 가진 자에 의해 공지 등이 되었을 것, ② 공지 등이 된 날부터 12개월 이내에 특허를 받을 수 있는 권리를 가진 자가 출원할 것, ③ 출원서에 특허법 제30조 규정의 취지를 기재할 것, ④ 출원일부터 30일 이내에 증명서류를 제출할 것이라는 요건들이 충족되어야 한다.

### ② 권리자의 의사에 반하여 공지된 경우

특허를 받을 수 있는 권리자의 의사에 반하여 공지된 경우에는 12개월 이내에 특허출원을 하여야 하지만, 출원서에 그 취지를 기재할 필요가 없으며, 그 증명은 추후 문제가 발생하는 경우에 제출하면 된다.

### ③ 보완 제도

특허법 제30조 제3항은 권리자가 발명을 출원 전에 공지하였음에도 출원 시에 그 절차를 행하지 않은 경우, 보완수수료를 납부하면 보정을 할 수 있는 기간 또는 특허결정이나 특허거절결정 취소심결의 등본을 송달받은 날로부터 3개월 이내에 취지를 기재한 서면이나 증명할 수 있는 서면을 제출할 수 있도록 하고 있다.

## 3) 효과

공지 예외 적용이 되면, 해당 공지로 인해 신규성이나 진보성이 상실되지 않는 것으로 취급된다. 다만, 이것은 신규성이나 진보성을 상실하지 않는 것으로 보는 것일 뿐, 출원일 자체가 소급되는 것은 아니다. 따라서 발명의 공지 행위 시와 출원일 사이에 제3자가 동일한 발명을 출원하는 경우 해당 발명의 출원인은 선출원주의에 의해 그리고 제3자는 신규성 상실에 의해 모두 특허받을 수 없게 된다. 또한, 공지 등이 되지 아니한 경우로 보는 경우는 최초의 공지에만 적용되며 2회 이후의 공지에는 적용되지 않는다.

■ **대법원 2022. 8. 31. 선고 2020후11479 판결** - 특허출원서에 공지예외주장 취지를 기재하도록 한 특허법 제30조 제2항을 형해화할 우려가 있다는 점에서 **출원 시 누락한 공지예외주장을 보정의 형식으로 보완하는 것은 허용되지 않지만**(대법원 2011. 6. 9. 선고 2010후2353 판결 등 참조), ... **분할출원에서 공지예외주장을 통해 원출원일을 기준으로 한 공지예외 효과를 인정받는 것을 제한할 합리적 이유를 찾기 어렵다.**

■ **대법원 1996. 6. 14. 선고 95후19 판결** - 특허출원 전에 발명 내용을 박사학위논문으로 발표한 출원인이 박사학위논문의 일반적인 반포형태의 하나인 해당 **대학도서관에의 입고사실에 관하여 증명을 한 이상 출원인으로서는 신규성 의제의 적용을 받기 위한 소정의 입증을 하였다고 봄이 상당하다.**

## 2 소극적 특허요건

### (1) 확대된 선출원주의

🖎 **특허법**

**제29조(특허요건)** ③ 특허출원한 발명이 다음 각 호의 요건을 모두 갖춘 다른 특허출원의 출원서에 최초로 첨부된 명세서 또는 도면에 기재된 발명과 동일한 경우에 그 발명은 제1항에도 불구하고 특허를 받을 수 없다. 다만, 그 특허출원의 발명자와 다른 특허출원의 발명자가 같거나 그 특허출원을 출원한 때의 출원인과 다른 특허출원의 출원인이 같은 경우에는 그러하지 아니하다.

    1. 그 특허출원일 전에 출원된 특허출원일 것

    2. 그 특허출원 후 제64조에 따라 출원공개되거나 제87조제3항에 따라 등록공고된 특허출원일 것

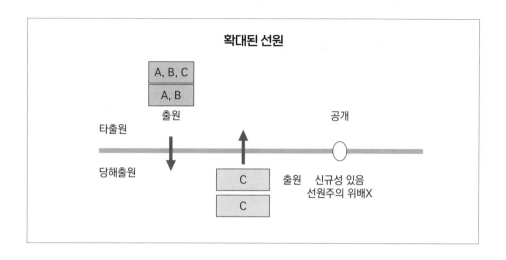

본래, 명세서 또는 도면에만 기재되어 있고 청구범위에 포함되어 있지 않은 발명(C)은 출원인이 권리화를 포기한 부분이다. 따라서 그 부분은 누구나 실시할 수 있는 공유재산이 되며, 그 부분을 특정인이 다시 독점할 수 있도록 하는 것은 타당하지 않다. 따라서 특허법 제29조 제3항은 특허출원한 발명(C/C)의 출원일 전에 다른 특허출원(ABC/AB)이 출원되어 있고, 특허출원한 발명(C/C)의 출원일 후에 다른 특허출원(ABC/AB)이 출원공개 또는 등록공고되었을 경우, 특허출원한 발명(C/C)의 청구항에 기재된 발명이 다른 특허출원의 최초명세서 등에 기재된 발명과 동일한 것은 특허를 받을 수 없도록 하고 있다. 이는 특허출원한 발명의 청구범위가 선출원한 다른 특허출원의 청구범위와 달라 선출원주의의 적용을 받지 않고, 다른 특허출원의 공개나 공고 전에 출원되었기 때문에 신규성을 상실하지 않아, 특허를 받을 수 있는 특허법의 불비를 보완한다. 다만, 특허출원한 발명의 발명자 또는 출원인과 다른 특허출원한 발명의 발명자 또는 출원인이 동일한 경우에는 예외가 된다. 이는 공개 전에 자신의 발명에 대하여 특허를 다시 받기로 하는 것까지 금지할 수는 없기 때문이다.

## (2) 특허를 받을 수 없는 발명

### 🛡 특허법

제32조(특허를 받을 수 없는 발명) 공공의 질서 또는 선량한 풍속에 어긋나거나 공중의 위생을 해칠 우려가 있는 발명에 대해서는 제29조제1항에도 불구하고 특허를 받을 수 없다.

특허법은 특허출원발명이 특허요건을 구비하고 있는지와 관계없이 공익을 위해 특허를 받을 수 없는 발명을 규정하고 있다. 특허받을 수 없는 발명은 공공의 질서 또는 선량한 풍속(공서양속)에 어긋나거나 공중의 위생을 해칠 염려가 있는 발명이다. 공서양속에 어긋나는 발명은 화폐위조기, 절도용 만능열쇠, 마약 등이 있으며, 방법발명에서 그 방법으로 제조된 물건이 이에 해당하는 경우에도 특허를 받을 수 없다. 유익과 해악이 공존하는 경우에는 이익형량을 하여야 하며, 예로써 마약성분을 포함한 의약품은 치료목적으로 사용될 것을 예정하여 특허를 부여할 수 있다. 하지만 특허에 의하여 생산된 물건의 판매가 행정법규(예컨대 약사법, 건축기준법 등)를 위반하는 것은 특허를 받을 수 없는 사유에 해당하지 아니한다.

---

**판례**

■ **특허법원 2014. 12. 4. 선고 2014허4555 판결** - 성 보조기구에 대한 발명으로서 ① 특허발명의 대상인 물건이 노골적으로 사람의 특정 성적 부위 등을 적나라하게 표현 또는 묘사하는 음란한 물건에 해당하거나, ② 발명의 실시가 공연한 음란 행위를 필연적으로 수반할 것이 예상되거나, 이에 준할 정도로 **성적 도의 관념에 반하는 발명은 공서양속에 반하는 것으로 인정한다.** 즉, 발명의 실시가 **사적인 공간에서 이뤄질 수 있다고 예상되는 경우에는 공서양속을 문란하게 할 가능성이 있다는 이유만으로 특허받을 수 없는 발명으로 취급하여 본 규정을 적용해서는 안 된다.**

■ **대법원 2011. 11. 24. 선고 2011허4240 판결** - 식품의약품안전처로부터 제품품목 허가를 받은 실시제품인 '알비스정'을 청구하는 경우에, 알루미늄이 더 많이 용출되어 체내 흡수가 증가되고 **알루미늄의 흡수 증가가 질병의 원인이 될 수 있다는 학술서가 있더라도 이는 학술적 가능성을 제시한 것일 뿐이고, 대부분의 의약품은 어느 정도의 부작용을 가지고 있고, 의약품의 약효와 부작용을 비교해 볼 때 그 약효가 부작용을 감수할 만한 유용성을 가지고 있다고 판단될 경우에 의약품으로 허용되므로, 공중의 위생을 해할 우려가 있는 발명이라 할 수 없다.**

**IV**

# 특허출원

## 1 특허를 받을 수 있는 권리

### (1) 의의

'특허를 받을 수 있는 권리'는 발명의 완성에서부터 거절결정의 확정 또는 특허권 설정등록 전까지 발생하는 권리로서, 발명과 동시에 발명자에게 귀속되지만 승계될 수 있는 권리이다. 따라서 특허를 받을 수 있는 권리는 양도 및 상속이 가능하다. 특허를 받을 수 있는 권리를 출원 전에 양도하는 경우에는 특별한 절차가 요구되지 않으나 제3자에게 대항하기 위해서는 승계인이 출원을 하여야 하며, 특허출원 후의 양도는 포괄승계(상속이나 합병)의 경우를 제외하고는 출원인변경신고를 하여야만 효력이 발생한다. 상속 그 밖의 일반승계가 있는 경우 승계인은 지체 없이 그 취지를 특허청장에게 신고하여야 한다. 특허받을 수 있는 권리는 확정적인 권리가 아니기 때문에 질권의 대상으로 되지 않는다. 특허를 받을 수 있는 권리를 갖는 자는 해당 발명에 대하여 등록을 취득하지 못하였기 때문에 무단으로 해당 발명을 실시하는 자에게 권리를 행사할 수 없으나, 특허법 제65조에 따라 출원공개 후 등록 전까지의 특허발명 실시에 대하여 설정등록된 후 보상금을 청구할 수 있다.

## (2) 특허를 받을 수 있는 자

원칙적으로 특허를 받을 수 있는 자는 발명자이다. 발명은 사실행위이기 때문에 자연인만이 발명자가 될 수 있으며, 미성년자 등과 같이 행위능력이 없는 자도 발명자는 될 수 있지만, 특허를 받기 위해서는 법정대리인을 통해 절차를 밟아야 한다. 특허청 직원 및 특허심판원 직원은 상속이나 유증의 경우를 제외하고는 재직 중 특허를 받을 수 없다.

발명을 공동으로 한 경우 공동발명자 전원이 발명자가 되나, 공동발명자가 되기 위해서는 발명의 완성에 유익한 공헌을 하여야 하며, 발명의 완성을 위하여 실질적으로 상호 협력하는 관계에 있어야 한다. 공유인 경우 발명자 전원이 함께 출원하여야 하며, 일반적인 공유와 달리 특허받을 수 있는 권리가 공유인 경우 각 공유자는 다른 공유자의 동의를 얻지 못하면 그 지분을 양도할 수 없다.

## (3) 정당한 권리자의 보호

 **특허법**

> **제34조(무권리자의 특허출원과 정당한 권리자의 보호)** 발명자가 아닌 자로서 특허를 받을 수 있는 권리의 승계인이 아닌 자(이하 "무권리자"라 한다)가 한 특허출원이 제33조제1항 본문에 따른 특허를 받을 수 있는 권리를 가지지 아니한 사유로 제62조제2호에 해당하여 특허를 받지 못하게 된 경우에는 그 무권리자의 특허출원 후에 한 정당한 권리자의 특허출원은 무권리자가 특허출원한 때에 특허출원한 것으로 본다. 다만, 무권리자가 특허를 받지 못하게 된 날부터 30일이 지난 후에 정당한 권리자가 특허출원을 한 경우에는 그러하지 아니하다.
>
> **제35조(무권리자의 특허와 정당한 권리자의 보호)** 제33조제1항 본문에 따른 특허를 받을 수 있는 권리를 가지지 아니한 사유로 제133조제1항제2호에 해당하여 특허를 무효로 한다는 심결이 확정된 경우에는 그 무권리자의 특허출원 후에 한 정당한 권리자의 특허출원은 무효로 된 그 특허의 출원 시에 특허출원한 것으로 본다. 다만, 심결이 확정된 날부터 30일이 지난 후에 정당한 권리자가 특허출원을 한 경우에는 그러하지 아니하다.
>
> **제88조(특허권의 존속기간)** ② 정당한 권리자의 특허출원이 제34조 또는 제35조에 따라 특허된 경우에는 제1항의 특허권의 존속기간은 무권리자의 특허출원일의 다음 날부터 기산한다.

특허법은 특허를 받을 수 있는 권리를 가진 정당한 권리자의 출원 전에 무권리 자의 출원이 있는 경우 정당한 권리자를 보호하는 규정으로서 특허법 제34조와 제35조를 두고 있다. 무권리자의 출원이 거절된 경우 정당한 권리자의 출원은 후 출원이라는 이유로 거절되지 아니하고, 그 무권리자의 특허출원 후에 한 정당한 권리자의 출원은 무권리자가 특허출원한 때에 출원한 것으로 본다. 다만, 출원일 을 소급받기 위해, 정당한 권리자는 무권리자가 특허를 받지 못하게 된 날부터 30 일이 지나기 전에 특허출원을 해야만 한다. 또한, 무권리자의 특허가 무효로 확정 된 경우에도 정당한 권리자의 특허출원은 무효로 된 특허의 출원 시에 특허출원 한 것으로 본다. 다만, 정당한 권리자의 출원은 무권리자의 무효심결이 확정된 날 부터 30일 이내에 이루어져야 한다. 위 규정들에 의하여 정당한 권리자 출원이 있 는 경우, 정당한 권리자의 특허권 존속기간은 정당한 권리자의 특허권이 설정된 날부터 무권리자의 출원일의 다음날부터 기산하여 20년이 되는 날까지이다.

---

판례

■ **대법원 2020. 5. 14. 선고 2020후10087 판결** - 특허출원 전에 특허를 받을 수 있 는 권리를 계약에 따라 **이전한 양도인**은 더 이상 그 권리의 귀속주체가 아니므로 그러한 양도인이 한 특허출원에 대하여 설정등록이 이루어진 특허권은 **특허무효 사유에 해당하는 무권리자의 특허**이다. 특허출원 전에 이루어진 특허를 받을 수 있 는 권리의 승계는 그 승계인이 특허출원을 하여야 제3자에게 대항할 수 있다(특허 법 제38조 제1항). 여기서 제3자는 특허를 받을 수 있는 권리에 관하여 승계인의 지위와 양립할 수 없는 법률상 지위를 취득한 사람에 한한다. 무권리자의 특허로 서 **특허무효사유가 있는 특허권을 이전받은 양수인은 특허법 제38조 제1항에서 말 하는 제3자에 해당하지 않는다.**

■ **대법원 2014. 5. 16. 선고 2012다11310 판결** - 특허법이 선출원주의의 일정한 예 외를 인정하여 정당한 권리자를 보호하고 있는 취지에 비추어 보면, 정당한 권리 자로부터 특허를 받을 수 있는 권리를 승계받은 바 없는 무권리자의 특허출원에 따라 특허권의 설정등록이 이루어졌더라도, 특허법이 정한 위와 같은 절차에 의하 여 구제받을 수 있는 **정당한 권리자로서는 특허법상의 구제절차에 따르지 아니하고 무권리자에 대하여 직접 특허권의 이전등록을 구할 수는 없다.** - 다만, 본 판결은 **특 허법 제99조의2가 신설됨에 따라, 정당한 권리자가 해당 특허권의 이전을 법원에 청구하는 방식으로 특허권을 취득하는 제도가 도입되었다.**

## 2 특허출원

### (1) 특허출원절차

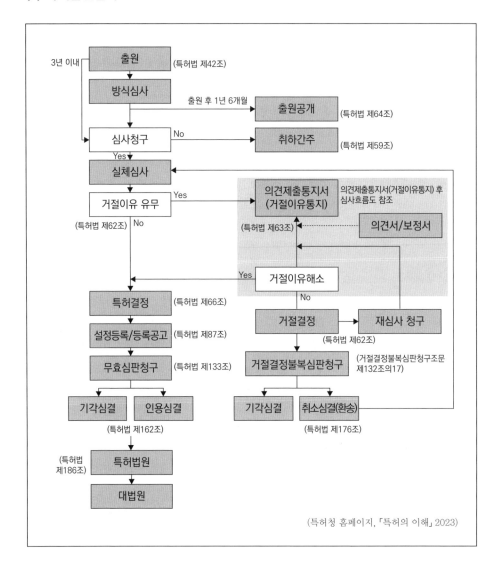

(특허청 홈페이지, 「특허의 이해」 2023)

### (2) 특허출원일

특허출원일은 명세서 및 필요한 도면을 첨부한 특허출원서가 특허청장에게 도달한 날이 된다. 이때, 명세서에 청구범위를 적지 않고 제출할 수 있다. 다만, 발명의 설명은 적어야만 한다. 특허출원인이 특허출원서에 최초로 첨부한 명세서에 청구범위를 적지 아니한 경우에도 제64조(출원공개) 제1항 각호의 구분에 따른 날부터 1년 2개월이 되는 날까지 명세서에 청구범위를 적는 보정을 하여야 한다. 다만, 이 기한 이전에라도 제60조 제3항(타인에 의한 심사청구)에 따른 출원심사 청구의 취지를 통지받은 경우에는 그 통지를 받은 날부터 3개월이 되는 날 또는 제64조 제1항 각 호의 구분에 따른 날부터 1년 2개월이 되는 날 중 빠른 날까지 보정을 하여야 한다. 특허출원인이 보정을 하지 않으면, 기한이 되는 날의 다음 날에 해당 특허출원을 취하한 것으로 본다.

## 🛡️ 임시명세서 출원(가출원) 제도

1. **임시명세서의 파일 형식** - 임시명세서는 특허청에서 제공하는 SW 또는 특허청 홈페이지를 이용하여 생성한 표준 파일 형식 이외에도 상용SW를 이용한 파일 형식(hwp, doc, pdf, ppt, jpg 등)을 제출할 수 있다.

2. **출원서 기재** - 출원서에 임시명세서 출원 취지를 기재해야 하며, 이 경우 청구범위 제출유예를 동시에 한 것으로 간주된다.

3. **보정** - 임시명세서 제출 시 일정 기간까지 청구범위를 적는 보정과 전문을 보정해야 한다. 보정된 명세서를 제출하지 않으면 그 기한이 되는 날의 다음 날에 해당 출원은 취하간주된다.

4. **심사청구와 출원공개** - 전문 보정된 명세서를 제출해야 심사청구할 수 있고, 출원공개가 이루어진다.

5. **정규출원** - 임시명세서 출원도 정규출원으로 조약우선권 주장 출원이나 국내우선권 주장 출원, 분할 또는 변경출원을 할 수도 있다.

6. **미국의 가출원 제도와의 비교** - 미국의 가출원과 동일하게 출원 형식이 자유롭지만, 미국의 가출원은 정규출원이 아니고, 1년 이내에 반드시 정규출원을 해야 하며, 가출원번호와 본출원번호는 서로 다르다.

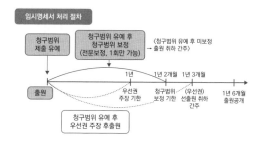

## 미국 특허출원의 종류 및 개념

■ **정규출원(Nonprovisional application)** - 통상적인 **정상 출원**을 말한다.
■ **가출원(Provisional application)** - 간단한 절차와 비용으로 출원일을 인정받을 수 있는 제도로, 가출원 후에는 1년 이내에 정식출원을 해야 하며, 이 경우 **가출원 날짜를 정식 출원일로 인정받을 수 있다.**
■ **계속출원(Continuation application, CA)** - 특허명세서 및 도면에는 기술 내용이 작성되어 있지만, **청구범위에는 포함되지 않은 경우, 계속출원을 이용하여 발명의 범위를 넓히거나 달리할 수 있다.** 다만, 발명의 상세한 설명 또는 도면에 포함되지 않은 새로운 내용은 추가할 수 없다.
■ **일부계속출원(Continuation-in-Part application, CIP application)** - 출원된 **특허명세서에 없는 부분, 즉 새로운 내용을 추가하여 출원할 수 있는 제도**이며, 원출원에 있었던 내용은 원출원 일자로 특허성을 심사받고, 새롭게 추가된 내용은 일부계속출원 일자로 심사를 받는다.

## (3) 특허출원 서류

 ## 특허법

**제42조(특허출원)** ① 특허를 받으려는 자는 다음 각 호의 사항을 적은 특허출원서를 특허청장에게 제출하여야 한다.
  1. 특허출원인의 성명 및 주소(법인인 경우에는 그 명칭 및 영업소의 소재지)
  2. 특허출원인의 대리인이 있는 경우에는 그 대리인의 성명 및 주소나 영업소의 소재지[대리인이 특허법인·특허법인(유한)인 경우에는 그 명칭, 사무소의 소재지 및 지정된 변리사의 성명]
  3. 발명의 명칭
  4. 발명자의 성명 및 주소
② 제1항에 따른 특허출원서에는 발명의 설명·청구범위를 적은 명세서와 필요한 도면 및 요약서를 첨부하여야 한다.
③ 제2항에 따른 발명의 설명은 다음 각 호의 요건을 모두 충족하여야 한다.
  1. 그 발명이 속하는 기술분야에서 통상의 지식을 가진 사람이 그 발명을 쉽게 실시할 수 있도록 명확하고 상세하게 적을 것

2. 그 발명의 배경이 되는 기술을 적을 것

④ 제2항에 따른 청구범위에는 보호받으려는 사항을 적은 항(이하 "청구항"이라 한다)이 하나 이상 있어야 하며, 그 청구항은 다음 각 호의 요건을 모두 충족하여야 한다.

1. 발명의 설명에 의하여 뒷받침될 것

2. 발명이 명확하고 간결하게 적혀 있을 것

⑥ 제2항에 따른 청구범위에는 보호받으려는 사항을 명확히 할 수 있도록 발명을 특정하는 데 필요하다고 인정되는 구조 · 방법 · 기능 · 물질 또는 이들의 결합관계 등을 적어야 한다.

⑧ 제2항에 따른 청구범위의 기재방법에 관하여 필요한 사항은 대통령령으로 정한다.

⑨ 제2항에 따른 발명의 설명, 도면 및 요약서의 기재방법 등에 관하여 필요한 사항은 산업통상자원부령으로 정한다.

## 1) 특허출원서

특허를 받으려는 자는 특허출원서를 특허청장에게 제출하여야 한다. 특허출원서는 서지적 사항을 적는 것으로 특허출원인과 발명에 대한 정보 사항 등이 포함된다. 구체적으로는 ① 특허출원인의 성명 및 주소, ② 특허출원인의 대리인이 있는 경우에는 그 대리인의 성명 및 주소나 영업소의 소재지, ③ 발명의 명칭, ④ 발명자의 성명 및 주소가 기재된다. 특히, 발명자는 명예권으로서의 발명자 게재권을 가지며, 차후 특허증에 발명자로서 게재될 수 있다. 이 외에도 특허출원서에는 특허와 관련된 여러 절차를 신청할 수 있도록 하여, 우선권 주장, 공지예외주장, 심사청구 등을 신청하는 경우 특허출원서에 표시된다. 특허출원서에는 발명의 설명과 청구범위를 적은 명세서와 필요한 도면 및 요약서를 첨부하여야 한다.

# 특허출원서

【출원 구분】 　□ 특허출원 　　□ 분할출원 　　□ 변경출원
　　　　　　　□ 무권리자의 출원 후에 한 정당한 권리자의 출원

(【참조번호】 )
【출원인】
　【성명(명칭)】 　**김출원**
　【특허고객번호】 　4-2004-000123-4(이미 발급받은 번호를 기재. 단 아직 발급받지 않은 경우 [별지 제4호 서식]
　　　　　　　　　출원인코드부여신청서를 동시에 제출하시면 접수담당자가 직접 발급 후 기재함)
【대리인】
　【성명(명칭)】 　☞ 대리인 없이 개인이 작성·제출할 경우 해당없음
　【대리인번호】
(【포괄위임등록번호】 )
【발명의 국문명칭】 　건축용 금속계 장식판의 보호피막 형성 방법
【발명의 영문명칭】 　The method of forming the protective film on the
　　　　　　　　　metallic decorative panel for building

【발명자】
　【성명】 김출원
　【특허고객번호】 　4-2004-000123-4
【출원언어】 □ 국어 　　□ 영어
(【원출원(무권리자 출원)의 출원번호】 )
(【우선권주장】 　☞ 해당될 경우만 기재
　【출원국명】
　【출원번호】
　【출원일자】
　【증명서류】
　【접근코드】 )
(【기타사항】 □ 심사청구 　□ 심사유예신청 　□ 조기공개신청 　□ 공지예외적용
　　　　　　□ 미생물기탁 　□ 서열목록 　　□ 기술이전희망 　□ 국가연구개발사업
　　　　　　□ 국방관련 비밀출원 　　　□ 임시 명세서(청구범위제출유예))

　　　　　　☞ 출원과 동시에 심사청구 또는 조기공개신청을 하려면 특허청구범위가 기재된
　　　　　　　명세서가 첨부되어야 함

(【유예희망시점】 심사청구일 후 24개월이 지난 때부터 ( )개월 ☞ 필요한 경우만 기재
　【공지예외적용대상 증명서류의 내용】 　☞ 해당될 경우만 기재
　　【공개형태】
　　【공개일자】

【미생물기탁】 ☞ *해당될 경우만 기재*

　　【기탁기관명】

　　【수탁번호】

　　【수탁일자】

【핵산염기 서열목록 또는 아미노산 서열목록】 ☞ *해당될 경우만 기재*

　　【서열개수】

　　【서열목록전자파일】

【기술이전희망】 □ 기술양도 □ 실시권허여 □ 기술지도 *희망하는 경우만 표시*

【이 발명을 지원한 국가연구개발사업】 ☞ *해당될 경우만 기재*

　　【과제고유번호】

　　【부처명】

　　【연구관리전문기관】

　　【연구사업명】

　　【연구과제명】

　　【기여율】

　　【주관기판】

　　【연구기간】

【국방관련 비밀출원】 ☞ *해당될 경우만 기재*


위와 같이 특허청장에게 제출합니다.

출원인(대리인) 김출원 　(서명 또는 인)

【수수료】

　　【출원료】　　8면　　58,000원　☞ *전자출원의 경우 기본료(38,000원)만
납부, 서면출원의 경우는 기본료(58,000원
20면까지 동일)에 요약서·명세서·도면
1면 추가 시마다 1,000원 가산*

　　【우선권주장】　건　　　　원

　　【심사청구】　1 항　170,000원　☞ *기본료(130,000원)에 청구항 1항마다
40,000원 가산*

　　【합계】　　　228,000원

　　【감면(면제)사유】 개인 　☞ *해당될 경우만 기재*

　　【감면(면제)후 수수료】　68,400원

【첨부서류】　1. 명세서 · 요약서 및 도면 각 1통

　　　　　　2. 정당한 권리자임을 증명하는 서류 1통(정당한 권리자의 출원만 해당합니다)

　　　　　　3. 대리인에 의하여 절차를 밟는 경우에는 그 대리권을 증명하는 서류 1통

　　　　　　4. 그 밖의 법령에 따른 증명서류 1통

## 2) 명세서

명세서는 발명의 기술적 내용을 공개하는 기술문헌으로서의 역할과 발명의 보호범위를 나타내는 권리서로서의 역할을 한다. 명세서는 발명의 명칭, 도면의 간단한 설명, 발명의 설명, 청구범위가 포함된다. 발명의 명칭은 발명의 내용에 따라 간단하고 명료하게 기재하여야 하며, 출원서에 기재한 발명의 명칭과 동일하게 기재하여야 한다. 도면의 간단한 설명은 각 도면이 무엇을 표시하는가를 기재하여야 한다. 발명의 설명과 청구범위의 요건에 대해서는 특허법이 엄격하게 규정하고 있다.

### ① 발명의 설명

발명의 설명은 그 발명이 속하는 기술 분야에서 통상의 지식을 가진 사람이 그 발명을 쉽게 실시할 수 있도록 명확하고 상세하게 적어야 하며, 그 발명의 배경이 되는 기술을 적어야 한다. '쉽게 실시'란 그 발명이 속하는 기술분야의 평균적 기술자가 해당 발명을 명세서 기재에 의하여 출원 시의 기술수준으로 보아 특수한 지식을 부가하지 않고도 과도한 시행착오나 반복 실험 등을 거치지 않고 그 발명을 정확하게 이해하고 재현하는 것을 말한다.

### ② 청구범위

청구범위는 보호받으려는 사항을 적은 항(청구항)이 하나 이상 있어야 하며, 그 청구항은 발명의 설명에 의하여 뒷받침되고, 발명이 명확하고 간결하게 적혀 있어야만 한다. 또한, 청구범위는 보호받으려는 사항을 명확히 할 수 있도록 발명을 특정하는 데 필요하다고 인정되는 구조·방법·기능·물질 또는 이들의 결합관계 등을 적어야 한다.

### 🛡 특허법 시행령

**제5조(특허청구범위의 기재방법)** ① 법 제42조제8항에 따른 특허청구범위의 청구항(이하 "청구항"이라 한다)을 기재할 때에는 독립청구항(이하 "독립항"이라 한다)을 기재하여야 하며, 그 독립항을 한정하거나 부가하여 구체화하는 종속청구항(이하 "종속항"이라 한다)을 기재할 수 있다. 이 경우 필요한 때에는 그 종속항을 한정하거나 부가하여 구체화하는 다른 종속항을 기재할 수 있다.

② 청구항은 발명의 성질에 따라 적정한 수로 기재하여야 한다.

④ 다른 청구항을 인용하는 청구항은 인용되는 항의 번호를 적어야 한다.

⑤ 2 이상의 항을 인용하는 청구항은 인용되는 항의 번호를 택일적으로 기재하여야 한다.

⑥ 2 이상의 항을 인용한 청구항에서 그 청구항의 인용된 항은 다시 2 이상의 항을 인용하는 방식을 사용하여서는 아니 된다. 2 이상의 항을 인용한 청구항에서 그 청구항의 인용된 항이 다시 하나의 항을 인용한 후에 그 하나의 항이 결과적으로 2 이상의 항을 인용하는 방식에 대하여도 또한 같다.

⑦ 인용되는 청구항은 인용하는 청구항보다 먼저 기재하여야 한다.

⑧ 각 청구항은 항마다 행을 바꾸어 기재하고, 그 기재하는 순서에 따라 아라비아숫자로 일련번호를 붙여야 한다.

위 규정의 제5조 제5항은 2 이상의 항을 인용하는 항은 하나의 항이 선택되도록 항의 번호를 기재하여야 한다.

| 택일적으로 기재한 예 | 택일적으로 기재하지 않은 예 |
|---|---|
| – 청구항 1 또는 청구항 2에 있어서, … 장치<br>– 청구항 1 내지 청구항 3 중 어느 하나의 항에 있어서, … 장치<br>– 청구항 1 내지 청구항 7 및 청구항 9 내지 청구항 11 중 어느 한 항에 있어서 … 장치<br>– 청구항 1 내지 청구항 7 또는 청구항 9 내지 청구항 11 중 어느 한 항에 있어서 … 장치 | – 청구항 1, 청구항 2에 있어서, … 장치<br>– 청구항 1 및 청구항 2 또는 청구항 3에 있어서, … 장치<br>– 청구항 1 및 청구항 2 또는 청구항 3중 어느 한 항에 있어서, … 장치<br>– 청구항 1, 2에 있어서, … 장치 |

위 규정의 제5조 제6항은 2 이상의 항을 인용하는 청구항은 2 이상의 항을 인용한 다른 청구항을 인용할 수 없도록 하고 있다. 이 규정의 취지는 하나의 청구항을 해석함에 있어서 다수의 다른 청구항을 참조하여야 하는 어려움을 방지하기 위함이다.

■ 2 이상의 항을 인용하는 청구항이 2 이상의 항을 인용한 다른 청구항을 인용한 경우
 - 청구항 4는 2 이상의 항을 인용하는 종속항으로서 2 이상의 항을 인용한 다른 청구항(청구항 3)을 인용하고 있어 청구범위 기재방법에 위배된다.
【청구항 1】··· 장치
【청구항 2】청구항 1에 있어서, ··· 장치
【청구항 3】청구항 1 또는 청구항 2에 있어서, ··· 장치
【청구항 4】청구항 2 또는 청구항 3에 있어서, ··· 장치

■ 2 이상의 항을 인용한 청구항에서 그 청구항의 인용된 항이 다시 하나의 항을 인용한 후에 그 하나의 항이 결과적으로 2 이상의 항을 인용한 경우
 - 청구항 5는 2 이상의 항을 인용하는 종속항으로서, 2 이상의 항을 인용하고 있는 제3항을 인용한 제4항을 인용하고 있어 청구범위 기재방법에 위배된다.
【청구항 1】··· 장치
【청구항 2】청구항 1에 있어서, ··· 장치
【청구항 3】청구항 1 또는 청구항 2에 있어서, ··· 장치
【청구항 4】청구항 3에 있어서, ··· 장치
【청구항 5】청구항 2 또는 청구항 4에 있어서, ··· 장치
【청구항 6】청구항 5에 있어서 ··· 장치

### 3) 필요한 도면

출원된 발명을 설명하는데 필요한 경우, 명세서에 기재된 발명의 구성을 보다 잘 이해할 수 있도록 보충하기 위해 도면을 첨부할 수 있다. 실용신안등록출원과는 달리 특허출원은 필요한 경우에만 도면을 첨부하면 된다. 도면은 일정한 기재요령에 따라 작성되어야 하며, 불가피한 경우에는 사진으로 도면을 대용할 수 있다.

### 4) 요약서

특허정보의 효율적 이용을 위해 특허출원시 요약서를 첨부한다. 요약서는 발명의 개요만을 나타내는 기술정보로만 사용되기 때문에 특허발명의 보호범위를 정하는 데 사용될 수 없다. 특허출원서에 요약서가 첨부되지 않거나 요약서 작성방법에 의하지 않고 부실하게 작성된 경우, 출원절차는 보정요구의 대상이 되며, 보정요구에도 불구하고 흠결을 해소하지 못하는 경우에는 특허법 제16조에 따라 해당 출원절차를 무효로 할 수 있다. 하지만 요약서가 잘못 기재된 것을 이유로 거절이유통지를 할 수는 없다.

■ **대법원 2019. 7. 10. 선고 2017다209761 판결** - 특허의 명세서에 기재된 용어는 **명세서 전체를 통하여 통일되게 해석할 필요가 있으므로, 하나의 용어가 청구범위나 발명의 설명에 다수 사용된 경우 특별한 사정이 없는 한 동일한 의미로 해석해야 한다.**

■ **대법원 2017. 4. 7. 선고 2014후1563 판결** - 특허법 제42조 제4항 제2호는 청구범위에는 발명이 명확하고 간결하게 적혀야 한다고 규정하고 있다. 그리고 특허법 제97조는 특허발명의 보호범위는 청구범위에 적혀 있는 사항에 의하여 정하여진다고 규정하고 있다. 따라서 청구항에는 **명확한 기재만이 허용되고, 발명의 구성을 불명료하게 표현하는 용어는 원칙적으로 허용되지 않는다.** 또한 발명이 명확하게 적혀 있는지는 그 발명이 속하는 기술분야에서 **통상의 지식을 가진 사람이** 발명의 설명이나 도면 등의 기재와 출원 당시의 기술상식을 고려하여 청구범위에 기재된 사항으로부터 특허를 받고자 하는 발명을 명확하게 파악할 수 있는지에 따라 개별적으로 판단하여야 하고, **단순히 청구범위에 사용된 용어만을 기준으로 하여 일률적으로 판단하여서는 안 된다.**

■ **대법원 2016. 5. 26 선고 2014후2061 판결** - 특허법 제42조 제3항은 **특허출원된 발명의 내용을 제3자가 명세서만으로 쉽게 알 수 있도록 공개하여 특허권으로 보호받고자 하는 기술적 내용과 범위를 명확하게 하기 위한 것이다.** 그런데 '물건의 발명'의 경우 발명의 '실시'란 물건을 생산, 사용하는 등의 행위를 말하므로, 물건의 발명에서 **통상의 기술자가 특허출원 당시의 기술수준으로 보아 과도한 실험이나 특수한 지식을 부가하지 않고서도** 발명의 상세한 설명에 기재된 사항에 의하여 물건 자체를 생산하고 사용할 수 있고, **구체적인 실험 등으로 증명이 되어 있지 않더라도 특허출원 당시의 기술수준으로 보아 통상의 기술자가 발명의 효과의 발생을 충분히 예측할 수 있다면, 위 조항에서 정한 기재요건을 충족한다.** 특허법 제42조 제4항 제1호는 특허청구범위에 보호받고자 하는 사항을 기재한 청구항이 발명의 상세한 설명에 의하여 뒷받침될 것을 규정하고 있는데, 이는 특허출원서에 첨부된 명세서의 발명의 상세한 설명에 기재되지 아니한 사항이 청구항에 기재됨으로써 출원자가 공개하지 아니한 발명에 대하여 특허권이 부여되는 부당한 결과를 막으려는 데에 취지가 있다. 따라서 구 특허법 제42조 제4항 제1호가 정한 명세서 기재요건을 충족하는지는 위 규정 취지에 맞게 **특허출원 당시의 기술수준**을 기준으로 하여 **통상의 기술자**의 입장에서 특허청구범위에 기재된 발명과 대응되는 사항이 발명의 상세한 설명에 기재되어 있는지에 의하여 판단하여야 하므로, 특허출원 당시의 기술수준에 비추어 **발명의 상세한 설명에 개시된 내용을 특허청구범위에 기재된 발명의 범위까지 확장 또는 일반화할 수 있다면 특허청구범위는 발명의 상세한 설명에 의하여 뒷받침된다.**

■ **대법원 2015. 4. 23. 선고 2013후730 판결** - 약리효과의 기재가 요구되는 의약의 용도발명에서는 출원 전에 명세서 기재의 약리효과를 나타내는 약리기전이 명확히 밝혀진 경우와 같은 특별한 사정이 없다면 **특정 물질에 그와 같은 약리효과가 있다는 것을 약리데이터 등이 나타난 시험례로 기재하거나 또는 이에 대신할 수 있을 정도로 구체적으로 기재하여야만** 명세서의 기재요건을 충족하였다고 볼 수 있다.

■ **대법원 2014. 5. 16. 선고 2012후3664 판결** - 의약용도발명에서는 특정 물질과 그 것이 가지고 있는 의약용도가 발명을 구성하는 것이고, **약리기전은 특정 물질에 불가분적으로 내재된 속성으로서 특정 물질과 의약용도와의 결합을 도출해내는 계기에 불과하다.** 따라서 의약용도발명의 특허청구범위에 기재되어 있는 **약리기전은 특정 물질이 가지고 있는 의약용도를 특정하는 한도 내에서만 발명의 구성요소로서 의미를 가질 뿐 약리기전 자체가 특허청구범위를 한정하는 구성요소라고 보아서는 아니 된다.**

■ **대법원 2012. 12. 27. 선고 2011후3230 판결** - 특허발명의 보호범위는 청구범위에 적혀 있는 사항에 의하여 정하여진다(특허법 제97조). 다만 청구범위에 적혀 있는 사항은 발명의 설명이나 도면 등을 참작해야 그 기술적인 의미를 정확하게 이해할 수 있으므로, 청구범위에 적혀 있는 사항은 그 문언의 일반적인 의미를 기초로 하면서도 **발명의 설명과 도면 등을 참작하여 그 문언으로 표현하고자 하는 기술적 의의를 고찰한 다음 객관적·합리적으로 해석하여야 한다.** 그러나 **발명의 설명과 도면 등을 참작하더라도 발명의 설명이나 도면 등 다른 기재에 따라 청구범위를 제한하거나 확장하여 해석하는 것은 허용되지 않는다.**

■ **대법원 2007. 9. 21. 선고 2005후520 판결** - 특허를 받고자 하는 발명의 인정은 출원인이 자신의 의사에 의하여 선택한 청구범위의 기재 내용을 존중하여 각 청구항에 기재된 사항에 근거하여 이루어져야 하고, **청구항의 기재가 불명료하거나 기술용어의 의미, 내용이 불명확한 경우에 한해 발명의 설명 또는 도면의 기재를 참작하여야 하며,** 청구범위의 기재를 벗어나 발명의 설명에 개시된 발명의 내용으로부터 청구항에 기재된 발명을 인정해서는 안 된다.

■ **대법원 2007. 9. 6. 선고 2005후1486 판결** - 특허청구범위가 기능, 효과, 성질 등에 의한 물건의 특정을 포함하는 경우, 그 발명이 속하는 기술분야에서 **통상의 지식을 가진 자가 발명의 상세한 설명이나 도면 등의 기재와 출원 당시의 기술상식을 고려하여 특허청구범위에 기재된 사항으로부터 특허를 받고자 하는 발명을 명확하게 파악할 수 있다면 그 특허청구범위의 기재는 적법하다.**

■ **대법원 2006. 10. 13. 선고 2004후776 판결** – 특허권의 권리범위는 특허청구범위에 기재된 바에 의하여 정해지므로, 발명이 특허를 받을 수 없는 사유가 있는지 여부를 판단함에 있어서 **특허청구범위의 기재만으로 권리범위가 명백하게 되는 경우에는 특허청구범위의 기재 자체만을 기초로 하여야 하지 발명의 상세한 설명이나 도면 등 다른 기재에 의하여 특허청구범위를 제한 해석하는 것은 허용되지 않는다.**

## 미국 특허출원

■ **특허출원 서류** – 미국 특허출원시 필요한 서류로는 특허출원서(transmittal letter), 명세서(specification), 특허청구범위(claims), 도면(drawings), 초록(abstract) 그리고 **특허출원 선언서**(patent application declaration, PAD), **정보공개서와 선행기술 리스트**(information disclosure statement and list of prior art, IDS), 필요한 경우 **양도증서**(assignment), **소기업 선언서**(small entity declaration)를 제출해야 한다.

■ **미국 출원 제도** – 명세서를 작성하지 않고, 논문을 그대로 출원하거나 PPT 한 장으로 출원할 수 있는 가출원 제도, 출원인이 동일한 발명을 2개 이상의 국가의 특허청에 출원하여 어느 한 국가 특허청에서 등록결정서 또는 특허 가능통지서를 받은 경우 다른 국가의 특허청에 제출하여 우선심사를 신청하는 **특허심사하이웨이**(Patent Prosecution Highway, PPH), 특허명세서 및 도면에는 기술 내용이 작성되어 있지만, 청구범위에는 포함되지 않은 경우 발명의 범위를 넓히거나 달리하는 **계속출원**(Continuation Application, CA), 원출원이 계속 중이면 언제든지 개량발명을 계속해서 출원할 수 있는 **일부계속출원**(Continuation-In-Part Application, CIP application)이 있다.

## 3 특허출원 관련 제도

### (1) 하나의 특허출원의 범위 - 1발명 1출원(1특허)

#### 특허법과 특허법 시행령

> **제45조(하나의 특허출원의 범위)** ① 특허출원은 하나의 발명마다 하나의 특허출원으로 한다. 다만, 하나의 총괄적 발명의 개념을 형성하는 일 군(群)의 발명에 대하여 하나의 특허출원으로 할 수 있다.
> ② 제1항 단서에 따라 일 군의 발명에 대하여 하나의 특허출원으로 할 수 있는 요건은 대통령령으로 정한다.
> **시행령 제6조(1군의 발명에 대한 1특허출원의 요건)** 법 제45조제1항 단서의 규정에 의한 1군의 발명에 대하여 1특허출원을 하기 위하여는 다음 각호의 요건을 갖추어야 한다.
> 1. 청구된 발명간에 기술적 상호관련성이 있을 것
> 2. 청구된 발명들이 동일하거나 상응하는 기술적 특징을 가지고 있을 것. 이 경우 기술적 특징은 발명 전체로 보아 선행기술에 비하여 개선된 것이어야 한다.

특허출원은 하나의 발명마다 하나의 특허출원으로 한다. 다만, 하나의 총괄적 발명의 개념을 형성하는 1군의 발명에 대하여 하나의 특허출원으로 할 수 있다. 시행령 제6조는 1군의 발명이 되기 위한 요건으로, 청구된 발명 간에 기술적 상호관련성이 있어야 하며, 청구된 발명들이 동일하거나 상응하는 기술적 특징을 가지고 있어야 한다고 규정하고 있다. 예로써, 특정발명이 물건인 경우 그 물건의 생산방법, 사용방법, 생산도구 등의 발명은 1군의 발명이 될 수 있다. 출원인의 입장에서는 다수의 발명을 하나의 출원서에 포함시켜 출원하는 것이 출원료나 관리 측면에서 유리하나, 제3자나 특허청의 입장에서는 선행기술 자료로서의 이용이나 심사 부담 측면에서 1출원의 범위를 좁히는 것이 유리하다. 따라서 본 규정은 이러한 자들의 균형을 위하여 도입되었다.

| | | |
|---|---|---|
| 예1 | 【청구항 1】직류모터용 **제어회로 A**<br>【청구항 2】직류모터용 **제어회로 B**<br>【청구항 3】**제어회로 A**가 있는 직류모터를 이용하는 장치<br>【청구항 4】**제어회로 B**가 있는 직류모터를 이용하는 장치 | 청구항 1과 3, 청구항 2와 4는 **단일성**이 있으나, 1과 2 또는 3과 4는 단일성이 없어, **1출원할 수 없다.** |
| 예2 | 【청구항 1】램프용 **필라멘트 A**<br>【청구항 2】**필라멘트 A**가 있는 램프 B<br>【청구항 3】**필라멘트 A**가 있는 램프 B와 회전테 C로 구성되는 서치라이트 | 모든 청구항에 **공통되는 특별한 기술적 특징(필라멘트 A)이** 있어 **1출원할 수 있다.** |

## (2) 선출원주의 – 1발명(1출원) 1특허

### 🛡️ 특허법

> **제36조(선출원)** ① 동일한 발명에 대하여 다른 날에 둘 이상의 특허출원이 있는 경우에는 먼저 특허출원한 자만이 그 발명에 대하여 특허를 받을 수 있다.
> ② 동일한 발명에 대하여 같은 날에 둘 이상의 특허출원이 있는 경우에는 특허출원인 간에 협의하여 정한 하나의 특허출원인만이 그 발명에 대하여 특허를 받을 수 있다. 다만, 협의가 성립하지 아니하거나 협의를 할 수 없는 경우에는 어느 특허출원인도 그 발명에 대하여 특허를 받을 수 없다.
> ③ 특허출원된 발명과 실용신안등록출원된 고안이 동일한 경우 그 특허출원과 실용신안등록출원이 다른 날에 출원된 것이면 제1항을 준용하고, 그 특허출원과 실용신안등록출원이 같은 날에 출원된 것이면 제2항을 준용한다.

1발명 1출원 주의와 더불어, 특허법에는 1발명 1특허의 원칙이 존재하여, 하나의 발명에는 하나의 특허만이 가능하다. 그렇다면 동일한 발명이 별개로 출원된 경우 누구에게 특허를 부여할 것인지 여부가 문제되며, 이러한 문제에 대하여 먼저 발명한 자에게 특허를 부여하는 선발명주의와 먼저 출원한 자에게 특허를 부여하는 선출원주의가 존재한다. 선발명주의는 최선의 발명자 보호에 유리하나 그 선후를 증명하기 어렵다. 반면, 선출원주의는 그 선후의 구별은 명확하나 최선의 발명자 보호에 충실하지 못하고, 출원을 서두르는 탓에 여러 하자들이 발생할 개연성이 높다.

대부분의 나라들은 선출원주의를 취하고 있으며, 우리나라도 선출원주의를 취하고 있다. 따라서 동일한 발명에 대하여 다른 날에 둘 이상의 특허출원이 있는 경우에는 먼저 특허출원한 자만이 그 발명에 대하여 특허를 받을 수 있다. 시기적 기준은 출원일이기 때문에, 같은 날에 출원한 자 간에는 우열이 존재하지 않는다. 따라서 같은 날에 둘 이상의 출원이 있는 경우에는 출원인 간에 협의하여 정한 하나의 출원만이 그 발명에 대하여 특허를 받을 수 있다. 만일, 협의가 성립하지 않거나 협의를 할 수 없는 경우에는 어느 출원인도 그 발명에 대하여 특허를 받을 수 없다. 또한, 선출원주의의 적용에서 두 발명이 동일한지 여부는 청구범위를 기준으로 판단한다. 특허출원이 무효·취하 또는 포기되거나 거절결정이나 거절한다는 취지의 심결이 확정된 경우 그 특허출원은 선출원의 지위를 갖지 않는다. 또한, 무권리자 출원의 경우에도 처음부터 없었던 것으로 본다.

## (3) 심사

### 1) 심사청구

🛡️ **특허법**

**제57조(심사관에 의한 심사)** ① 특허청장은 심사관에게 특허출원을 심사하게 한다.

**제59조(특허출원심사의 청구)** ① 특허출원에 대하여 심사청구가 있을 때에만 이를 심사한다.

② 누구든지 특허출원에 대하여 특허출원일부터 3년 이내에 특허청장에게 출원심사의 청구를 할 수 있다. 다만, 특허출원인은 다음 각 호의 어느 하나에 해당하는 경우에는 출원심사의 청구를 할 수 없다.

1. 명세서에 청구범위를 적지 아니한 경우

2. 제42조의3제2항에 따른 국어번역문을 제출하지 아니한 경우(외국어특허출원의 경우로 한정한다)

③ 제34조 및 제35조에 따른 정당한 권리자의 특허출원, 분할출원, 분리출원 또는 변경출원에 관하여는 제2항에 따른 기간이 지난 후에도 정당한 권리자가 특허출원을 한 날, 분할출원을 한 날, 분리출원을 한 날 또는 변경출원을 한 날부터 각각 30일 이내에 출원심사의 청구를 할 수 있다.

④ 출원심사의 청구는 취하할 수 없다.

⑤ 제2항 또는 제3항에 따라 출원심사의 청구를 할 수 있는 기간에 출원심사의 청구가 없으면 그 특허출원은 취하한 것으로 본다.

심사는 모든 출원에 대하여 이루어지는 것이 아니고, 심사가 청구된 것에 대해서만 이루어진다. 심사청구는 출원인뿐만 아니라 누구든지 할 수 있으며, 그 기간은 특허출원일로부터 3년 이내이며, 분할출원이나 변경출원인 경우에는 그 출원일로부터 30일 이내에 심사 청구할 수 있다. 다만, 청구범위를 적지 아니한 경우나 외국어특허출원의 경우 번역문을 제출하지 않은 경우에는 심사청구를 할 수 없다. 출원심사의 청구는 취하할 수 없으며, 출원심사의 청구가 위 기간 내에 없으면 해당 특허출원은 취하한 것으로 간주한다.

## 2) 우선심사

 **특허법 및 특허법 시행령**

> **제61조(우선심사)** 특허청장은 다음 각 호의 어느 하나에 해당하는 특허출원에 대해서는 심사관에게 다른 특허출원에 우선하여 심사하게 할 수 있다.
> 1. 제64조에 따른 출원공개 후 특허출원인이 아닌 자가 업(業)으로서 특허출원된 발명을 실시하고 있다고 인정되는 경우
> 2. 대통령령으로 정하는 특허출원으로서 긴급하게 처리할 필요가 있다고 인정되는 경우
> 3. 대통령령으로 정하는 특허출원으로서 재난의 예방·대응·복구 등에 필요하다고 인정되는 경우
>
> **시행령 제9조(우선심사의 대상)** ① 법 제61조제2호에서 "대통령령으로 정하는 특허출원"이란 다음 각 호의 어느 하나에 해당하는 것으로서 특허청장이 정하는 특허출원을 말한다.
> 1. 방위산업분야의 특허출원
> 2. 「기후위기 대응을 위한 탄소중립·녹색성장 기본법」 녹색기술과 직접 관련된 특허출원
> 2의2. 인공지능 또는 사물인터넷 등 4차 산업혁명과 관련된 기술을 활용한 특허출원
> 2의3. 반도체 등 국민경제 및 국가경쟁력 강화에 중요한 첨단기술과 관련된 특허출원
> 3. 수출촉진에 직접 관련된 특허출원
> 8. 특허출원인이 특허출원된 발명을 실시하고 있거나 실시준비중인 특허출원
> 10. 특허청장이 외국특허청장과 우선심사하기로 합의한 특허출원
> ② 법 제61조제3호에서 "대통령령으로 정하는 특허출원"이란 다음 각 호의 어느 하나에 해당하는 특허출원을 말한다.
> 1. 다음 각 목의 어느 하나에 해당하는 것으로서 특허청장이 정하여 고시하는 특허출원

가. 「감염병의 예방 및 관리에 관한 법률」 제2조제21호에 따른 의료·방역 물품과 직접 관련된 특허출원

나. 「재난안전산업 진흥법」 제16조에 따라 인증을 받은 재난안전제품과 직접 관련된 특허출원

2. 재난으로 인한 긴급한 상황에 대응하기 위해 특허청장이 우선심사 신청 기간을 정해 공고한 대상에 해당하는 특허출원

출원공개 후 특허출원인이 아닌 자가 업으로서 특허출원된 발명을 실시하고 있다고 인정되거나, 긴급하게 처리할 필요가 있다고 인정되는 경우 또는 재난의 예방·대응·복구 등에 필요하다고 인정되는 경우에는 다른 특허출원에 우선하여 심사할 수 있게 한다. 긴급하게 처리할 필요가 있다고 인정되는 경우는 방위산업 분야의 특허출원, 녹색기술과 직접 관련된 특허출원, 4차 산업혁명과 관련된 기술을 활용한 특허출원, 수출촉진에 직접 관련된 특허출원 그리고 특허출원인이 특허출원된 발명을 실시하고 있거나 실시준비중인 특허출원 등이 포함된다.

### 3) 심사 대상 및 절차

출원된 발명이 특허를 받기 위해서는 심사를 통과해야만 하는데, 이는 앞에서 본 특허법 제62조의 거절이유가 그 판단 기준이 된다. 거절이유에는 외국인의 권리능력(제25조), 특허요건(제29조), 특허받을 수 없는 발명(제32조), 선출원주의(제36조), 공동출원(제44조) 규정을 위배한 경우들을 포함한다. 심사관이 거절이유를 발견한 경우에는 거절이유를 통지하고 기간을 정하여 의견서를 제출할 수 있는 기회를 주어야 한다. 의견서 제출이나 기타 방법으로도 거절이유를 해소하지 못한 경우 심사관은 거절결정을 한다. 반면, 심사관이 거절이유를 발견할 수 없는 경우에는 특허결정을 하여야 한다. 특허결정 및 특허거절결정(특허여부결정)은 서면으로 하여야 하며, 그 이유를 붙여야 한다. 특허청장은 특허여부결정이 있는 경우에는 그 결정의 등본을 특허출원인에게 송달하여야 한다.

## 4) 특허결정 후 절차

### ① 직권 보정과 직권 재심사

심사관은 특허결정을 할 때에 특허출원서에 첨부된 명세서, 도면 또는 요약서에 적힌 사항이 명백히 잘못된 경우에는 직권으로 보정할 수 있다. 이 경우, 특허결정의 등본 송달과 함께 그 직권 보정 사항을 특허출원인에게 알려야 한다. 또한, 심사관은 특허결정된 특허출원에 관하여 명백한 거절이유를 발견한 경우에는 직권으로 특허결정을 취소하고, 그 특허출원을 다시 심사(직권 재심사)할 수 있다. 이 경우 심사관이 직권 재심사를 하려면 특허결정을 취소한다는 사실을 특허출원인에게 통지하여야 한다.

### ② 재심사의 청구

특허출원인은 그 특허출원에 관하여 특허결정의 등본을 송달받은 날부터 설정등록을 받기 전까지의 기간 또는 특허거절결정등본을 송달받은 날부터 3개월(기간이 연장된 경우 그 연장된 기간) 이내에 그 특허출원의 명세서 또는 도면을 보정하여 해당 특허출원에 관한 재심사를 청구할 수 있다. 다만, 재심사를 청구할 때에 이미 재심사에 따른 특허여부의 결정이 있는 경우, 특허거절결정심판 청구가 있는 경우, 그 특허출원이 분리출원인 경우에는 재심사를 청구할 수 없다. 특허출원인은 재심사의 청구와 함께 의견서를 제출할 수 있다. 재심사가 청구된 경우 그 특허출원에 대하여 종전에 이루어진 특허결정 또는 특허거절결정은 취소된 것으로 본다. 재심사의 청구는 취하할 수 없다.

### ③ 특허출원의 회복

특허출원인이 정당한 사유로 출원심사의 청구를 할 수 있는 기간, 재심사의 청구를 할 수 있는 기간을 지키지 못하여 특허출원이 취하되거나 특허거절결정이 확정된 것으로 인정되는 경우에는 그 사유가 소멸한 날부터 2개월 이내에 출원심사의 청구 또는 재심사의 청구를 할 수 있다. 다만, 그 기간의 만료일부터 1년이 지난 때에는 할 수 없다.

## 5) 정보제공

> **제63조의2(특허출원에 대한 정보제공)** 특허출원에 관하여 누구든지 그 특허출원이 거절이유에 해당하여 특허될 수 없다는 취지의 정보를 증거와 함께 특허청장에게 제공할 수 있다. 다만, 제42조제3항제2호, 같은 조 제8항 및 제45조에 따른 요건을 갖추지 아니한 경우에는 그러하지 아니하다.

심사에 대한 보완으로서 정보제공 제도가 존재하며, 누구든지 해당 출원이 거절이유에 해당하여 특허될 수 없다는 취지의 정보를 증거와 함께 특허청장에게 제공할 수 있다. 다만, 발명의 설명 기재방법 중 배경이 되는 기술을 적지 않은 경우나 청구범위 기재방법 위배 또는 1특허 1출원 범위를 위배한 것을 이유로는 정보제공을 할 수 없다.

## (4) 공개

특허청장은 출원일(우선권 주장 등에 의해 출원일이 소급되는 경우에는 선출원의 출원일, 공개는 이로운 제도여서 빨리할수록 좋다)로부터 1년 6개월이 경과한 때 또는 그 기간이 경과하기 전이라도 특허출원인이 신청한 경우에는 해당 특허출원에 관하여 특허공보에 게재하여 출원공개를 하여야 한다. 하지만 명세서에 청구범위를 기재하지 아니하거나 외국어출원 시 국어번역문을 제출하지 않은 경우 그리고 등록 공고된 경우에는 출원공개를 하지 아니한다. 또한, 국방상 필요한 발명에 대하여 비밀 취급된 발명에 대해서는 그 발명의 비밀취급이 해제될 때까지 출원공개를 보류하여야 한다.

출원공개가 있은 후, 특허출원인은 해당 특허출원된 발명을 업으로서 실시하는 자에게 특허출원된 발명임을 서면으로 경고할 수 있으며, 경고를 받거나 출원공개된 발명임을 알고 그 특허출원된 발명을 업으로 실시한 자에게 그 경고를 받거나 출원 공개된 발명임을 알았을 때부터 특허권의 설정등록할 때까지의 기간 동안 그 특허발명의 실시에 대하여 통상적으로 받을 수 있는 금액에 상당하는 보상금의 지급을 청구할 수 있다. 다만, 보상금의 청구는 설정등록된 후에만 행사할 수 있으며, 특허권의 행사에 영향을 미치지 아니한다.

## (5) 보정

### 1) 의의 및 취지

선출원주의하에서 특허를 받기 위해서는 특허출원을 서둘러야 하며, 이러한 경우 특허출원은 여러 가지 하자를 갖고 있을 개연성이 높다. 특허법은 이와 같은 경우 하자를 치유할 수 있도록 하여 특허출원인을 보호하고 있으며, 이를 보정제도라 한다. 보정이 적법하게 이루어진 경우, 보정 사항은 최초 출원일로 소급하여 효과가 발생하게 된다. 시기적으로 보정은 심사착수 전까지는 자유롭게 할 수 있도록 하고 있으나, 거절이유를 통지한 후에는 보정시기를 엄격히 제한하여 심사처리 지연을 방지하고 있다. 또한, 내용적으로는 출원 당시에 포함되지 않은 발명의 내용을 차후에 추가할 수 있게 하는 것은 선출원주의에 반하고 제3자에게 불측의 손해를 줄 우려가 있기 때문에, 그 범위를 엄격히 제한하고 있다. 따라서 보정을 허용하되, 보정의 시기와 내용은 엄격히 제한된다(보정제한주의).

### 2) 절차보정

 **특허법**

> **제46조(절차의 보정)** 특허청장 또는 특허심판원장은 특허에 관한 절차가 다음 각 호의 어느 하나에 해당하는 경우에는 기간을 정하여 보정을 명하여야 한다. 이 경우 보정명령을 받은 자는 그 기간에 그 보정명령에 대한 의견서를 특허청장 또는 특허심판원장에게 제출할 수 있다.
> 1. 제3조제1항 또는 제6조를 위반한 경우
> 2. 이 법 또는 이 법에 따른 명령으로 정하는 방식을 위반한 경우
> 3. 제82조에 따라 내야 할 수수료를 내지 아니한 경우

절차보정은 특허출원의 내용이 아닌 형식적·절차적인 면에 흠결이 있는 경우에 보정하는 것을 말한다. 특허청장이나 특허심판원장은 행위능력흠결, 대리인 부존재, 절차위반, 수수료미납의 경우가 있는 경우 기간을 정하여 보정을 명하여야 한다. 이 경우 보정명령을 받은 자는 그 기간에 그 보정명령에 대한 의견서를 특허청장이나 특허심판원장에게 제출할 수 있다.

## 3) 특허출원의 보정

 **특허법**

**제47조(특허출원의 보정)** ① 특허출원인은 제66조에 따른 특허결정의 등본을 송달하기 전까지 특허출원서에 첨부한 명세서 또는 도면을 보정할 수 있다. 다만, 제63조제1항에 따른 거절이유통지(이하 "거절이유통지"라 한다)를 받은 후에는 다음 각 호의 구분에 따른 기간(제3호의 경우에는 그 때)에만 보정할 수 있다.

1. 거절이유통지(거절이유통지에 대한 보정에 따라 발생한 거절이유에 대한 거절이유통지는 제외한다)를 최초로 받거나 제2호의 거절이유통지가 아닌 거절이유통지를 받은 경우: 해당 거절이유통지에 따른 의견서 제출기간

2. 거절이유통지(제66조의3제2항에 따른 통지를 한 경우에는 그 통지 전의 거절이유통지는 제외한다)에 대한 보정에 따라 발생한 거절이유에 대하여 거절이유통지를 받은 경우: 해당 거절이유통지에 따른 의견서 제출기간

3. 제67조의2에 따른 재심사를 청구하는 경우: 청구할 때

② 제1항에 따른 명세서 또는 도면의 보정은 특허출원서에 최초로 첨부한 명세서 또는 도면에 기재된 사항의 범위에서 하여야 한다.

③ 제1항제2호 및 제3호에 따른 보정 중 청구범위에 대한 보정은 다음 각 호의 어느 하나에 해당하는 경우에만 할 수 있다.

1. 청구항을 한정 또는 삭제하거나 청구항에 부가하여 청구범위를 감축하는 경우

2. 잘못 기재된 사항을 정정하는 경우

3. 분명하지 아니하게 기재된 사항을 명확하게 하는 경우

4. 제2항에 따른 범위를 벗어난 보정에 대하여 그 보정 전 청구범위로 되돌아가거나 되돌아가면서 청구범위를 제1호부터 제3호까지의 규정에 따라 보정하는 경우

④ 제1항제1호 또는 제2호에 따른 기간에 보정을 하는 경우에는 각각의 보정절차에서 마지막 보정 전에 한 모든 보정은 취하된 것으로 본다.

⑤ 외국어특허출원인 경우에는 제1항 본문에도 불구하고 제42조의3제2항에 따라 국어번역문을 제출한 경우에만 명세서 또는 도면을 보정할 수 있다.

　　명세서 또는 도면의 내용을 보정하는 것이 특허출원의 보정이며, 이는 보정할 당시의 출원인이 할 수 있으며, 출원인이 복수인 경우에도 유리한 행위이기 때문에 각자가 보정할 수 있다. 또한, 보정을 하기 위해서는 출원이 특허청에 계속 중이어야 한다. 특허출원인은 특허결정의 등본을 송달하기 전까지 특허출원서에 첨

부한 명세서 또는 도면을 보정할 수 있다. 하지만 거절이유통지를 받은 후에는 그 기간이 엄격히 제한되어, 최초거절이유통지에 따른 의견서 제출기간 이내, 최후 거절이유통지에 따른 의견서 제출기간 이내, 재심사를 청구하는 경우 청구할 때에만 보정을 할 수 있다. 또한, 명세서 또는 도면의 보정은 특허출원 시에 최초로 첨부한 명세서 또는 도면에 기재된 사항의 범위 내에서 하여야 한다. 최후거절이 유통지에 따른 보정과 재심사 청구 시의 보정은 그 범위가 더욱 제한되어 청구범위를 감축하는 경우, 잘못 기재된 사항을 정정하는 경우, 분명하지 아니한 사항을 명확하게 하는 경우, 범위를 벗어난 보정에 대하여 그 보정 전 청구범위로 되돌아가거나 되돌아가면서 앞 세 가지의 규정에 따라 보정하는 경우에만 인정된다. 외국어특허출원인 경우에는 국어번역문을 제출한 경우에만 보정할 수 있다. 부적법한 보정은 심사 중에는 거절이유가 되며, 등록 후에는 무효사유가 된다.

### 4) 보정각하

심사관은 위 특허출원 보정 중 최후거절이유 통지 시 보정과 재심사 청구 시 보정이 보정의 범위를 넘는 경우에는 그 보정에 따라 새로운 거절이유가 발생한 것으로 인정하면 결정으로 그 보정을 각하하여야 한다. 보정각하 결정은 서면으로 하여야 하며, 그 이유를 붙여야 한다. 보정각하 결정에 대해서는 불복할 수 없지만, 특허거절결정에 대한 심판에서 그 각하결정에 대하여 함께 다툴 수는 있다.

> **판례**
>
> ■ **대법원 2023. 7. 13. 선고 2021두63099 판결** - 특허법 제46조에 따른 특허청장 등의 보정명령을 받은 사람이 특허청장 등에게 보정 내용을 증명하는 서류를 제출한 경우, 그 **표제 등의 여하를 불문하고 이를 위 보정명령에 대한 의견서 제출로 볼 수 있다.** 특허에 관한 절차를 밟는 자가 포괄위임등록 신청을 위해 대리권을 증명하는 서류인 포괄위임장을 특허청장에게 제출한 경우, **포괄위임 대상 사건에 관한 대리권의 서면 증명이 이루어진 것으로 보아야 하며, 이때 이미 출원한 사건의 특허에 관한 절차도 포괄위임의 대상이 된다.**

## (6) 분할출원과 분리출원

### 1) 분할출원

특허출원인은 둘 이상의 발명을 하나의 특허출원으로 한 경우에는 그 특허출원의 출원서에 최초로 첨부된 명세서 또는 도면에 기재된 사항의 범위에서 일정기간에 그 일부를 하나 이상의 특허출원으로 분할할 수 있다. 다만, 외국어특허출원인 경우에는 국어번역문이 제출된 경우에만 분할을 할 수 있다. 분할출원은 1특허 출원의 범위에 문제가 있는 경우 이를 해결할 수 있고, 출원 중 일부 발명에 문제가 발생한 경우 별개의 발명으로 분리할 수 있으며, 발명의 설명이나 도면에만 기재된 발명을 보호받을 수 있게 하는 방안이 된다.

분할출원은 원출원을 한 자 또는 승계인이 할 수 있으며, 공동출원의 경우에는 원출원과 분할출원의 출원인 전원이 완전히 일치하여야 한다. 시기적으로, 분할출원은 보정을 할 수 있는 기간, 특허거절결정등본을 송달받은 날부터 30일 이내의 기간, 특허결정 또는 특허거절결정 취소심결의 등본을 송달받은 날부터 3개월 이내의 기간(단, 설정등록을 받으려는 날이 3개월보다 짧은 경우에는 그 날까지의 기간)에 할 수 있다. 분할의 대상은 원출원의 출원서에 최초로 첨부된 명세서 또는 도면에 기재된 사항의 범위 내이다. 분할출원은 원출원일에 출원한 것으로 취급되어 출원일이 소급된다.

### 2) 분리출원

분리출원이란 거절결정불복심판의 청구가 기각된 특허출원에서 거절결정에 포함되지 않은 청구항을 분리하여 새롭게 특허출원으로 하는 것으로, 분할출원과 마찬가지로 출원일의 소급 효과가 부여된다. 분할출원은 거절결정불복심판 청구기간 내에만 가능하므로 그 기간이 지난 후에는 출원발명의 일부를 분할하여 특허를 받을 수 있는 방법이 없었다. 그리하여, 특허 가능한 발명에 대한 특허 획득 기회를 확대하기 위해 거절결정불복심판 청구가 기각된 이후에 거절결정이 되지 않았던 청구항에 대해 별도의 출원으로 분리하여 절차를 진행할 수 있는 분리출원제도가 도입되었다. 분리출원제도는 2022. 4. 20. 이후 거절결정불복심판이 청구된 건부터 적용된다.

특허거절결정을 받은 자는 거절결정불복심판의 청구가 기각된 경우 그 심결의 등본을 송달받은 날부터 30일 이내에 그 특허출원의 출원서에 최초로 첨부된 명세서 또는 도면에 기재된 사항의 범위에서 그 특허출원의 일부를 새로운 특허출원으로 분리할 수 있다. 이 경우 새로운 특허출원의 청구범위에는 거절되지 아니한 청구항이나 거절된 청구항에서 거절결정의 기초가 된 선택적 기재사항을 삭제한 청구항 등을 적을 수 있다. 분리출원을 하는 경우에는 명세서에 청구범위를 적지 아니하거나 명세서 및 도면을 국어가 아닌 언어로 적을 수 없다. 그리고 분리출원은 새로운 분리출원, 분할출원 또는 변경출원의 기초가 될 수 없다.

## (7) 변경출원

실용신안등록출원인은 그 실용신안등록출원의 출원 시에 최초로 첨부된 명세서 또는 도면에 기재된 사항의 범위에서 그 실용신안등록출원을 특허출원으로 변경할 수 있다. 이를 변경출원이라 하며, 이는 특허 및 실용신안등록과 같은 출원형식(특허와 실용신안)을 잘못 선택한 경우에 형식을 변경할 수 있게 하는 제도이다. 변경출원은 실용신안등록출원일에 관하여 최초의 거절결정등본을 송달받은 날부터 3개월 이내에 하여야 하며, 외국어실용신안등록출원인 경우에는 국어번역문을 제출한 후여야 한다. 또한, 적법한 변경출원으로 인정받기 위해서는 변경출원의 명세서 또는 도면에 기재된 사항이 원출원의 최초 명세서 또는 도면에 포함되어 있어야 한다. 변경출원은 실용신안등록출원을 한 때에 특허출원한 것으로 보며, 변경출원이 있는 경우 그 실용신안등록출원은 취하된 것으로 본다.

## (8) 조약우선권

조약에 의한 우선권 주장은 조약에 의하여 대한민국 국민에게 우선권을 인정하는 당사국 국민이 그 당사국 또는 다른 당사국에 특허출원을 한 후 동일 발명에 대하여 우리나라에 출원하여 우선권을 주장하는 경우 특허법상 특허요건의 판단이나 선출원을 판단할 때 그 당사국에 출원한 날을 대한민국에 출원한 날로 인정하는 제도이다. 물론, 대한민국 국민이 당사국에 출원하고 우리나라에 출원하여 우선권을 주장하는 때도 같다. 여기에서 조약은 파리조약, TRIPs 협정, 양자 간 조약을 모두 포함한다.

조약우선권을 주장할 수 있는 자는 조약 당사국 국민 또는 당사국에 거소 또는 진정하고 실효적인 영업소를 가지는 비당사국 국민이다. 파리조약상 조약우선권을 주장할 수 있는 기간은 특허와 실용신안의 경우는 제1국 출원일로부터 1년이며, 상표와 디자인의 경우는 6개월이다. 제1국의 출원은 정규의 출원이어야 하고, 최초 출원이어야 하지만, 제1국 출원이 계속되고 있을 필요는 없다. 조약우선권은 최초의 출원에 의하여 발생하지만, 이는 잠재적일 뿐이기 때문에 후의 출원에서 우선권 주장을 하여야만 한다. 따라서 조약우선권을 주장하고자 하는 자는 특허출원 시 출원서에 그 취지와 최초 출원국명 및 출원 연월일을 기재하여야 하며, 우선권 주장의 기초가 되는 출원의 최초출원번호를 명시하여야 한다. 우선권 주장은 최우선일부터 1년 4개월까지 보정하거나 추가할 수 있으며, 그 기간 내에 우선권 주장 관련 서류를 제출하지 아니한 경우에는 우선권 주장의 효력을 상실한다.

## (9) 특허출원 등을 기초로 한 우선권 주장

특허출원 등을 기초로 한 우선권(국내우선권) 주장은 선출원을 기초로 하여 해당 선출원을 보다 구체화하거나 개량·추가하는 발명을 한 경우에 이들 발명에 대한 보호의 길을 마련한 제도이다. 선출원을 구체화 또는 개량·추가하는 발명을 한 경우, 통상의 출원절차로 출원할 경우에는 자신의 선출원과 동일 발명으로서 거절될 수 있으며, 선출원을 보정하여 추가 등을 하는 경우에는 신규 사항의 추가를 이유로 거절될 수 있다. 이와 같은 불합리를 막기 위해, 국내우선권 제도는 선출원에 기재된 발명과 동일한 발명은 선출원일에, 새롭게 추가된 발명은 후출원일에 출원한 것으로 인정한다.

국내우선권 주장을 할 수 있는 자는 선출원의 출원인이며, 공동출원인 경우에는 후출원인과 선출원인 모두가 일치하여야 한다. 후출원은 선출원의 출원일로부터 1년 이내에 출원되어야 한다. 국내우선권 주장은 선출원의 출원서에 최초로 첨부된 명세서 또는 도면에 기재된 발명을 기초로 할 수 있기 때문에, 청구범위에 기재되지 않은 발명도 국내우선권 주장의 기초가 될 수 있다. 하지만 선출원이 분할출원이거나 변경출원은 아니어야 하며, 선출원이 특허청에 계속되고 있지 않은 경우나 이미 등록된 경우에는 국내우선권 주장 출원이 허용되지 않는다. 국내우선권을 주장하려고 하는 자는 특허출원 시 특허출원서에 그 취지 및 선출원의 표시를 하여야 한다. 국내우선권 주장 출원에 관한 발명 중 해당 우선권 주장의 기초가 된 선출원의 최초 명세서 또는 도면에 기재된 발명과 동일한 발명에 대해서는 선출원 시에 출원된 것으로 취급된다. 우선권 주장을 한 자는 선출원일부터 1년 4개월 이내에 그 우선권 주장을 보정하거나 추가할 수 있다. 우선권 주장의 기초가 된 선출원은 우선권 주장이 취하되지 않는 한, 설정등록을 받을 수 없다.

우선권 주장의 기초가 된 선출원은 그 출원일로부터 1년 3개월이 지난 때에 취하된 것으로 간주한다. 다만, 그 선출원이 포기, 무효 또는 취하된 경우, 설정등록되었거나 특허거절결정, 실용신안등록거절결정 또는 거절한다는 취지의 심결이 확정된 경우, 선출원을 기초로 한 우선권 주장이 취하된 경우에는 취하된 것으로 보지 않는다. 또한, 선출원의 출원일로부터 1년 3개월이 지난 경우에는 그 우선권 주장을 취하할 수 없고, 우선권 주장을 수반하는 특허출원이 선출원의 출원일부터 1년 3개월 이내에 취하된 경우에는 그 우선권 주장도 동시에 취하된 것으로 본다.

판례

■ **대법원 2015. 1. 15. 선고 2012후2999 판결** - 특허법 제55조 제3항에 따라 특허 요건 적용의 기준일이 우선권 주장일로 소급하는 발명은 특허법 제47조 제2항과 마찬가지로 우선권 주장을 수반하는 특허출원된 발명 가운데 **우선권 주장의 기초가 된 선출원의 최초 명세서 등에 기재된 사항의 범위 안에 있는 것으로 한정된다**고 봄이 타당하다. 그리고 여기서 '우선권 주장의 기초가 된 선출원의 최초 명세서 등에 기재된 사항'이란, 우선권 주장의 기초가 된 선출원의 최초 명세서 등에 **명시적으로 기재되어 있는 사항이거나 또는 명시적인 기재가 없더라도 그 발명이 속하는 기술분야에서 통상의 지식을 가진 사람이라면 우선권 주장일 당시의 기술상식에 비추어 보아 우선권 주장을 수반하는 특허출원된 발명이 선출원의 최초 명세서 등에 기재되어 있는 것과 마찬가지라고 이해할 수 있는 사항**이어야 한다.

# V

# 특허권

## 1 특허권의 발생

### (1) 설정등록 및 등록공고

특허권은 설정등록에 의하여 발생하며, 이는 원칙적으로 특허결정을 받고 특허료를 납부한 후 특허원부에 등록됨으로써 이루어진다. 특허청장은 등록한 경우 특허권자의 성명 및 주소, 특허출원번호 및 출원연월일, 발명자의 성명 및 주소, 요약서, 특허번호 및 설정등록연월일, 등록공고연월일 등을 특허공보에 게재하여 등록공고를 해야 한다. 비밀취급이 필요한 특허발명에 대해서는 그 발명의 비밀취급이 해제될 때까지 그 특허의 등록공고를 보류하여야 하며, 그 발명의 비밀취급이 해제된 경우에는 지체 없이 등록공고를 하여야 한다.

### (2) 특허료와 수수료

특허료의 납부는 설정등록 시 최초 3년분의 특허료를 내야 하고, 그 다음 해부터의 특허료를 해당 권리의 설정등록일에 해당하는 날을 기준으로 매년 1년분씩 납부하거나 수년 분 또는 모든 연도분을 함께 낼 수 있다. 특허료는 청구항 수가 많을수록 그리고 해가 갈수록 증가한다. 이해관계인은 특허료를 내야 할 자의 의사와 관계없이 특허료를 낼 수 있으며, 이 경우 내야 할 자가 현재 이익을 얻는 한도에서 그 비용의 상환을 청구할 수 있다. 특허에 관한 절차를 밟는 자는 또한 수수료를 내야 한다. 일정한 경우에는 특허료나 수수료가 감면되기도 한다.

특허권의 설정등록을 받으려는 자 또는 특허권자는 납부기간이 지난 후에도 6개월 이내에 특허료를 추가로 낼 수 있다. 이 경우 내야 할 특허료의 2배의 범위에서 금액을 납부하여야 한다. 추가납부기간에 특허료를 내지 아니한 경우에는 특허권의 설정등록을 받으려는 자의 특허출원은 포기한 것으로 보며, 특허권자의 특허권은 지급한 특허료에 해당되는 기간이 끝나는 날의 다음 날로 소급하여 소멸된 것으로 본다. 또한, 특허권의 설정등록을 받으려는 자 또는 특허권자가 특허료의 일부를 내지 아니한 경우에는 특허료의 보전을 명하여야 한다. 이 경우 보전명령을 받은 자는 그 보전명령을 받은 날부터 1개월 이내에 특허료를 보전할 수 있고, 내지 아니한 금액의 2배의 범위에서 금액을 내야 한다.

특허권의 설정등록을 받으려는 자 또는 특허권자가 정당한 사유로 추가납부기간에 특허료를 내지 아니하였거나 보전기간에 보전하지 아니한 경우에는 그 사유가 소멸한 날부터 2개월 이내에 그 특허료를 내거나 보전할 수 있다. 다만, 추가납부기간의 만료일 또는 보전기간의 만료일 중 늦은 날부터 1년이 지난 때에는 그러하지 아니하다. 또한, 추가납부기간에 특허료를 내지 아니하였거나 보전기간에 보전하지 아니하여 특허발명의 특허권이 소멸한 경우 그 특허권자는 추가납부기간 또는 보전기간 만료일부터 3개월 이내에 특허료의 2배를 내고, 그 소멸한 권리의 회복을 신청할 수 있다. 이러한 경우들에 해당하는 경우 특허권은 계속하여 존속하고 있던 것으로 보며, 납부기간이 지난 날부터 납부한 날까지의 기간 중에 타인이 실시한 행위에 대해서는 효력이 미치지 않고, 사업을 하거나 사업을 준비하는 자에게 통상실시권이 발생할 수 있다.

## 2 특허권의 효력과 제한

### (1) 특허권의 효력

#### 1) 적극적 효력

특허권자는 업으로서 특허발명을 실시할 권리를 독점한다. 여기서의 "업으로"는 개인적, 가정적 실시는 제외되며, 영리 유무는 묻지 않으며 일반적으로 영업으로서의 실시를 의미한다. 실시는 특허법 제2조 제3호에 정의된 행위를 의미하며, 각 실시 행위는 독립되어 서로 영향을 미치지 않기 때문에, 특허발명이 물건인 경우 생산 행위를 허락받은 경우라 하더라도 판매를 위해서는 별도로 허락을 받아야 한다.

특허권은 재산권의 성질을 갖고 있기 때문에, 특허권자는 특허권을 사용, 수익, 처분할 수 있다. 특허권자는 직접 특허발명을 실시할 수 있고, 타인에게 실시허락을 하여 수익을 얻을 수 있으며, 특허권을 이전하거나 담보(질권)로 제공할 수 있다. 다만, 특허권 등을 목적으로 질권을 설정한 경우 계약으로 특별히 정한 경우를 제외하고 질권자는 해당 발명을 실시할 수 없다. 특허권이 공유인 경우에는 각 공유자는 다른 공유자 모두의 동의를 받아야만 그 지분을 양도하거나 그 지분을 목적으로 하는 질권을 설정할 수 있으며, 그 특허권에 대하여 전용실시권을 설정하거나 통상실시권을 허락할 수 있다. 하지만 특허권이 공유인 경우 각 공유자는 다른 공유자의 동의 없이도 그 특허발명을 실시할 수는 있다.

### 2) 소극적 효력

특허권은 특허권자 허락 없이 해당 발명을 실시하는 것을 금지할 수 있으며, 이를 소극적 효력이라고 한다. 특허권자는 특허발명을 정당한 권한 없이 실시하는 자에게 민·형사상의 조치를 취할 수도 있다. 금지의 범위는 특허발명의 보호범위와 같으며, 이는 청구범위에 의해 결정된다. 그런데 청구범위를 보고 해당 발명의 권리범위를 결정하기는 쉬운 일이 아니다. 따라서 이를 위해 청구범위를 해석하는 과정이 필요하다.

## (2) 특허권 효력의 제한

특허권은 그 취지상 일정한 제한을 갖는다. 시간적으로는 존속기간 내에서만 특허권이 존재할 수 있으며, 장소적으로는 속지주의의 원칙상 등록을 받은 국가에서만 그 권리를 행사할 수 있다. 또한, 내용적인 측면에서 특허권의 적극적 효력과 소극적 효력이 다음과 같이 제한된다.

### 1) 적극적 효력의 제한

적극적 효력은 저촉관계인 경우와 전용실시권을 설정한 경우에 제한될 수 있다. 특허권자·전용실시권자 또는 통상실시권자는 특허발명이 그 특허발명의 특허출원일 전에 출원된 타인의 특허발명·등록실용신안 또는 등록디자인이나 그 디자인과 유사한 디자인을 이용하거나 특허권이 그 특허발명의 특허출원일 전에 출원된 타인의 디자인권 또는 상표권과 저촉되는 경우에는 그 특허권자·실용신안권자·디자인권자 또는 상표권자의 허락을 받지 아니하고는 자기의 특허발명을 업으로서 실시할 수 없다. 선원과 후원 관계에 있는 발명이나 디자인 또는 상표가 이용이나 저촉관계에 있을 때에는, 이에 대한 조정이 필요하다. 이러한 경우 특허법은 '선원 우위 원칙'에 의하여 선원권리자의 이익을 보호하기 때문에, 후원권리자는 선원권리자의 동의를 얻어야만 자신의 특허발명을 실시할 수 있다. 또한, 전용실시권을 설정한 경우, 특허권자라도 그 설정 범위 내에서는 특허발명의 실시가 제한된다.

 저촉

- ■ **저촉의 정의** – 저촉관계는 두 개의 산업재산권 중 **어느 하나를 실시하더라도 다른 산업재산권을 침해하게 되는 쌍방적 충돌관계**를 의미한다. 이는 하나의 산업재산권을 실시하면 다른 산업재산권을 침해하나, 그 역 관계는 성립되지 않는 **일방적 충돌관계인 이용관계**와 다르다.
- ■ **예** – 선출원된 디자인권 창작의 대상이 일정한 형상·모양을 갖는 장난감에 관한 것일 경우에 후출원된 발명이 동일한 구성요소를 갖는 장난감에 관한 것일 경우 양자는 상호 저촉관계에 있다.

## 2) 소극적 효력의 제한

 특허법

**제96조(특허권의 효력이 미치지 아니하는 범위)** ① 특허권의 효력은 다음 각 호의 어느 하나에 해당하는 사항에는 미치지 아니한다.
1. 연구 또는 시험(「약사법」에 따른 의약품의 품목허가·품목신고 및 「농약관리법」에 따른 농약의 등록을 위한 연구 또는 시험을 포함한다)을 하기 위한 특허발명의 실시
2. 국내를 통과하는데 불과한 선박·항공기·차량 또는 이에 사용되는 기계·기구·장치, 그 밖의 물건

3. 특허출원을 한 때부터 국내에 있는 물건

② 둘 이상의 의약[사람의 질병의 진단·경감·치료·처치(處置) 또는 예방을 위하여 사용되는 물건을 말한다. 이하 같다]이 혼합되어 제조되는 의약의 발명 또는 둘 이상의 의약을 혼합하여 의약을 제조하는 방법의 발명에 관한 특허권의 효력은 「약사법」에 따른 조제행위와 그 조제에 의한 의약에는 미치지 아니한다.

특허법은 특허발명에 대한 실시가 산업 정책적으로 필요하고, 공공의 이익과 공평의 관점에서 필요하며, 특허권자의 이익을 지나치게 훼손하지 않는 경우 특허권의 효력을 제한하고 있다. 이는 위 규정에서 명시된 바와 같이, 연구 또는 시험을 하기 위한 실시, 국내를 통과하는 데 불과한 선박·항공기·차량 또는 이에 사용되는 기계·기구·장치, 그 밖의 물건, 특허출원을 한 때부터 국내에 있는 물건에는 특허권의 효력이 미치지 아니한다. 또한, 둘 이상의 의약이 혼합되어 제조되는 의약의 발명 또는 둘 이상의 의약을 혼합하여 의약을 제조하는 방법의 발명에 관한 특허권의 효력은 약사법에 따른 조제행위와 그 조제에 의한 의약에 미치지 아니한다.

이 외에도 실시권 등이 존재하는 경우에는 그 실시를 인정해야 하기 때문에 특허권의 소극적 효력이 제한된다. 또한, 특허무효심결확정 후 재심청구 등록 전에 선의로 한 행위는 비록 후에 특허권이 회복되더라도 특허권의 침해로 되지 않으며, 특허료 추가납부에 의해 특허권이 회복된 경우 추가납부가 있기 전까지의 기간 동안에 해당 발명을 실시한 행위에 대해서는 효력이 미치지 않으며, 존속기간이 연장된 경우에는 연장등록의 이유가 된 허가 또는 등록의 대상 물건에 관한 그 특허발명의 실시 행위 외에는 미치지 아니한다.

## 3 특허권의 소멸

특허권은 존속기간의 만료, 특허료 미납, 특허권자 사망 시 상속인의 부존재, 특허권의 포기 또는 무효가 되는 경우 소멸한다.

## (1) 특허권의 존속기간

### 1) 존속기간의 계산

특허권의 존속기간은 특허권을 설정등록한 날부터 특허출원일 후 20년이 되는 날까지로 한다. 기산점이 되는 출원일에 대해, 분할출원의 경우에는 원출원일, 조약우선권 주장 출원의 경우에는 우리나라 출원일(후출원일), 국내우선권 주장 출원의 경우에는 후출원일, 무권리자의 특허출원에 대한 정당한 권리자의 특허출원에서 출원일은 무권리자의 특허출원일의 다음 날로부터 기산한다. 존속기간의 만료일이 공휴일인 경우에는 다른 기간의 계산과 달리 그날 만료되며, 익일로 연장되지 않는다.

### 2) 존속기간의 연장

특허발명을 실시하기 위하여 다른 법령에 따라 허가를 받거나 등록 등을 하여야 하고, 그 허가 또는 등록 등을 위하여 필요한 유효성·안전성 등의 시험으로 인하여 장기간이 소요되는 발명(의약, 농약 등)인 경우에는 그 실시할 수 없었던 기간에 대하여 5년의 기간까지 특허권의 존속기간을 한번 연장할 수 있다. 다만, 허가 등을 받은 자에게 책임 있는 사유로 소요된 기간은 실시할 수 없었던 기간에 포함하지 않는다. 또한, 특허출원에 대하여 특허출원일부터 4년과 출원심사 청구일부터 3년 중 늦은 날보다 지연되어 특허권의 설정등록이 이루어지는 경우에는 그 지연된 기간만큼 해당 특허권의 존속기간을 연장할 수 있다. 다만, 출원인 때문에 지연된 기간은 특허권의 존속기간 연장에서 제외된다.

## (2) 그 밖의 소멸 사유

### 1) 특허료 미납

특허료를 지정된 기간 내에 납부하지 않은 경우에는 특허출원을 포기한 것으로 간주하며, 특허권자의 특허권은 특허료에 해당되는 기간이 끝나는 날의 다음 날로 소급하여 소멸된 것으로 본다.

## 2) 상속인의 부존재

특허권의 상속이 개시된 때 상속인이 없는 경우에는 국고로 귀속하지 않고, 누구나 이용할 수 있도록 하기 위하여 특허권이 소멸된다.

## 3) 포기

특허권자는 특허권을 포기할 수 있다. 다만, 실시권자나 질권자 등의 이해관계를 갖는 자가 존재하는 경우에는 그들의 동의를 받아야만 특허권을 포기할 수 있다. 특허권, 전용실시권 또는 통상실시권을 포기한 때에는 포기한 때부터 소멸되며 소급하지 않는다.

## 4) 특허권의 무효

특허권은 특허무효심판을 통하여 무효가 될 수 있으며, 무효심판에서 무효가 결정되면 해당 특허는 소급하여 소멸하게 된다.

## 4 실시권

### (1) 전용실시권

특허권자는 그 특허권에 대하여 타인에게 전용실시권을 설정할 수 있으며, 전용실시권을 설정받은 전용실시권자는 그 설정행위로 정한 범위에서 그 특허발명을 업으로서 실시할 권리를 독점한다. 전용실시권은 특허권자와의 계약에 의해서만 설정될 수 있으며, 물권적 권리로서 특허발명을 독점적으로 실시할 수 있으며, 해당 범위 내에서는 특허권자도 특허발명을 실시할 수 없다. 전용실시권은 실시사업과 함께 이전하거나 상속 기타 일반승계의 경우를 제외하고는 특허권자의 동의를 받아야만 이전할 수 있고, 전용실시권을 목적으로 하는 질권을 설정하거나 통상실시권을 허락할 수 있다. 전용실시권의 설정·이전 또는 처분의 제한이나 전용실시권을 목적으로 하는 질권의 설정이나 이전 등은 등록하여야만 효력이 발생하며, 일반승계의 경우에는 특허청장에게 신고하여야 한다.

## (2) 통상실시권

통상실시권은 특허법에 따라 또는 설정행위로 정한 범위에서 특허발명을 업으로서 실시할 수 있는 권리이며, 전용실시권과 달리 채권적 권리로서 배타적 효력을 갖지 않는다. 통상실시권은 허락실시권, 법정실시권, 강제실시권으로 나누어진다.

### 1) 허락실시권

특허권자는 특허권에 대하여 타인에게 통상실시권을 허락할 수 있으며, 통상실시권자는 설정행위로 정한 범위 내에서 특허발명을 업으로서 실시할 수 있는 권리를 가진다. 통상실시권의 이전은 실시사업과 함께 이전하는 경우 또는 상속이나 그 밖의 일반승계의 경우를 제외하고는 특허권자 또는 전용실시권자의 동의를 받아야만 한다. 통상실시권을 목적으로 하는 질권의 경우에도 특허권자 또는 전용실시권자의 동의를 받아야만 한다. 통상실시권을 등록한 경우에는 그 등록 후에 특허권 또는 전용실시권을 취득한 자에 대해서도 그 효력이 발생하며, 통상실시권의 이전·변경·소멸 또는 처분의 제한, 통상실시권을 목적으로 하는 질권의 설정·이전·변경·소멸 또는 처분의 제한은 이를 등록하여야만 제3자에게 대항할 수 있다.

| 구분 | 전용실시권 | 통상실시권 |
|---|---|---|
| 허락 | 특허권자 | 특허권자, 전용실시권자 |
| 법적 성질 | 물권적 권리 | 채권적 권리 |
| 허락자의 자기 실시권 | 불가 | 가능 |
| 유형 | 허락만 가능 | 허락, 법정, 강제 |
| 이전시 동의 | 특허권자 | 특허권자, 전용실시권자 |
| 등록의 효력 | 효력발생 요건 | 대항 요건 |

### 2) 법정실시권

특허법은 정당한 권리자에게 권리를 부여(무상)하거나 산업 인프라를 보호(유상)하기 위해 제3자에게 통상실시권을 부여한다. 이 경우에는 등록이 없어도 그 후 특허권이나 전용실시권을 취득한 자에게 대항할 수 있다.

### ① 직무발명에서 사용자 등의 실시권 - 발명진흥법 제10조

앞서 살펴본 바와 같이, 종업원 등이 직무발명을 한 경우 발명진흥법에 따라 사용자 등은 해당 발명에 대하여 실시권을 가지며, 이 경우에는 사용자 등이 발명에 공헌한 것을 고려할 때 정당한 권리자이며, 따라서 무상이다.

### ② 선사용권(선용권) - 제103조

특허출원 시에 그 특허출원된 발명의 내용을 알지 못하고 그 발명을 하거나 그 발명을 한 사람으로부터 알게 되어 국내에서 그 발명의 실시사업을 하거나 이를 준비하고 있는 자는 그 실시하거나 준비하고 있는 발명 및 사업목적의 범위에서 그 특허출원된 발명의 특허권에 대하여 통상실시권을 가진다. 이는 선출원주의의 문제점을 보완하는 것으로서, 산업의 인프라를 보호하고 선의의 선사용자와의 균형을 도모하기 위한 것이다. 선사용권자는 특허출원보다 사실상 먼저이므로 정당한 권리자에 해당하여 무상이다.

### ③ 특허권의 이전청구에 따른 이전등록 전의 실시에 의한 통상실시권 - 제103조의2

이전등록된 특허의 원특허권자(무권리자)와 이전등록 당시에 이미 전용실시권이나 통상실시권을 취득하고 등록을 받은 자는 특허권의 이전등록이 있기 전에 해당 특허가 무효사유에 해당하는 것을 알지 못하고 국내에서 해당 발명의 실시사업을 하거나 이를 준비하고 있는 경우에는 그 실시하거나 준비를 하고 있는 발명 및 사업목적의 범위에서 그 특허권에 대하여 통상실시권을 가진다. 이는 인프라 보호를 위한 실시권이어서 통상실시권을 가진 자는 이전등록된 특허권자(정당한 권리자)에게 상당한 대가를 지급해야 하는 유상이다.

### ④ 무효심판청구등록 전의 권리자의 실시권(중용권) - 제104조

특허 또는 실용신안등록에 대한 무효심판청구의 등록 전에 자기의 특허발명 또는 등록실용신안이 무효사유에 해당하는 것을 알지 못하고 국내에서 그 발명 또는 고안의 실시사업을 하거나 이를 준비하고 있는 자는 그 실시하거나 준비하고 있는 발명 또는 고안 및 사업목적의 범위에서 그 특허권에 대하여 통상실시권을 가지거나 특허나 실용신안등록이 무효로 된 당시에 존재하는 특허권의 전용실시권에 대하여 통상실시권을 가진다. 여기서 무효가 되는 특허의 주체는 동일한 발명에 대한 둘 이상의 특허 중 그 하나의 특허를 무효로 한 경우 그 무효로 된 특허의 원특허권자나 특허를 무효로 하고 동일한 발명에 관하여 정당한 권리자에게 특허를 한 경우 그 무효로 된 특허의 원특허권자이다. 이는 무효심판청구등록 전에 특허청의 처분을 신뢰한 선의의 실시자를 보호하기 위한 것으로서, 중간사용자의 보호에 해당한다고 하여 중용권이라 한다. 본 실시권은 해당 권리가 원칙적으로 특허받을 수 없는 무효이고, 그렇다면 실시료를 납부하는 것이 타당하고, 인프라를 보호하는 것이라 할 수 있어, 대가의 지급이 필요한 유상이다.

### ⑤ 디자인권의 존속기간만료 후의 실시권 – 제105조

특허출원일 전 또는 특허출원일과 같은 날에 출원되어 등록된 디자인권이 그 특허권과 저촉되는 경우 그 디자인권의 존속기간이 만료될 때에는 그 디자인권자는 그 디자인권의 범위에서 그 특허권에 대하여 통상실시권을 가지거나 그 디자인권의 존속기간 만료 당시 존재하는 그 특허권의 전용실시권에 대하여 통상실시권을 가진다. 이는 권리 간 저촉하는 경우 선원우위의 원칙을 적용한 것과 동일하여 디자인권이 더 보호되는 권리자여서 대가를 지급하지 않는 무상이다. 디자인권에 대한 전용실시권자나 통상실시권자도 해당 특허에 대하여 실시권을 가진다. 다만, 원디자인권자와 달리 전용실시권자나 통상실시권자들은 원래 대가를 지급하여 왔기 때문에, 공평의 취지상 그들은 대가를 지급하는 유상이다. 따라서 원디자인권자는 무상의 법정실시권을 갖지만, 전용실시권자와 통상실시권자는 유상의 법정실시권을 갖는다.

### ⑥ 질권 실행의 경우 특허권자의 실시권 – 제122조

특허권자는 특허권을 목적으로 하는 질권 설정 이전에 그 특허발명을 실시하고 있는 경우에는 그 특허권이 경매 등에 의하여 이전되더라도 그 특허발명에 대하여 통상실시권을 가진다. 이 경우 특허권자는 경매 등에 의하여 특허권을 이전받은 자에게 정당한 권리자가 아니며, 단지 인프라를 보호하는 것에 해당하기 때문에 유상이다.

### ⑦ 재심청구등록 전의 선의 실시자의 실시권(후용권) – 제182조

무효가 된 특허권이 재심에 의하여 회복되거나, 특허권의 권리범위에 속하지 아니한다는 심결이 확정된 후 재심에 의하여 그 심결과 상반되는 심결이 확정되거나, 거절한다는 취지의 심결이 있었던 특허출원 또는 특허권의 존속기간의 연장등록출원이 재심에 의하여 특허권의 설정등록 또는 특허권의 존속기간 연장등록이 되거나, 취소된 특허권이 재심에 의하여 회복된 경우, 해당 특허취소결정 또는 심결이 확정된 후 재심청구 등록 전에 국내에서 선의로 그 발명의 실시사업을 하고 있는 자 또는 그 사업을 준비하고 있는 자는 실시하고 있거나 준비하고 있는 발명 및 사업목적의 범위에서 그 특허권에 관하여 통상실시권을 가진다. 이들은 중용권과 그 취지가 같으며, 후의 사용자를 보호한다는 의미에서 후용권이라 불린다. 이 경우에는 적법하게 소멸된 권리를 믿었기 때문에 중용권과 달리 무상이다.

⑧ 재심에 의하여 통상실시권을 상실한 원권리자의 통상실시권 – 제183조

또한, 통상실시권 허락의 심판에서 통상실시권을 허락한다는 심결이 확정된 후 재심에서 그 심결과 상반되는 심결이 확정된 경우에는 재심청구 등록 전에 선의로 국내에서 그 발명의 실시사업을 하고 있는 자 또는 그 사업을 준비하고 있는 자는 원통상실시권의 사업목적 및 발명의 범위에서 그 특허권 또는 재심의 심결이 확정된 당시에 존재하는 전용실시권에 대하여 통상실시권을 가진다. 이 경우에는 어차피 실시료를 납부해야 할 자이기 때문에 유상이다.

⑨ 등록료 추가납부에 의한 효력제한기간 중 선의 실시자의 실시권 – 제81조의3

추가납부기간 또는 보전기간이 지난날부터 특허료를 내거나 보전한 날까지의 기간 중에 국내에서 선의로 특허출원된 발명 또는 특허발명을 업으로 실시하거나 이를 준비하고 있는 자는 그 실시하거나 준비하고 있는 발명 및 사업목적의 범위에서 그 특허출원된 발명 또는 특허발명에 대한 특허권에 대하여 통상실시권을 가진다. 이 경우 통상실시권을 가진 자는 특허권자 또는 전용실시권자에게 어차피 실시료를 지급해야 하는 자이기 때문에 유상이다.

## 3) 강제실시권

사회적 목적을 위해 특허발명의 실시가 필요한 경우, 특허권자의 의사와는 관계없이 실시권이 발생하는 것을 강제실시권이라 하며, 행정기관의 처분이나 심판에 의하여 통상실시권이 설정된다. 우리 특허법은 다음과 같은 3가지의 강제실시권을 규정하고 있다.

① 정부 등에 의한 특허발명의 실시 – 제106조, 제106조의2

정부는 특허발명이 전시, 사변 또는 이에 준하는 비상시에 국방상 필요한 경우에는 특허권을 수용할 수 있다. 이 경우에는 그 특허발명에 관한 특허권 외의 권리는 소멸되고, 정부는 특허권자, 전용실시권자 또는 통상실시권자에 대하여 정당한 보상금을 지급하여야 한다. 또한, 정부는 특허발명이 국가 비상사태, 극도의 긴급 상황 또는 공공의 이익을 위하여 비상업적으로 실시할 필요가 있다고 인

정하는 경우에는 그 특허발명을 실시하거나 정부 외의 자에게 실시하게 할 수 있다. 해당 특허발명을 실시하는 경우, 정부나 정부 외의 자는 특허권이 존재한다는 사실을 알았거나 알 수 있었을 때 특허권자, 전용실시권자 또는 통상실시권자에게 신속하게 알려야 하며, 정당한 보상금을 지급하여야 한다.

② 통상실시권 설정의 재정 - 제107조

특허발명을 실시하려는 자는 1. 특허발명이 천재지변이나 그 밖의 불가항력 또는 대통령령으로 정하는 정당한 이유 없이 계속하여 3년 이상 국내에서 실시되고 있지 아니한 경우, 2. 특허발명이 정당한 이유 없이 계속하여 3년 이상 국내에서 상당한 영업적 규모로 실시되고 있지 아니하거나 적당한 정도와 조건으로 국내수요를 충족시키지 못한 경우, 3. 특허발명의 실시가 공공의 이익을 위하여 특히 필요한 경우, 4. 사법적 절차 또는 행정적 절차에 의하여 불공정거래행위로 판정된 사항을 바로잡기 위하여 특허발명을 실시할 필요가 있는 경우, 5. 자국민 다수의 보건을 위협하는 질병을 치료하기 위하여 의약품을 수입하려는 국가에 그 의약품을 수출할 수 있도록 특허발명을 실시할 필요가 있는 경우, 특허청장에게 통상실시권 설정에 관한 재정을 청구할 수 있다.

재정을 청구하는 자는 공공의 이익을 위하여 비상업적으로 실시하려는 경우와 불공정거래행위를 바로잡기 위한 경우를 제외하고는 해당 특허발명의 특허권자 등과 협의를 하였으나 합의가 이루어지지 아니한 경우 또는 협의를 할 수 없는 경우에만 재정을 청구할 수 있다. 1과 2의 경우에는 특허출원일로부터 4년이 지나야만 청구할 수 있다. 특허청장은 재정을 하는 경우 청구별로 통상실시권 설정의 필요성을 검토하여야 한다. 1부터 3까지는 국내수요충족을 위한 공급을 주목적으로 실시해야 하며, 5의 재정은 생산된 의약품 전량을 수입국에 수출해야 한다. 재정을 하는 경우 상당한 대가가 지급될 수 있도록 하며, 4와 5의 경우에는 불공정거래행위를 바로잡기 위한 취지와 특허발명을 실시함으로써 발생하는 수입국에서의 경제적 가치를 고려할 수 있다. 반도체 기술에 대해서는 공공의 이익을 위해 비상업적으로 실시하는 경우와 불공정행위를 시정하는 경우에만 청구할 수 있다. 재정 실시권은 실시사업과 함께 이전하는 경우에만 이전할 수 있다.

③ 통상실시권 허락의 심판 - 제138조

특허권자 등은 특허발명이 그 특허발명의 특허출원일 전에 출원된 타인의 특허발명·등록실용신안 또는 등록디자인이나 그 디자인과 유사한 디자인을 이용하거나 특허권이 그 특허발명의 특허출원일 전에 출원된 타인의 디자인권 또는 상표권과 저촉되는 경우에는 그 특허권자 · 실용신안권자 · 디자인권자 또는 상표권자의 허락을 받지 아니하고는 자기의 특허발명을 업으로서 실시할 수 없다. 그런데 타인이 정당한 이유 없이 실시를 허락하지 아니하거나 그 타인의 허락을 받을 수 없을 때, 특허권자 등은 자기의 특허발명 실시에 필요한 범위에서 통상실시권 허락의 심판을 청구할 수 있다.

이 경우, 해당 특허발명은 그 특허출원일 전에 출원된 타인의 특허발명 또는 등록실용신안과 비교하여 상당한 경제적 가치가 있는 중요한 기술적 진보를 가져오는 것이어야 한다. 통상실시권을 허락한 자가 통상실시권을 허락받은 자의 특허발명을 실시할 필요가 있는 경우 그 통상실시권을 허락받은 자가 실시를 허락하지 아니하거나 실시의 허락을 받을 수 없을 때도 통상실시권을 허락받아 실시하려는 특허발명의 범위에서 통상실시권 허락의 심판을 청구할 수 있다. 이를 Cross License라고 한다. 양자의 경우 모두 통상실시권을 허락받은 자는 대가를 지급하여야 하며, 책임질 수 없는 사유로 지급할 수 없는 경우에는 그 대가를 공탁하여야 한다. 본 규정에 의한 통상실시권은 통상실시권자의 해당 특허권 · 실용신안권 또는 디자인권과 함께 이전되고, 해당 특허권 · 실용신안권 또는 디자인권이 소멸되면 함께 소멸된다.

### 🛡 표준특허와 FRAND 선언

> 표준특허(Standard Essential Patent, SEP)는 표준제정기구(Standard Setting Organization, SSO)에서 **표준으로 채택된 특허**를 말한다. 표준특허는 모든 사람이 자유롭게 이용할 수 있어야 하는 표준의 특성과 특허권자만 배타적으로 이용할 수 있는 특허의 특성을 모두 갖고 있다. 표준특허의 소유자는 특허의 배타적 특성으로 인해, 경쟁에서 우월적인 지위를 가질 수 있고, 이것은 표준특허권자로 하여금 자신의 지위를 남용할 수 있게 한다. 이는 표준특허의 표준으로서의 특성인 자유사용이 제한되어 표준제정의 목적과 정면으로 배치된다. 그리하여, 표준제정기구들은 그 구성원들에게 해당 특허의 존재를 공개토록 하고, 더 나아가 해당 특허에 대하여 **공평하고, 합리적이며, 비차별적인,** 즉 FRAND(Fair, Reasonable and Non-discriminatory) 선언을 하도록 하고 있다.

그렇다면 **표준특허에 대해 특허권자의 금지명령 청구는 타당**한가? 한편에서는 **특허권자의 부당한 실시료 청구나 표준의 실행에 지장을 줄 수 있다는 이유로 금지명령은 허용되어서는 안 된다고 주장**하며, 반대편에서는 **사안에 따른 구체적인 사정이 무시될 수 있다는 점, 협상의 원동력을 상실시키는 점 그리고 표준특허의 상업적 가치를 약화시키는 점에서 금지명령은 허용되어야 한다고 주장**한다. 애플과 삼성의 특허침해소송에서, 삼성은 표준특허를 보유하고 있었고, 애플은 해당 표준특허를 삼성의 허락 없이 실시하였으며, 삼성은 이에 대하여 금지명령을 청구하였다.

# VI

# 특허권의 침해와 구제

## 1 특허권 침해의 의의

특허권의 침해란 정당한 권원 없이 타인의 특허발명을 업으로서 실시하는 것을 말한다. 정당한 권원은 실시권을 갖거나 그 실시가 특허권의 효력이 미치지 아니하는 범위에 해당하는 등의 경우이다. 또한, 침해가 성립하기 위해서는 그 실시가 가정적·개인적이 아닌 업으로서의 것이어야 하고, 그 실시는 특허권의 보호범위 내이어야 한다. 특허발명의 보호범위는 청구범위에 적혀 있는 사항에 의하여 결정되므로, 청구범위를 해석하는 과정이 필요하다.

### 청구범위 해석의 원칙

- **청구범위 해석에 관한 이원적 판단** - 출원발명에 대한 **심사단계와 등록 후 침해소송에서의 청구범위 해석은 당연히 서로 다른 원칙에 의하여야** 한다.
- **문언 해석의 원칙** - 청구범위에 사용된 용어 그대로 문언이 가지는 보편적 의미에 따라 해석해야 하며, **청구범위 외에 발명의 설명이나 도면의 사항은 원칙적으로 보호범위에서 제외**된다.
- **발명의 설명 참작의 원칙** - 청구범위에 사용된 용어의 의미를 파악하기 위해 **발명의 설명 전체의 내용이 참작될 수 있다.**
- **공지기술 참작의 원칙** - 청구범위의 해석을 위해 출원 시의 기술 수준, 즉 **공지기술이 참작되어야 한다.**

- **출원경과 금반언의 원칙** - 특허출원인이 의도적으로 **특정한 기술내용을 청구범위의 범주에서 배제하거나 제한적으로 해석하여야 한다고 주장한 후**, 제3자의 실시에 대하여 권리범위를 확대해석하여 주장하는 것은 신의칙상 허용되지 않는다.
- **인식 한도론** - 출원의 경과에 비추어 알 수 있는 **당사자의 발명에 대한 인식 내지 의사는 청구범위 해석에서 고려**된다.

---

**판례**

- **대법원 2019. 10. 17. 선고 2019다222782 판결** - 특허발명의 보호범위는 **청구범위에 적혀 있는 사항**에 의하여 정하여진다(특허법 제97조). 다만 청구범위에 적혀 있는 사항은 **발명의 설명이나 도면 등을 참작**해야 그 기술적인 의미를 정확하게 이해할 수 있으므로, 청구범위에 적혀 있는 사항은 그 문언의 일반적인 의미를 기초로 하면서도 발명의 설명과 도면 등을 참작하여 그 문언으로 표현하고자 하는 기술적 의의를 고찰한 다음 객관적·합리적으로 해석하여야 한다. 그러나 **발명의 설명과 도면 등을 참작하더라도 발명의 설명이나 도면 등 다른 기재에 따라 청구범위를 제한하거나 확장하여 해석하는 것은 허용되지 않는다.**

## 2 특허권 침해의 판단

### (1) 구성요건 완비의 원칙(All Elementary Rule)

특허권의 침해가 성립하기 위해서는 원칙적으로 청구범위에 있는 구성요건을 모두 실시하여야 한다. 이를 구성요건 완비의 원칙이라 한다. 청구범위가 A, B, C로 구성된 경우 특정인이 A, B로만 구성된 기술을 실시하는 경우에는 침해가 성립하지 않게 된다. 반면, A, B, C, D로 구성된 기술을 실시하는 경우에는 모든 구성요소를 실시하였기 때문에 침해가 된다.

■ **대법원 2001. 6. 1. 선고 98후2856 판결** – 특허발명의 보호범위는 청구범위에 기재된 사항에 의하여 정하여지고, 그 청구범위에 보호를 받고자 하는 사항을 기재한 항은 발명의 구성에 없어서 아니되는 사항만으로 기재되는 것이므로, **청구범위에 기재한 사항은 특별한 사정이 없는 한, 발명의 필수적 구성요소로 보아야 하고, 특허발명의 청구항을 복수의 구성요소로 구성한 경우에는 그 각 구성요소가 유기적으로 결합한 전체로서의 기술사상을 보호하는 것이지 각 구성요소를 독립하여 보호하는 것은 아니므로, 발명과 대비되는 제품이 발명의 청구항에 기재된 필수적 구성요소들 중의 일부만을 갖추고 있고 나머지 구성요소를 결여한 경우에는 원칙적으로 그 대비되는 제품은 발명의 권리범위에 속하지 아니한다.**

## (2) 균등론(doctrine of equivalents)

특허발명과 기술적 사상 내지 과제의 해결원리가 공통하거나 동일하고, 침해물의 치환된 구성요소가 특허발명의 구성요소와 실질적으로 동일한 작용효과를 나타내며, 또 그와 같이 치환하는 것 자체가 통상의 기술자이면 당연히 용이하게 도출해 낼 수 있는 정도로 자명한 경우에는 침해물이 당해 특허발명의 출원 시에 이미 공지된 기술이거나 그로부터 당업자가 용이하게 도출해 낼 수 있는 것이 아니고, 나아가 당해 특허발명의 출원절차를 통하여 침해물의 치환된 구성요소가 특허청구의 범위로부터 의식적으로 제외되는 등이 특단의 사정이 없는 한, 침해물의 치환된 구성요소는 특허발명의 그것과 균등물이라고 보아야 한다. 즉, 위의 경우에서 특정인이 A, B, C'로 구성된 기술을 실시하는 경우 C와 C'가 균등의 범위, 즉 치환이 가능하고 용이한 경우에는 균등의 범위로 보아 특허권의 권리범위를 확대하여 침해가 성립하는 것으로 본다. 하지만 특허권자가 스스로 거절결정을 막기 위하여 보정을 하고, 그 후 침해소송에 있어 균등론 등을 원용하여 보정 전의 내용으로 권리를 주장하는 것은 스스로의 이전 행동과 모순되며, 이러한 주장은 받아들여질 수 없으며, 이를 출원경과참작의 원칙 또는 금반언의 원칙이라고 한다.

■ **대법원 2015. 8. 27. 선고 2014다7964 판결** - 특허권침해소송의 상대방이 제조 등
을 하는 제품에 발명의 청구범위에 기재된 구성 중 변경된 부분이 있는 경우에도,
**발명과 과제의 해결원리가 동일**하고, 그러한 변경에 의하더라도 발명에서와 **실질
적으로 동일한 작용효과**를 나타내며, 그와 같이 변경하는 것이 **통상의 기술자라면
누구나 쉽게 생각해 낼 수 있는 정도**라면, 특별한 사정이 없는 한, 그 제품은 발명
의 청구범위에 기재된 구성과 **균등**한 것으로서 여전히 발명의 **특허권을 침해한다**
고 보아야 한다. 그리고 여기서 과제의 해결원리가 동일한지 여부를 가릴 때에는
청구범위에 기재된 구성의 일부를 형식적으로 추출할 것이 아니라, **명세서에 적힌
발명의 설명의 기재와 출원 당시의 공지기술 등을 참작하여 선행기술과 대비하여
볼 때 발명에 특유한 해결수단이 기초하고 있는 기술사상의 핵심**이 무엇인가를 실
질적으로 탐구하여 판단하여야 한다.

## (3) 침해로 보는 행위

특허법은 침해에는 해당하지 않지만, 침해의 전 단계로서 침해를 야기할 개연
성이 극히 높은 경우에 침해로 간주하는 제도를 두고 있다. 특허가 물건의 발명인
경우, 그 물건의 생산에만 사용하는 물건을 생산·양도·대여 또는 수입하거나 그
물건의 양도 또는 대여의 청약을 하거나, 방법의 발명인 경우 그 방법의 실시에만
사용하는 물건을 생산·양도·대여 또는 수입하거나 그 물건의 양도 또는 대여의
청약을 하면 특허권 또는 전용실시권을 침해한 것으로 본다. 침해로 보는 행위에
해당하는지 여부를 판단할 때, 가장 중요한 것은 '에만'의 해석이며, 위의 물건들
이 특허품 이외에 다른 용도를 갖고 있으면 침해로 보는 행위에 해당하지 않게 된
다. 다른 용도에도 사용되는지 여부는 실험용 또는 일시적 사용만으로는 부족하
고, 그러한 용도가 상업적·경제적으로 실용성이 있고 사회통념상 승인되는 용도
로서 현재 통용되는 것이어야 한다. 특허물건이나 방법의 생산 또는 실시에만 사
용된다는 사실에 대한 입증책임은 침해로 보는 행위의 존재를 주장하는 특허권자
에게 있고, 침해로 보는 행위에 사회통념상 다른 경제적·상업적·실용적 용도가
있다는 사실에 대한 입증책임은 침해자에게 있다.

■ 대법원 2009. 9. 10. 선고 2007후3356 판결 - '생산'이란 발명의 구성요소 일부를 결여한 물건을 사용하여 발명의 모든 구성요소를 가진 물건을 새로 만들어내는 모든 행위를 의미하므로, **공업적 생산에 한하지 않고 가공, 조립 등의 행위도 포함**된다. 나아가 '특허 물건의 생산에만 사용하는 물건'에 해당하기 위하여는 **사회통념상 통용되고 승인될 수 있는 경제적, 상업적 내지 실용적인 다른 용도가 없어야 하고, 이와 달리 단순히 특허 물건 이외의 물건에 사용될 이론적, 실험적 또는 일시적인 사용가능성이 있는 정도에 불과한 경우에는 간접침해의 성립을 부정할 만한 다른 용도가 있다고 할 수 없다.**

■ 대법원 2001. 1. 30. 선고 98후2580 판결 - 프린터의 감광드럼카트리지는 해당 특허발명의 본질적인 구성요소이고, 다른 용도로는 사용되지 않기에, 감광드럼카트리지는 해당 **특허발명의 물건의 생산에만 사용하는 물건에 해당한다.** 간접침해에서 말하는 '특허 물건의 생산에만 사용하는 물건'에 해당한다는 점은 특허권자가 주장·입증하여야 한다.

## 3 특허권 침해의 구제

### (1) 민사적 구제

#### 1) 금지청구권

특허권자 또는 전용실시권자는 자기의 권리를 침해한 자 또는 침해할 우려가 있는 자에 대하여 그 침해의 금지 또는 예방을 청구할 수 있다. 또한, 특허권자 또는 전용실시권자가 침해의 금지나 예방을 청구할 때에는 침해행위를 조성한 물건의 폐기, 침해행위에 제공된 설비의 제거, 그 밖에 침해의 예방에 필요한 행위를 청구할 수 있다. 특허권자는 보전처분으로서 특허침해에 대한 금지청구권을 피보전권리로 하여 특허금지 가처분을 신청할 수도 있으며, 피보전권리의 존재와 보전의 필요성 요건이 충족되어야만 가처분이 내려질 수 있다.

## 2) 손해배상청구권

특허권자 또는 전용실시권자는 고의 또는 과실로 자기의 특허권 또는 전용실시권을 침해한 자에 대하여 침해로 인하여 입은 손해의 배상을 청구할 수 있다. 손해액과 관련하여 특허법은 손해액 산정 방식, 손해액 추정(이익액) 및 의제(합리적으로 받을 수 있는 금액), 손해배상액의 참작 사유(초과액, 고의 또는 중대한 과실이 없는 경우, 변론의 전취지), 5배 배상(고의적인 것으로 인정) 등의 규정들을 두고 있다. 5배 배상액을 판단할 때에는 1. 침해행위를 한 자의 우월적 지위 여부, 2. 고의 또는 손해 발생의 우려를 인식한 정도, 3. 침해행위로 인하여 특허권자 및 전용실시권자가 입은 피해규모, 4. 침해행위로 인하여 침해한 자가 얻은 경제적 이익, 5. 침해행위의 기간·횟수 등, 6. 침해행위에 따른 벌금, 7. 침해행위를 한 자의 재산상태, 8. 침해행위를 한 자의 피해구제 노력의 정도를 고려하여야 한다.

## 3) 기타

특허법은 침해나 침해액의 입증이 어려운 점을 감안하여 추정 규정들을 두고 있는데, 특허권 등을 침해한 자는 그 침해행위에 대하여 과실이 있는 것으로 추정하며, 물건을 생산하는 방법의 발명에 관하여 특허가 된 경우에 그 물건과 동일한 물건은 그 특허된 방법에 의하여 생산된 것으로 추정한다. 또한, 법원은 고의나 과실로 특허권 또는 전용실시권을 침해함으로써 특허권자 또는 전용실시권자의 업무상 신용을 떨어뜨린 자에 대해서는 특허권자 또는 전용실시권자의 청구에 의하여 손해배상을 갈음하여 또는 손해배상과 함께 특허권자 또는 전용실시권자의 업무상 신용회복을 위하여 필요한 조치를 명할 수 있다. 명문에 규정이 없으나 민법상 부당이득반환청구권도 당연히 인정된다. 그리고 법원은 특허권 또는 전용실시권 침해소송에서 당사자의 신청에 의하여 상대방 당사자에게 해당 침해의 증명 또는 침해로 인한 손해액의 산정에 필요한 자료의 제출을 명할 수 있다.

## (2) 형사적 구제

특허법은 특허에 관한 범죄로 침해죄, 비밀누설죄, 위증죄, 허위표시의 죄, 거짓행위죄 등을 규정하고 있다. 특허권 또는 전용실시권을 침해한 자는 7년 이하의 징역 또는 1억원 이하의 벌금에 처한다. 침해죄는 기존에 친고죄(고소해야만 공소를 제기할 수 있는 범죄로 고소를 하지 않으면 공소 자체가 불가능함)였던 것이 2022년부터 반의사불벌죄(피해자가 고소하지 않아도 수사할 수 있고, 기소할 수 있으며, 처벌을 받을 수도 있지만, 피해자가 가해자의 처벌을 바라지 않는다는 의사표시를 하면 가해자를 처벌할 수 없는 범죄)로 바뀌었다. 법인의 대표자나 법인 또는 개인의 대리인, 사용인, 그 밖의 종업원이 그 법인 또는 개인의 업무에 관하여 침해죄 등의 위반행위를 하면, 그 행위자를 벌하는 외에 그 법인에게도 벌금형을 과한다. 일정한 경우에는 과태료 처분이 이루어지기도 한다.

## 4 특허권 침해 주장에 대한 항변

특허권자가 특허권 침해를 주장하여 경고장을 보내거나 침해소송을 제기하는 경우, 해당 실시자는 특허권 침해에 대한 방어를 하여야 한다. 해당 실시자는 자신의 실시가 특허침해에 해당하는지 여부를 먼저 살펴보고, 침해에 해당하는 경우에는 즉시 침해를 중지하고 해당 특허발명에 대하여 실시권 설정, 특허권 양수 등의 조치를 취하여야 한다. 하지만 침해라고 판단되지 않는 경우에는 침해 주장에 대응할 항변 사유들을 수집해야 한다. 항변 사유들에는 특허권이 유효하다고 판단되는 경우에는 법정실시권의 존재, 특허권의 효력이 미치지 아니하는 범위, 특허 권리 범위 밖에서의 실시 등이 있다. 또한, 특허권이 유효하지 않다고 판단되는 경우에는 해당 특허에 대한 무효심판을 청구하여 해당 특허를 소멸시킬 수도 있다. 이 외에도 자유로운 기술수준의 항변과 권리남용 내지 실효의 항변도 가능하다.

> **판례**
>
> ■ 대법원 2012. 1. 19. 선고 2010다95390 판결 - 무효심결이 확정되기 전이라도 특허발명의 신규성과 진보성이 부정되어 특허가 무효로 될 것임이 명백한 경우에는 특허권에 기초한 금지 또는 손해배상 청구는 권리남용에 해당한다.

**특허괴물(Patent Troll)**

**특허괴물(Patent Troll)**이란 용어는 1991년 인텔(Intel)의 법률 자문위원인 Peter Detkin에 의해 처음으로 사용됐다고 전해지며, 해당 특허를 **실시하지 않고, 실시할 의도도 없으며, 해당 특허를 이용하여 돈만 벌려고 시도하는 자**로 정의되었다. 특허괴물의 전형적인 행위에는 ① 해당 특허의 특허권자나 실시권자 그 누구도 해당 특허를 실시하지 않고 있으며, 특허권자는 실시할 의도가 없음에도 불구하고, 해당 특허와 관련된 제품의 제조사를 상대로 특허를 주장하는 행위, ② 특허된 기술과 관련성이 적은 제품을 생산하는 자까지도 소송으로 위협함으로써 이득을 얻거나 유리한 라이선스 계약을 하기 위하여 매우 넓은 특허 범위의 비즈니스 모델을 추구하는 행위, ③ 획득한 특허에 대하여 원천적으로 라이선스를 허락하거나 실시할 계획이 없으며, 오히려 잠재적 침해자들이 생기도록 숨어서 기다리며, 실시하지 않는 특허에 대하여 높은 실시료를 주로 획득하기 위하여 특허를 사용하는 행위 등이 있다. 특허괴물과 혼동해서 사용되고 있는 용어들도 존재하는데, 이에는 **특허관리전문회사**(Non-Practicing Entity, NPE), **특허주장단체**(Patent Assertion Entity, PAE), **특허보유회사**(Patent Holding Company, PHC), 특허마케터(Patent Marketer), **특허딜러**(Patent Dealer) 등이 있다. 이러한 주체들이 특허괴물에 해당하는지 여부는 일괄적으로 정해지지 않으며, 그들이 취하고 있는 위치와 공중에 의한 인식에 의해 정해질 수 있다.

# 특허심판 및 소송

## 1 특허심판

### (1) 개요

특허심판은 특허에 관한 처분 등에 불복이 있는 경우에 특허청장 소속의 특허심판원에서 이루어지는 심리절차를 말한다. 특허심판은 민사소송에 준하는 엄격한 절차를 거쳐 판단되는 준사법적 행정쟁송절차이다.

### (2) 절차 및 효과

#### 1) 절차

심판을 청구하려는 자는 심판청구서를 특허심판원장에게 제출하여야 한다. 심판장은 심판청구서의 방식 위배 여부를 판단하며, 심판관 합의체는 심판의 적법성을 판단한다. 심판장이 심판청구서를 수리한 경우에는 그 부본을 피청구인에게 송달하고 기간을 정하여 답변서 제출의 기회를 주어야 한다. 답변서가 제출된 때에는 그 부본을 상대방에게 송달하여 방어의 기회를 주어야 한다. 심판은 특허심판원의 심판관 합의체에 의해 이루어지며, 구술 또는 서면심리로 한다. 심판은 변론주의가 아닌 직권탐지주의와 직권진행주의를 취한다. 심판은 심결에 의해 종료되며, 심결에 대하여 불복이 있는 경우에는 특허법원에 심결취소의 소를 제기할 수 있고, 특허법원의 결정에 불복이 있는 경우에는 대법원에 상고할 수 있다.

심결이 확정된 후 심결에 중대한 하자가 발견된 경우에는 재심을 청구할 수 있다.

### 2) 효과

심결이 확정되면 누구든지 동일사실 및 동일증거에 의하여 그 심판을 청구할 수 없는 일사부재리 효력이 발생하며, 당사자뿐만 아니라 일반 제3자에게도 대세적인 효력이 미치게 된다. 또한, 확정 심결은 재심사유가 없는 한 소멸되거나 변경되지 아니하는 확정력이 인정된다.

## (3) 구체적 유형

### 1) 특허취소신청 – 제132조의2

누구든지 특허권의 설정등록일부터 등록공고일 후 6개월이 되는 날까지 그 특허가 특허요건(국내 또는 국외에서 반포된 간행물에 게재되거나 전기통신회신을 통하여 공중이 이용할 수 있는 발명으로부터 신규성 또는 진보성이 부정되는 경우, 확대된 선출원주의 및 선출원주의에 위반되는 경우에 한한다)과 선출원주의를 위반한 것에 대하여 특허심판원장에게 특허취소신청을 할 수 있다. 특허취소신청 절차가 진행 중인 특허의 특허권자는 청구범위를 감축하는 경우, 잘못 기재된 사항을 정정하는 경우, 분명하지 아니하게 기재된 사항을 명확하게 하는 경우에는 지정된 기간 내에 특허발명의 명세서 또는 도면에 대하여 정정청구를 할 수 있다. 특허취소신청은 3인 또는 5인의 심판관 합의체가 서면으로 심리하여 결정하며, 직권심리가 적용된다. 심판관 합의체는 특허취소신청이 이유 있다고 인정되는 때에는 그 특허를 취소한다는 취지의 결정을 하여야 한다. 특허취소결정이 확정된 때에는 그 특허권은 처음부터 없었던 것으로 본다. 반면, 특허취소신청이 이유 없다고 인정되는 경우에는 결정으로 그 특허취소신청을 기각하여야 하며, 해당 기각결정에 대해서는 불복할 수 없다.

### 2) 특허거절결정 등에 대한 심판 – 제132조의17

특허거절결정 또는 특허권의 존속기간연장등록 거절결정을 받은 자가 결정에 불복할 때에는 그 결정등본을 송달받은 날부터 3개월 이내에 심판을 청구할 수 있다.

### 3) 특허의 무효심판 - 제133조

이해관계인 또는 심사관은 특허가 무효사유에 해당하는 경우에는 무효심판을 청구할 수 있다. 무효사유는 거절이유와 거의 같으나, 청구범위 기재방법 위반이나 하나의 특허출원의 범위 위반은 거절이유이지만 무효사유에 해당하지 않으며, 후발적 무효사유(외국인의 권리능력을 상실하는 경우 무효가 되며, 이 경우 소급하지 않고 그 때부터 없었던 것으로 본다)를 추가적으로 갖는다. 청구범위의 청구항이 둘 이상인 경우에는 청구항마다 청구할 수 있다. 무효심판은 특허권이 소멸된 후에도 청구할 수 있으며, 특허를 무효로 한다는 심결이 확정된 경우에는 그 특허권은 처음부터 없었던 것으로 본다. 심판장은 무효심판이 청구된 경우에는 그 취지를 해당 특허권의 전용실시권자나 그 밖에 특허에 관하여 등록을 한 권리를 가지는 자에게 알려야 한다. 무효심판에 따른 심판의 피청구인은 특허취소신청에서와 같이 지정된 기간에 특허발명의 명세서 또는 도면에 대하여 정정을 청구할 수 있다.

### 4) 특허권 존속기간의 연장등록 무효심판 - 제134조

이해관계인 또는 심사관은 허가 등에 따른 특허권의 존속기간의 연장등록결정이나 등록지연에 따른 특허권의 존속기간의 연장등록결정이 특허법 제134조의 무효사유를 갖는 경우에는 무효심판을 청구할 수 있다. 연장등록을 무효로 한다는 심결이 확정된 경우에는 그 연장등록에 따른 존속기간의 연장은 처음부터 없었던 것으로 본다. 다만, 연장등록이 그 특허발명을 실시할 수 없었던 기간을 초과하거나 인정되는 연장의 기간을 초과하여 연장된 경우에는 해당 기간에 대해서만 연장이 없었던 것으로 본다.

### 5) 권리범위 확인심판 - 제135조

특허권자 또는 전용실시권자는 자신의 특허발명의 보호범위를 확인하기 위하여 특허권의 권리범위 확인심판을 청구할 수 있다(적극적 권리범위확인심판). 반면, 이해관계인도 타인의 특허발명의 보호범위를 확인하기 위하여 특허권의 권리범위 확인심판을 청구할 수 있다(소극적 권리범위확인심판). 이 경우 청구범위의 청구항이 둘 이상인 경우에는 청구항마다 청구할 수 있다.

### 6) 정정심판 - 제136조

특허권자는 청구범위를 감축하는 경우, 잘못 기재된 사항을 정정하는 경우, 분명하지 아니하게 기재된 사항을 명확하게 하는 경우에는 특허발명의 명세서 또는 도면에 대하여 정정심판을 청구할 수 있다. 정정심판은 특허취소신청이 특허심판원에 계속 중인 때부터 그 결정이 확정될 때까지의 기간이나 특허무효심판 또는 정정의 무효심판이 특허심판원에 계속 중인 기간에는 청구될 수 없다. 이는 특허의 정정이라는 제도가 존재하기 때문에 중복을 막기 위한 조치이다. 명세서 또는 도면의 정정은 특허발명의 명세서 또는 도면에 기재된 사항의 범위에서 할 수 있으며, 청구범위를 실질적으로 확장하거나 변경할 수 없다. 정정심판은 특허권이 소멸된 후에도 청구할 수 있지만, 특허취소결정이 확정되거나 특허를 무효로 한다는 심결이 확정된 후에는 그러하지 아니하다. 특허권자는 전용실시권자와 질권자 등의 동의를 얻어야만 정정심판을 청구할 수 있다. 특허발명의 명세서 또는 도면에 대하여 정정을 한다는 심결이 확정되었을 때에는 그 정정 후의 명세서 또는 도면에 따라 특허출원, 출원공개, 특허결정 또는 심결 및 특허권의 설정등록이 된 것으로 본다.

### 7) 정정의 무효심판 - 제137조

이해관계인 또는 심사관은 특허발명의 명세서 또는 도면에 대한 정정이 특허법 제137조에 규정된 무효사유에 해당하는 경우, 정정의 무효심판을 청구할 수 있다. 무효심판의 피청구인은 지정된 기간에 특허발명의 명세서 또는 도면의 정정을 청구할 수 있다. 정정을 무효로 한다는 심결이 확정되었을 때에는 그 정정은 처음부터 없었던 것으로 본다.

### 8) 통상실시권 허락의 심판 - 제138조

특허권자, 전용실시권자 또는 통상실시권자는 해당 특허발명이 이용·저촉 관계에 있어 실시의 허락을 받으려는 경우, 그 타인이 정당한 이유 없이 허락하지 아니하거나 그 타인의 허락을 받을 수 없을 때는 자기의 특허발명의 실시에 필요한 범위에서 통상실시권 허락의 심판을 청구할 수 있다.

## 2 재심

당사자는 확정된 특허취소결정 또는 확정된 심결에 대하여 재심을 청구할 수 있다. 또한, 심판의 당사자가 공모하여 제3자의 권리나 이익을 사해할 목적으로 심결을 하게 하였을 때, 제3자는 그 확정된 심결에 대하여 재심을 청구할 수 있으며, 이 경우 심판의 당사자를 공동피청구인으로 한다. 재심청구는 특허취소결정 또는 심결 확정 후 재심사유를 안 날부터 30일 이내에 재심을 청구하여야 한다.

## 3 특허소송

특허취소결정 또는 심결에 대한 소 및 특허취소신청서, 심판청구서, 재심청구서의 각하결정에 대한 소는 특허법원의 전속관할로 한다. 특허소송은 당사자, 참가인 또는 해당 심판이나 재심에 참가신청을 하였으나 신청이 거부된 자가 할 수 있으며, 심결취소소송에 대해서는 특허청장이 피고가 되나, 그 외의 심판에 대한 소에서는 청구인 또는 피청구인이 피고가 된다. 특허소송은 심결 또는 결정의 등본을 송달받은 날부터 30일 이내에 제기하여야 한다. 특허법원의 판결에 대해서는 대법원에 상고할 수 있다.

# 해외출원

해외에 특허를 출원하는 방법은 외국이나 지역의 특허청에 직접 출원하거나 PCT 출원하는 방법이 있다.

## 1 외국특허청에 직접 출원

해당 국가의 특허청에 직접 출원하는 것으로, 그 나라에서 규정한 서류와 언어로 작성해야 하며, 해당 국가가 많지 않은 경우나 빠른 심사를 원하는 경우에 유리한 출원 방법이다.

## 2 지역(유럽)특허청에 직접 출원

지역특허청에 직접 특허출원하는 것으로서 유럽특허청(Europe Patent Office, EPO)이 존재하며, 외국의 특허청에 직접 출원하는 것보다 여러 국가를 선택하는 경우 비용면에서 유리하고, 유럽특허청에서 등록결정을 받으면 개별국에 등록료만 납부하면 되는 장점이 있지만, 심사 기간이 오래 소요되는 단점을 갖고 있다.

## 3 PCT 출원

PCT 출원은 특허협력조약(Patent Cooperation Treaty, PCT)에 따라 PCT 동맹국에 동시에 특허출원하는 것이며, 한 번의 출원으로 여러 동맹국(동맹국 중 출원을 원하는 국가를 지정하며, 이를 지정국이라 함)에 직접 출원한 것과 동일한 효과를 누릴 수 있다. 하지만 PCT 출원은 일시에 출원을 할 뿐, 국내 단계로 진입하는 경우 외국 특허청에 직접 출원하는 것과 같다.

PCT 출원을 하는 경우, 국제 단계를 거쳐 국내 단계로 진입하게 되며, 국제 단계에서는 국제조사, 국제공개, 국제예비심사의 절차가 이루어질 수 있다. 국제조사기관의 국제조사보고서, 국제예비심사기관의 국제예비심사보고서는 등록 가능성이 낮다고 판단되거나 각 지정국의 시장이 성숙되지 않았다고 판단되는 경우 PCT 출원을 취하하거나 각 지정국의 국내 단계에 진입하지 않을지를 판단하는 데 도움을 준다.

다음의 그림은 PCT 국제출원절차와 일반해외출원절차를 비교하고 있다.

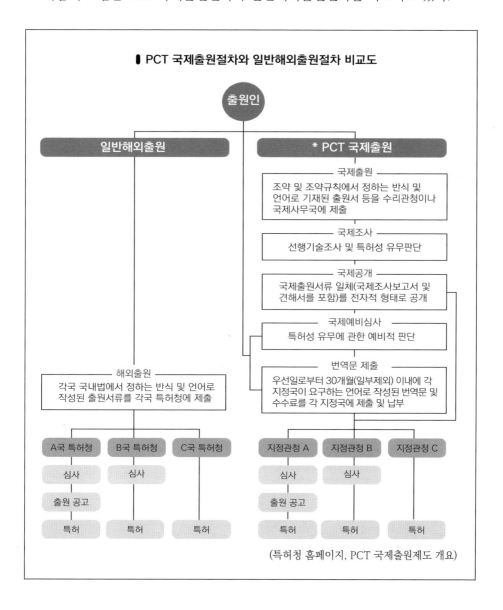

❙ PCT 국제출원절차와 일반해외출원절차 비교도

출원인

일반해외출원

* PCT 국제출원

국제출원
조약 및 조약규칙에서 정하는 반식 및 언어로 기재된 출원서 등을 수리관청이나 국제사무국에 제출

국제조사
선행기술조사 및 특허성 유무판단

국제공개
국제출원서류 일체(국제조사보고서 및 견해서를 포함)를 전자적 형태로 공개

국제예비심사
특허성 유무에 관한 예비적 판단

번역문 제출
우선일로부터 30개월(일부제외) 이내에 각 지정국이 요구하는 언어로 작성된 번역문 및 수수료를 각 지정국에 제출 및 납부

해외출원
각국 국내법에서 정하는 반식 및 언어로 작성된 출원서류를 각국 특허청에 제출

| A국 특허청 | B국 특허청 | C국 특허청 |
| --- | --- | --- |
| 심사 | 심사 | |
| 출원 공고 | | |
| 특허 | 특허 | 특허 |

| 지정관청 A | 지정관청 B | 지정관청 C |
| --- | --- | --- |
| 심사 | 심사 | |
| 출원 공고 | | |
| 특허 | 특허 | 특허 |

(특허청 홈페이지, PCT 국제출원제도 개요)

# 제3장

# 실용신안법

# I

# 서설

실용신안법은 실용적인 고안을 보호·장려하고 그 이용을 도모함으로써 기술의 발전을 촉진하여 산업발전에 이바지함을 목적으로 한다. 고안의 보호와 이용에 대한 실용신안 제도는 세계적으로 보편화된 제도는 아니며, 소발명의 보호를 위해 우리나라와 일본 및 독일 등 극히 일부 국가에서만 존재한다. 실용신안법의 주요 제도들은 특허법과 매우 유사하기에, 여기서는 특허와 다른 부분에 대해서만 살펴보기로 한다.

# 실용신안법의 보호대상

실용신안법의 보호대상은 고안이며, 고안은 자연법칙을 이용한 기술적 사상의 창작으로 정의된다. 이는 특허법의 발명과 비교할 때, 고도한 것만을 요구하지 않는 것이다. 또한, 실용신안법의 보호대상인 고안은 물품의 형상·구조 또는 조합에 한정하기 때문에, 특허법과 달리 방법이나 물질은 그 보호대상이 될 수 없다.

# 보호의 요건 및 절차

　실용신안이 등록되기 위해서는, 특허법과 동일하게 적극적 요건으로서 산업상 이용가능성, 신규성 그리고 진보성이 요구된다. 다만, 진보성에 대해서는 해당 고안이 속하는 기술 분야에서 통상의 지식을 가진 사람이 공지·공용된 고안에 의하여 극히 쉽게 고안할 수 있는 것이 아니어야 한다고 하면서, 특허법에 비해 그 정도를 낮추고 있다. 또한, 특허법과 동일하게 소극적 요건도 요구하는데, 실용신안등록을 받을 수 없는 고안과 확대된 선원의 범위가 그것이다. 실용신안등록을 받을 수 없는 고안에는 특허법의 공서양속 위배와 공중의 위생을 해할 염려가 있는 고안에 더하여 국기 또는 훈장과 동일하거나 유사한 고안이 포함된다. 출원절차도 특허법과 거의 동일하나, 실용신안의 보호대상이 물품이어서 출원 시 도면을 반드시 첨부해야만 하는 점이 다르다.

# Ⅳ

# 실용신안권

　　실용신안권은 특허법과 동일하게 설정등록에 의하여 발생하며, 권리의 내용
은 대체로 특허와 동일하다. 다만, 특허와 달리 실용신안권의 존속기간은 실용신
안권을 설정등록한 날부터 실용신안등록출원일 후 10년이 되는 날까지로 하여
특허권의 존속기간의 절반이다. 존속기간 연장도 가능하나, 물질에 대한 보호가
불가능하여 허가 등에 의한 존속기간 연장은 불가능하며, 등록지연이 있는 경우
의 연장만이 가능하다.

# 특허와의 관계

특허법의 발명과 실용신안법의 고안은 본질적으로 동일하기 때문에, 특허출원과 실용신안출원이 동일한 기술 내용으로서 서로 다른 자에 의해 출원된 경우에는 선출원주의를 함께 적용하여 선후를 결정하고, 신규성 등의 판단에 있어 선행기술 등이 될 수 있다. 또한, 특허출원인이나 실용신안등록출원인으로 하여금 출원서에 최초로 첨부된 명세서 또는 도면에 기재된 사항의 범위에서 특허출원을 실용신안출원으로 또는 실용신안출원을 특허출원으로 형식을 변경할 수 있게 한다.

| 구분 | 특허 | 실용신안 |
|---|---|---|
| 보호의 대상 | 발명 | 고안 |
| | 고도성 필요 | 고도성 불요 |
| | 방법, 물질 可 | 방법, 물질 不可 |
| 보호의 요건 및 절차 | 진보성(쉽게) | 진보성(극히 쉽게) |
| | 부등록 사유<br>(공서양속 위배, 공중의 위생) | 부등록 사유<br>(+ 국기·훈장과 동일 유사) |
| | 절차(필요한 경우 도면 제출) | 절차(도면 필수) |
| 권리 | 존속기간(20년) | 존속기간(10년) |
| | 연장(허가, 지연) | 연장(지연) |
| 양자의 관계 | 선출원주의, 신규성 함께 판단, 양자 간의 형식 변경 가능 | |

# 제4장

# 영업비밀보호법

# I

# 영업비밀보호법의 목적과 보호 체계

영업비밀보호법은 부정경쟁방지 및 영업비밀보호에 관한 법률에 부정경쟁방지법과 함께 규정되어 있으며, 그 체계는 행위 규제의 성격을 띠고 있어, 영업비밀 그 자체를 보호하는 것이 아니라, 침해하는 행위를 방지하고자 한다. 이는 영업비밀보호법의 목적이 "타인의 영업비밀을 침해하는 행위를 방지하여 건전한 거래질서를 유지함"이라는 곳에서 알 수 있다.

# Ⅱ

# 영업비밀의 의의

영업비밀보호법 제2조 제2호는 영업비밀을 "공공연히 알려져 있지 아니하고 독립된 경제적 가치를 가지는 것으로서, 비밀로 관리된 생산방법, 판매방법, 그 밖에 영업활동에 유용한 기술상 또는 경영상의 정보"로 정의하고 있다. 영업비밀의 대상은 특허법과 비교할 때 더 넓은 편으로, 이에는 화합물에 대한 공식이나 상품의 제작공정 등의 기술상 정보와 물질의 취급이나 보관 방법 또는 고객 리스트 등의 경영상 정보들까지 포함된다. 영업비밀로 알려진 것들에는 코카콜라의 제조 방법, WD-40 윤활유의 제조 방법, 떡볶이 할머니의 비법 등이 있다.

# 보호 요건

　위의 영업비밀에 대한 정의는 영업비밀이 성립하기 위한 요건 3가지, 즉 비공지성, 경제적 유용성, 비밀관리성을 규정하고 있다. 먼저, 영업비밀로서 보호되기 위해서는 해당 정보가 비밀이어야 한다. 여기서의 비밀성은 절대적인 것은 아니며, 비밀유지 의무 등이 있는 자에 대한 공지는 비밀성을 해제하지 않는다. 다음으로, 영업비밀은 경제적 이점을 갖고 있어야 한다. 이는 다른 경쟁자에 비해 해당 영업비밀로 인해 유리한 위치를 점할 수 있다고 하는 경쟁적 이점으로서, 비밀 획득을 위하여 비용이나 노력이 필요한 경우가 이에 해당한다. 마지막으로, 영업비밀로서 관리되어야 한다. 기존에는 비밀을 유지하기 위하여 상당한 노력이나 합리적인 노력이 필요하다고 규정하였으나, 2018년 비밀관리성 규정을 완화하기 위해 "비밀로 관리된"으로 개정하였다. 여기서, 영업비밀로 관리 되는 것이 외부에 드러나는 것으로는 불충분하고, 관리하는 노력이 있어야 한다. 이러한 노력의 정도는 명확하지 않으나, 기존의 판례에서 요구하는 1. 물리적, 기술적 관리, 2. 인적, 법적 관리, 3. 조직적 관리가 이루어져야 하고, 구체적으로는 보유 정보에 비밀 표시, 암호화 조치, 해당 정보에 대한 직원별 접근권한 차등부여, 보안서약서 작성 및 주기적인 보안교육 시행 등이 포함될 수 있을 것으로 보인다.

■ **대법원 2022. 6. 30. 선고 2018도4794 판결** - 비밀유지조치를 취하지 아니한 채 판매 등으로 공지된 제품의 경우, **역설계(reverse engineering)를 통한 정보의 획득이 가능하다는 사정만으로 그 정보가 불특정 다수인에게 공개된 것으로 단정할 수 없으나**, 상당한 시간과 노력 및 비용을 들이지 않고도 통상적인 역설계 등의 방법으로 쉽게 입수 가능한 상태에 있는 정보라면 보유자를 통하지 아니하고서는 통상 입수할 수 없는 정보에 해당한다고 보기 어려우므로 영업상 주요한 자산에 해당하지 않는다.

■ **대법원 2022. 6. 16. 선고 2018도51 판결** - '공연히 알려져 있지 아니하다.'는 것은 그 정보가 간행물 등의 매체에 실리는 등 불특정 다수인에게 알려져 있지 않기 때문에 **보유자를 통하지 아니하고는 그 정보를 통상 입수할 수 없는 것을 말하고, 보유자가 비밀로서 관리하고 있다고 하더라도 당해 정보의 내용이 이미 일반적으로 알려져 있을 때에는 영업비밀이라고 할 수 없으며**(대법원 2004. 9. 23. 선고 2002다60610 판결 등 참조), '독립된 경제적 가치를 가진다.'는 것은 그 정보의 보유자가 그 정보의 사용을 통해 경쟁자에 대하여 경쟁상의 이익을 얻을 수 있거나 또는 **그 정보의 취득이나 개발을 위해 상당한 비용이나 노력이 필요하다는 것**을 말하고(대법원 2009. 4. 9. 선고 2006도9022 판결 등 참조), '상당한 노력에 의하여 비밀로 유지된다.'는 것은 그 정보가 비밀이라고 인식될 수 있는 표시를 하거나 고지를 하고, 그 정보에 접근할 수 있는 대상자나 접근 방법을 제한하거나 그 정보에 접근한 자에게 비밀준수의무를 부과하는 등 **객관적으로 그 정보가 비밀로 유지·관리되고 있다는 사실이 인식 가능한 상태인 것**을 말한다(대법원 2008. 7. 10. 선고 2008도3435 판결, 대법원 2011. 8. 25. 선고 2011도139 판결 등 참조).

■ **서울중앙지방법원 2020. 6. 4.자 2020카합20060 결정** - 부정경쟁방지법의 개정은 비밀관리성을 인정하기 위하여 영업비밀 주체가 특정 정보를 영업비밀로 관리하기 위하여 들인 합리적인 노력이라는 명시적 요건을 삭제함으로써 결과적으로는 **비밀관리성 인정요건이 다소 완화되었다고 볼 수 있을 뿐, 특정 정보가 영업비밀로 인정되기 위해서는 '비밀로 관리'되어야 한다는 요건 자체는 여전히 충족되어야 하며, 또한 정보가 그와 같이 '관리'되기 위해서는 어떤 형태로든 영업비밀 보유자의 노력이 투여되어야 함은 마찬가지이다.**

# 영업비밀 원본증명

영업비밀 보유자는 영업비밀이 포함된 전자문서의 원본 여부를 증명하기 위하여 영업비밀 원본증명기관에 그 전자문서로부터 추출된 고유의 식별값을 등록할 수 있다(영업비밀 원본증명). 영업비밀 원본증명기관은 등록된 전자지문과 영업비밀 보유자가 보관하고 있는 전자문서로부터 추출된 전자지문이 같은 경우에는 그 전자문서가 전자지문으로 등록된 원본임을 증명하는 증명서(원본증명서)를 발급할 수 있다. 원본증명서를 발급받은 자는 전자지문의 등록 당시에 해당 전자문서의 기재 내용대로 정보를 보유한 것으로 추정한다.

# 영업비밀의 침해와 구제

 **부정경쟁방지 및 영업비밀보호에 관한 법률**

**제2조(정의)** 이 법에서 사용하는 용어의 뜻은 다음과 같다.

3. "영업비밀 침해행위"란 다음 각 목의 어느 하나에 해당하는 행위를 말한다.

　가. 절취(竊取), 기망(欺罔), 협박, 그 밖의 부정한 수단으로 영업비밀을 취득하는 행위(이하 "부정취득행위"라 한다) 또는 그 취득한 영업비밀을 사용하거나 공개(비밀을 유지하면서 특정인에게 알리는 것을 포함한다. 이하 같다)하는 행위

　나. 영업비밀에 대하여 부정취득행위가 개입된 사실을 알거나 중대한 과실로 알지 못하고 그 영업비밀을 취득하는 행위 또는 그 취득한 영업비밀을 사용하거나 공개하는 행위

　다. 영업비밀을 취득한 후에 그 영업비밀에 대하여 부정취득행위가 개입된 사실을 알거나 중대한 과실로 알지 못하고 그 영업비밀을 사용하거나 공개하는 행위

　라. 계약관계 등에 따라 영업비밀을 비밀로서 유지하여야 할 의무가 있는 자가 부정한 이익을 얻거나 그 영업비밀의 보유자에게 손해를 입힐 목적으로 그 영업비밀을 사용하거나 공개하는 행위

　마. 영업비밀이 라목에 따라 공개된 사실 또는 그러한 공개행위가 개입된 사실을 알거나 중대한 과실로 알지 못하고 그 영업비밀을 취득하는 행위 또는 그 취득한 영업비밀을 사용하거나 공개하는 행위

　바. 영업비밀을 취득한 후에 그 영업비밀이 라목에 따라 공개된 사실 또는 그러한 공개행위가 개입된 사실을 알거나 중대한 과실로 알지 못하고 그 영업비밀을 사용하거나 공개하는 행위

영업비밀 침해행위는 부정취득행위와 비밀유지의무 위반행위로 크게 나누어진다. 가와 라는 부정취득과 비밀유지의무 위반행위의 기본 행위이고, 나와 다는 부정하게 취득한 영업비밀을 다시 취득하거나 사용하는 행위이고, 마와 바는 비밀유지의무 위반을 통해 얻어진 영업비밀을 취득하거나 사용하는 행위이다.

영업비밀 침해행위를 한 경우, 영업비밀 보유자는 침해행위를 하거나 하려는 자에 대하여 그 행위에 의하여 영업상의 이익이 침해되거나 침해될 우려가 있는 경우 법원에 그 행위의 금지 또는 예방을 청구할 수 있으며, 동시에 침해행위를 조성한 물건의 폐기, 침해행위에 제공된 설비의 제거, 그 밖에 침해행위의 금지 또는 예방을 위하여 필요한 조치를 함께 청구할 수 있다. 또한, 고의 또는 과실에 의한 영업비밀 침해행위로 영업비밀 보유자의 영업상 이익을 침해하여 손해를 입힌 자에게는 손해배상을 청구할 수 있으며, 영업비밀 보유자의 영업상의 신용을 실추시킨 경우에는 영업비밀 보유자의 청구에 의하여 손해배상을 갈음하거나 손해배상과 함께 영업상의 신용을 회복하는 데에 필요한 조치를 명할 수도 있다. 다만, 거래에 의하여 영업비밀을 정당하게 취득한 자(영업비밀을 취득할 당시에 그 영업비밀이 부정하게 공개된 사실 또는 영업비밀의 부정취득 행위나 부정공개행위가 개입된 사실을 중대한 과실 없이 알지 못하고 영업비밀을 취득한 자를 말한다)의 부정과 그 거래에 의하여 허용된 범위에서 그 영업비밀을 사용하거나 공개하는 행위에 대해서는 금지청구, 손해배상청구, 신용회복청구의 대상이 되지 않는다.

외국에서 사용하거나 외국에서 사용될 것임을 알면서도 영업비밀을 누설, 유출, 보유하거나 부정한 수단으로 취득하는 행위들에 대해서는 15년 이하의 징역 또는 15억원 이하의 벌금에 처하다. 또한, 영업비밀을 누설, 유출, 보유하거나 부정한 수단으로 취득하는 행위들에 대해서는 10년 이하의 징역 또는 5억원 이하의 벌금에 처한다. 그리고 2024년 8월 21일부터 시행되는 영업비밀보호법은 누구든지 정당한 권한 없이 또는 허용된 권한을 넘어 타인의 영업비밀을 훼손·멸실·변경하는 것을 금지하고(제9조의8), 부정한 이익을 얻거나 영업비밀 보유자에게 손해를 입힐 목적으로 이를 위반하여 타인의 영업비밀을 훼손, 멸실, 변경한 자는 10년 이하의 징역 또는 5억원 이하의 벌금에 처하도록 하는 처벌 규정이 신설되었다(제18조 제3항).

**판례**

■ **대법원 2022. 11. 17. 선고 2022다242786 판결** – 영업비밀의 '취득'이란 사회통념 상 영업비밀을 자신의 것으로 만들어 이를 사용할 수 있는 상태에 이른 경우를 의미 하므로, 절취, 기망, 협박, 그 밖의 부정한 수단으로 영업비밀에 해당하는 정보를 담 고 있는 유체물을 취득함으로써 그 정보를 본래의 목적에 맞게 사용할 수 있는 상태 에 이른 경우에는 영업비밀을 취득하였다고 인정할 수 있다.

■ **대법원 1996. 12. 23. 선고 96다16605 판결** – 부정경쟁방지법 제2조 제3호 (가)목 전단에서 말하는 '**부정한 수단**'이라 함은 절취·기망·협박 등 형법상의 범죄를 구성 하는 행위뿐만 아니라 비밀유지의무의 위반 또는 그 위반의 유인(誘引) 등 건전한 거 래질서의 유지 내지 공정한 경쟁의 이념에 비추어 위에 열거된 행위에 준하는 선량 한 풍속 기타 사회질서에 반하는 일체의 행위나 수단을 말한다.

# 특허·실용신안과의 비교

　영업비밀과 특허 및 실용신안은 보호대상이 유사하여, 그 보호가 중첩되기도 하지만, 각 법률은 서로 다른 특징들을 갖고 있다. 따라서 특정한 기술에 대하여 3가지 보호 방안 중 어느 것을 취할지는 기술을 개발한 자의 선택에 따라 달라질 수 있지만, 각 법의 특성과 개발된 기술의 특징에 따라 유리한 방법을 선택해야 한다. 일반적으로, 비밀을 유지할 수 있는 것(의약, 음료수, 오일 등)은 영업비밀로서 보호하는 것이 유리하나, 비밀을 유지할 수 없는 것(기계나 장치 등의 내부를 파악할 수 있는 것)은 특허나 실용신안이 더 유리하다. 다만, 최근에는 특허나 실용신안과 영업비밀 양자를 통하여 보호를 추구하는 방법도 많이 사용되고 있다. 일례로, 의약과 같은 경우 특허를 받아 일정 기간 배타적인 권리로서 보호받으면서, 중요한 부분에 대해서는 영업비밀로 하여 공개하지 않는다. 복제약인 제네릭 약품이 원래의 약품 보다 그 효과가 떨어지는 것은 좋은 예일 것이다. 아래의 표는 특허와 실용신안 그리고 영업비밀의 특성을 비교한 것이다.

|  | 특허 | 실용신안 | 영업비밀 |
|---|---|---|---|
| 대상 | 넓다 | 좁다 | 매우 넓다 |
| 보호 요건 | 출원 시 진보성(쉽게) | 출원 시 진보성(극히 쉽게) | 처음에는 없으나 비밀유지 필요 |
| 비용 | 유지료 등 | 유지료 등 | 유지료는 없으나, 비밀유지 비용 고가 |
| 권리 | 강력함 | 강력함 | 약함 |
| 보호기간 | 20년 | 10년 | 비밀유지 시 무한 |

**역분석과 전직 금지**

■ **역분석(Reverse Engineering)** - 영업비밀의 침해는 영업비밀을 부정하게 취득하거나 부정하게 공개하는 것을 말한다. 하지만, **장치 또는 시스템의 기술적인 원리를 그 구조분석을 통해 발견하는 과정인 역분석**을 통해 영업비밀을 밝혀내는 것은 영업비밀의 **침해에 해당하지 않는다.** 역분석은 정당한 영업비밀의 취득 행위로 보고 있다.

■ **전직 금지 약정** - 전직 금지 약정은 근로자가 사용자와 **경쟁관계에 있는 업체에 취업하거나 스스로 경쟁업체를 설립하는 등의 경쟁행위를 하지 아니할 것을 약속하는 것**이다. 한 회사의 영업비밀을 간직한 자가 다른 회사로 이직하거나 창업을 하는 경우 그 회사의 영업비밀이 누설될 수 있기 때문에, 이를 막기 위한 방안이다. 다만, 이러한 **전직 금지 약정은 헌법상 보호되는 직업 선택의 자유를 침해할 수 있기** 때문에, 그 내용과 시기는 사안에 따라 개별적으로 정해져야 한다. 전직 금지 약정이 없더라도 불가피한 경우에는 전직 금지를 청구할 수 있다.

INTELLECTUAL PROPERTY LAW

# 제5장

# 디자인보호법

I

# 보호 방식과 목적

　일반적으로, 디자인을 보호하는 방법에는 특허권적 방법과 저작권적 방법 두 가지가 존재한다. 특허권적 방법은 출원과 등록의 절차를 거쳐 권리가 발생하며, 타인이 독창적으로 디자인을 개발하더라도 침해행위가 된다. 반면, 저작권적 방법은 디자인권의 취득을 위하여 특별한 절차나 형식이 요구되지 않으며, 타인이 동일한 디자인을 독창적으로 개발한 경우 이를 배제할 수 없다. 우리 디자인보호법은 특허권적 방법을 취하고 있으며, 그에 따라 디자인에 특유한 것을 제외하고는 많은 부분이 특허제도와 유사하다. 디자인보호법의 목적도 특허와 유사하게 디자인의 보호와 이용의 균형을 통한 산업발전이고, 출원 등의 절차들도 특허와 유사하며, 등록이 되는 경우 배타권을 부여하는 것도 유사하다. 따라서 이하에서는 특허법과는 다른 디자인 제도들을 중심으로 살펴보기로 한다.

# 디자인보호법의 보호대상

 **디자인보호법**

---

**제2조(정의)** 이 법에서 사용하는 용어의 뜻은 다음과 같다.

1. "디자인"이란 물품[물품의 부분, 글자체 및 화상(畫像)을 포함한다. 이하 같다]의 형상·모양·색채 또는 이들을 결합한 것으로서 시각을 통하여 미감을 일으키게 하는 것을 말한다.

2. "글자체"란 기록이나 표시 또는 인쇄 등에 사용하기 위하여 공통적인 특징을 가진 형태로 만들어진 한 벌의 글자꼴(숫자, 문장부호 및 기호 등의 형태를 포함한다)을 말한다.

2의2. "화상"이란 디지털 기술 또는 전자적 방식으로 표현되는 도형·기호 등[기기(器機)의 조작에 이용되거나 기능이 발휘되는 것에 한정하고, 화상의 부분을 포함한다]을 말한다.

---

디자인보호법의 보호대상은 디자인이며, 디자인보호법상 디자인으로 성립하기 위해서는 다음과 같은 물품성, 형태성, 시각성, 심미성의 4가지 요건을 갖추어야 한다. 이러한 디자인의 성립요건을 만족하지 못하면, 제33조 디자인등록의 요건 중 제1항 본문의 공업상 이용가능성에 위반되어 디자인등록을 받을 수 없다.

# 1 일반적 디자인의 성립요건

## (1) 물품성

디자인보호법상 디자인으로 성립하기 위해서는 해당 디자인이 물품에 화체되어 있어야 하며, 물품에 표현되지 않은 추상적인 모티브(motif)만으로는 디자인이 성립될 수 없다. 이를 디자인과 물품의 불가분성이라고 한다. 물품은 독립성이 있는 구체적인 물품으로 유체동산을 원칙으로 한다.

### 1) 물품성의 요건

#### ① 독립적 거래대상

디자인보호법상 물품은 독립적 거래대상이 되어야 하고, 부품인 경우에도 독립된 교환가치 및 호환 가능성이 있어야 한다. 화장품 포장용기 토출부, 양말의 뒷굽, 찻잔의 손잡이 등은 원칙적으로 디자인등록의 대상이 되지 아니한다. 또한, 합성물(장기짝, 트럼프, 화투, 완성형태가 단일한 조립완구 등과 같이 수 개의 구성품이 결합하여 이루어진 물품)의 구성각편은 독립적 거래대상이 아니어서 물품성이 인정될 수 없다. 다만, 완성형태가 다양한 조립완구의 구성각편과 같이 독립거래의 대상이 되고 있는 것은 물품성을 갖춘 것으로 본다. 그리고 합성물의 구성각편은 합성물의 부분디자인으로 등록될 수 있다.

#### ② 유체물

디자인의 대상이 될 수 있는 물품은 유체물이어야 하므로, 일정한 형체가 없는 것은 물품성을 인정할 수 없다. 기체, 액체, 전기, 빛, 열, 음향 및 전파 등은 유체물이 아니다. 다만, 물품의 액정화면 등 표시부에 발광현상에 의하여 특정 형태가 일시적으로 구현되는 경우에는 디자인으로서의 성립요건을 갖춘 것으로 볼 수 있다.

#### ③ 일정한 정형적인 형태 유지

디자인의 대상이 될 수 있는 물품은 일정한 정형적인 형태를 유지하여야 하기에, 일정한 형태가 없는 것은 디자인등록의 대상이 되지 않는다. 시멘트, 설탕 등 분상물(粉狀物) 또는 입상물(粒狀物)의 집합으로 된 것이나, 손수건이나 스카프를 접어서 이루어진 꽃 모양과 같이 물품을 상업적으로 이용하는 과정에서 만들어지는 디자인으로서 그 물품 자체의 형태로 볼 수 없는 것은 물품성을 인정할 수 없다.

다만, 각설탕, 고형시멘트 등과 같이 정형화 또는 고형화된 분상물 또는 입상물의 집합은 그 집합단위로서 그 형체를 갖춘 경우 디자인등록의 대상이 된다.

④ 동산

디자인의 대상이 될 수 있는 물품은 동산이어야 하므로, 부동산은 원칙적으로 디자인등록의 대상이 되지 않는다. 하지만 최종적으로 토지에 정착하여 부동산이 되는 것이라도 공업적으로 양산되고 운반 가능하며 유통과정에서 동산으로 취급되는 것(방갈로, 공중전화박스, 이동판매대, 방범초소, 승차대, 교량, 이동화장실, 조립가옥 등)은 물품으로 인정된다.

### 2) 물품성이 문제 되는 경우

디자인과 물품의 불가분성으로 인해 물품에 화체되지 않은 디자인은 원칙적으로 디자인보호법상 디자인으로 성립될 수 없다. 그런데 물품 일부에 표현되거나 물품에 표현될 수 없는, 하지만 보호되어야 할 필요가 있는 디자인들이 생겨났고, 이에 디자인보호법은 물품성을 완화하여 부분디자인, 글자체디자인, 화면디자인을 보호하고 있다. 또한, 최근에는 디스플레이 패널 등 표현의 매개가 되는 물품의 존재 여부와 관계없이 디자인으로 성립할 수 있으나, 디지털기술 또는 전자적 방식으로 표현되는 도형·기호 등으로서 기기의 조작에 이용되거나 기능이 발휘되는 화상디자인을 도입하기도 하였다. 이는 위의 화면디자인과 달리 물품성을 요구하지 않는다는 측면에서 차이가 있다.

## (2) 형태성

디자인의 두 번째 성립요건인 형태성은 형상(shape), 모양(pattern), 색채(color)의 요소로 구성되며, 글자체 및 화상 외에는 형상이 결합되지 않은 모양 또는 색채만의 디자인 및 모양과 색채의 결합디자인은 인정되지 않는다. 형상은 물품이 공간을 점하고 있는 윤곽을 말하며, 모양은 물품의 외관에 나타나는 선도, 색구분, 색흐림을 말하며, 색채는 물체에 반사되는 빛에 의하여 인간의 망막을 자극하는 물체의 성질로서 투명색과 금속색 등을 포함한다.

## (3) 시각성

디자인등록 대상이 되기 위해서는 육안으로 식별할 수 있는 것이어야 한다. 따라서 시각 외의 감각을 주로 하여 파악되는 것, 분상물 또는 입상물의 하나의 단위, 외부에서 볼 수 없는 곳, 확대경 등에 의해 확대하여야 물품의 형상 등이 파악되는 것은 디자인등록의 대상이 되지 않는다.

## (4) 심미성

디자인등록이 되기 위해서는 미감을 일으키게 하는 것, 즉 심미성이 요구되며, 여기서 심미성은 미적 처리가 되어 있는 것으로서 해당 물품으로부터 아름다움을 느낄 수 있도록 처리되어 있는 것을 말한다. 따라서 기능·작용·효과를 주목적으로 한 것으로서 미감을 거의 일으키게 하지 않는 것, 디자인으로서 짜임새가 없고 조잡감만 주는 것으로서 미감을 거의 일으키게 하지 않는 것은 심미성이 결여된 것으로 본다.

> **판례**
>
> ■ **대법원 2008. 2. 14. 선고 2007후4311 판결** – 한증막의 형상과 모양을 결합한 **한 증막은 그 재질과 구조 및 형상과 모양 등에 비추어 볼 때, 현장 시공을 통해 건축 되는 부동산에 해당하는 것으로, 공업적인 생산방법에 의하여 동일한 형태로 양산 되고 운반될 수 있는 유체동산이라고 보기 어렵다.**
>
> ■ **대법원 2004. 7. 9. 선고 2003후274 판결** – 등록디자인의 대상 물품 "온열치료기 용 롤러"가 롤러형 온구기에만 사용되는 부품으로서 다른 용도로 사용되지 않고, 통 상의 상태에서 독립되어 거래되었다거나 그와 같은 거래의 가능성이 있음을 인정할 만한 증거가 없는 경우, 물품에 해당하지 않는다.
>
> ■ **대법원 2001. 4. 27. 선고 98후2900 판결** – '물품'이란 독립성이 있는 구체적인 유 체동산을 의미하는 것으로서, 이러한 물품이 디자인등록의 대상이 되기 위해서는 통상의 상태에서 **독립된 거래의 대상이 되어야 하고, 그것이 부품인 경우에는 다시 호환성을 가져야 하나,** 이는 반드시 실제 거래사회에서 현실적으로 거래되고 다른 **물품과 호환될 것을 요하는 것은 아니고, 그러한 독립된 거래의 대상 및 호환의 가 능성만 있으면 디자인등록의 대상이 된다고 할 것이다.**
>
> ■ **대법원 1999. 12. 28. 선고 98후492 판결** – 디자인은 물품을 떠나서는 존재할 수 없고 물품과 일체불가분의 관계에 있으므로 **디자인이 동일·유사하다고 하려면 디 자인이 표현된 물품과 디자인의 형태가 동일·유사하여야 할 것인바, 물품의 동일성 여부는 물품의 용도, 기능 등에 비추어 거래 통념상 동일 종류의 물품으로 인정할 수 있는지 여부에 따라 결정하여야 한다.**

## 2 특수한 디자인의 성립요건

### (1) 부분디자인의 성립요건

부분디자인에서 물품의 부분은 물품성이 인정되는 물품의 부분을 말하는 것으로 다음의 요건을 만족해야만 디자인의 정의에 합치된 것으로 본다: ① 부분디자인의 대상이 되는 물품이 통상의 물품에 해당할 것, ② 물품의 부분의 형태라고 인정될 것(물품의 형상을 수반하여야만 하며, 물품 형태의 실루엣만을 표현한 것이 아니어야 한다), ③ 다른 디자인과 대비의 대상이 될 수 있는 부분으로서 하나의 창작단위로 인정되는 부분일 것, ④ 디자인의 대상이 되는 물품이 기계에 의한 생산방법 또는 수공업적 방법에 의하여 반복적으로 양산될 수 있을 것.

### (2) 글자체디자인의 성립요건

글자체디자인이 디자인의 정의에 합치되기 위해서는 다음의 요건을 구비해야 한다: ① 기록이나 표시 또는 인쇄 등에 사용하기 위한 것일 것(실용적 목적으로 창작된 것이어야 하며, 미적 감상의 대상은 포함하지 않는다), ② 공통적인 특징을 가진 형태로 만들어진 것일 것(서로 비슷하여 시각적으로 서로 닮아있거나 통일과 조화가 이루어야 한다), ③ 한 벌의 글자꼴일 것(글자꼴 하나하나가 아니라 개개 글자꼴 간에 공통적인 특징을 가지도록 만들어진 한 벌의 글자꼴).

### (3) 한 벌의 물품의 디자인의 성립요건

한 벌의 물품의 디자인은 다음의 성립요건이 요구된다: ① 둘 이상의 물품(동종의 물품을 포함한다)이 한 벌로 동시에 사용될 것, ② 한 벌 전체로서 통일성이 있을 것, ③ 규칙 [별표 5](한 벌의 물품의 구분)에 규정되어 있는 물품에 해당할 것, ④ 한 벌의 물품을 구성하는 물품이 적합할 것. 또한, 부분디자인에서 한 벌의 물품의 부분은 한 벌의 물품의 디자인으로서 인정되는 한 벌의 물품의 부분을 말하며, 부분디자인이 다른 디자인과 대비의 대상이 될 수 있는 부분으로서 하나의 창작단위로 인정되는 부분일 것을 구비하지 못한 경우에는 디자인의 정의에 합치되지 않는 것으로 본다.

## (4) 화상·화면디자인의 성립요건

　"화상디자인"이란 화상(畵像)의 형상·모양·색채 또는 이들을 결합한 것으로서 시각을 통하여 미감(美感)을 일으키게 하는, 물품으로부터 독립되어 표현되는 화상에 관한 디자인을 말한다. "물품의 부분에 표현된 화면디자인(디자인보호법 제2조 제2호의2에서의 "화상"에 해당되지 않는 화면에 관한 디자인을 말함)"이란 "물품의 액정화면 등 표시부에 일시적인 발광현상에 의해 시각을 통해 인식되는 모양 및 색채 또는 이들의 결합"을 말한다. "화상"은 기기의 조작에 이용되거나 기능이 발휘되는 것을 성립요건 중 하나로 하며, 그 외의 시각성 및 심미성 부분은 일반적 성립요건을 참조한다. "물품의 부분에 표현된 화면디자인"의 성립요건은 물품에 구현될 것을 전제로 하는 "부분디자인"의 태양으로서 일반적 성립요건을 참조한다. 부분디자인에서 화상의 부분은 화상디자인으로서 인정되는 화상디자인의 부분을 말하며, 부분디자인이 다른 디자인과 대비의 대상이 될 수 있는 부분으로서 하나의 창작단위로 인정되는 부분일 것을 구비하지 못한 경우에는 디자인의 정의에 합치되지 않는 것으로 본다.

# 디자인등록의 요건 및 절차

## 1 디자인등록의 요건

디자인등록이 되기 위해서는, 특허법과 유사하게 디자인등록요건을 충족하여야 한다. 다만, 특허법과 달리, 산업상 이용가능성이 아니라 공업상 이용가능성을 요구하며, 진보성이 아니라 창작성을 요구한다. 신규성과 확대된 선출원의 경우는 특허법과 동일하나 유사한 디자인을 포함하는 것에서 차이가 있다.

### (1) 적극적 요건

#### 1) 공업상 이용가능성

디자인등록을 받기 위해서는 공업상 이용가능성이 존재해야 한다. 이는 동일한 물품의 양산가능성이 없는 디자인은 양산을 통하여 산업발전에 이바지한다는 디자인보호법의 목적에 부합하지 않기 때문이다. 공업상 이용가능성은 공업적 생산방법에 의하여 동일한 물품을 양산할 수 있을 것과 디자인의 표현에 구체성이 있을 것을 요구한다. 공업적 생산방법에는 기계에 의한 생산은 물론 수공업적 생산도 포함한다. 자연물을 디자인의 구성 주체로 사용한 것으로서 다량 생산할 수 없는 것(동물박제, 수석), 순수미술의 분야에 속하는 저작물(그림, 설치미술작품), 물품을 상업적으로 취급하는 과정에서 만들어지는 서비스디자인 등은 공업상 이용가능성이 없다.

## 2) 신규성

디자인보호법은 특허법과 유사하게 신규성을 요구하고 있으나, 유사한 디자인을 포함하여 유사한 디자인이 존재하는 경우에도 신규성을 상실하는 것으로 본다. 특히, 부분디자인의 경우에는 해당 부분디자인과 동일 또는 유사한 부분을 포함하는 전체디자인이나 부분디자인이 존재하는 경우 신규성을 상실한다. 또한, 한 벌 물품의 디자인에 대해서는 한 벌 전체로서만 신규성 요건을 판단한다. 디자인보호법에서도 특허법과 같이 신규성 상실 예외를 주장할 수 있으며, 디자인등록을 받을 수 있는 권리를 가진 자의 디자인이 공지 등으로 신규성을 상실한 경우 그 날부터 12월 이내에 그러한 취지를 기재하여 출원하면 신규성은 상실되지 않은 것으로 본다. 다만, 증명서류의 제출은 특허법과 달리 등록여부결정 시까지 제출할 수 있다.

## 3) 창작(비용이)성

디자인등록출원 전에 그 디자인이 속하는 분야에서 통상의 지식을 가진 사람이 국내외에서 공지 등이 된 디자인 또는 이들의 결합이나 국내외에서 널리 알려진 형상·모양·색채 또는 이들의 결합에 따라 쉽게 창작할 수 있는 디자인은 디자인등록을 받을 수 없다. 창작성이 없는 디자인에 대해 권리를 부여하는 것은 디자인의 창작을 장려하여 산업발전에 이바지하고자 하는 디자인 보호제도의 취지에 어긋난다. 쉽게 창작할 수 있는 디자인의 유형에는 공지디자인 등의 형상, 모양, 색채 또는 이들의 결합에 의하여 쉽게 창작할 수 있는 디자인, 국내 또는 국외에서 널리 알려진 형상(주지의 형상) 등에 의하여 쉽게 창작할 수 있는 디자인, 공지디자인 등을 주지의 형상, 모양 등과 결합하여 쉽게 창작할 수 있는 디자인이 있다.

## (2) 소극적 요건

### 1) 확대된 선출원

디자인등록출원한 디자인이 그 출원을 한 후에 디자인공보에 게재된 다른 디자인등록출원의 출원서의 기재사항 및 출원서에 첨부된 도면·사진 또는 견본에 표현된 디자인의 일부와 동일하거나 유사한 경우 그 디자인은 디자인등록을 받을 수 없다. 다만, 그 디자인등록출원의 출원인과 다른 디자인등록출원의 출원인이 같은 경우에는 예외로 한다. 이는 선출원 디자인의 일부와 동일 또는 유사한 후출원 디자인은 선출원 디자인의 창작자가 이미 창작한 디자인의 일부에 불과하여 새로운 디자인의 창작으로 인정될 수 없으므로, 이러한 디자인에 대하여 디자인권을 부여하는 것은 디자인 보호제도의 취지에 어긋난다. 확대된 선출원의 적용 대상이 되는 구체적인 유형은 다음과 같다.

| 유형 | 선출원 디자인(a를 포함하는 A) | 후출원 디자인(a, a') |
|---|---|---|
| 1 | 완성품 | 부품 |
| 2 | 완성품 | 부분디자인 |
| 3 | 부품 | 부분디자인 |
| 4 | 부분디자인 | 부분디자인 |
| 5 | 한 벌의 물품 | 구성물품 |
| 6 | 합성물 | 구성각편 |

## 2) 등록받을 수 없는 디자인

 **디자인보호법**

> **제34조(디자인등록을 받을 수 없는 디자인)** 다음 각 호의 어느 하나에 해당하는 디자인에 대하여는 제33조에도 불구하고 디자인등록을 받을 수 없다.
> 1. 국기, 국장(國章), 군기(軍旗), 훈장, 포장, 기장(記章), 그 밖의 공공기관 등의 표장과 외국의 국기, 국장 또는 국제기관 등의 문자나 표지와 동일하거나 유사한 디자인
> 2. 디자인이 주는 의미나 내용 등이 일반인의 통상적인 도덕관념이나 선량한 풍속에 어긋나거나 공공질서를 해칠 우려가 있는 디자인
> 3. 타인의 업무와 관련된 물품과 혼동을 가져올 우려가 있는 디자인
> 4. 물품의 기능을 확보하는 데에 불가결한 형상만으로 된 디자인

디자인보호법은 다른 디자인등록의 요건을 만족하더라도 위의 경우에는 디자인등록을 받을 수 없다고 규정하고 있다. 등록을 받을 수 없는 디자인의 해당 여부를 판단하는 시기는 제1, 2, 4호의 경우에는 등록여부결정시로 하나, 제3호에

해당하는지는 출원시를 기준으로 한다.

 **기능성**

> **디자인이 기능 구현을 위해 필수불가결한 경우 디자인권으로 보호될 수 없다.** 이는 상표법 상의 기능성 원리와 같다. 따라서 **자동차 앞 유리의 창틀**은 그대로 복제되지 않으면 차체에 사용될 수 없고 안전을 위협할 수 있게 되는 등 본래의 기능을 수행할 수 없게 되어 물품의 기능을 확보하는 데 불가결한 형상만으로 된 디자인이다. **기능적인 부분은 특허에 의해 보호**될 수 있으며, 냄비와 프라이팬에 꽃이나 과일 등의 무늬를 새긴 '무늬를 새긴 냄비 등'은 해당 디자인이 열효율을 높이는 기능을 함께 갖는 경우 각각 디자인과 특허에 의해 보호될 수 있다.

---

**판례**

■ **특허법원 2019. 7. 25. 선고 2019허2967 판결** - 주지저명한 상표가 디자인으로 표현된 경우에는 그와 같은 물품 인식에 따라 해당 물품의 출처까지 식별하는 것이 일반적인 거래의 실정인 점을 감안하여 보면, 이 사건 등록디자인이 선행상표들의 지정상품인 '가방' 또는 '가방지'가 사용된 물품에 구현되어 판매되는 경우, **일반수요자는 이 사건 등록디자인이 구현된 가방을 주지저명한 선행상표들의 권리자인 피고 보조참가인 또는 그와 특수한 관계에 있는 자가 취급하는 가방 등 물품으로 오인하거나 혼동할 염려가 있다고 봄이 타당하다.**

| 등록디자인 | 선행상표 1 | 선행상표 2 | 선행디자인 |
|---|---|---|---|
| | | | |

## 2 디자인등록출원절차

디자인등록을 받고자 하는 자는 특허법과 같이 출원, 심사, 등록절차를 밟아야한다. 특히, 디자인등록출원서에는 도면을 반드시 첨부하여야 하며, 도면은 특허나 실용신안에서의 명세서와 같은 역할을 하여 권리서로서의 기능을 한다. 또한, 디자인등록출원은 특허법과 달리 심사청구 제도나 출원공개 제도가 없으나, 신청에 의한 출원공개와 디자인일부심사등록 이의신청제도는 존재한다.

디자인등록을 받으려는 자는 다음 사항을 적은 디자인등록출원서를 특허청장에게 제출하여야 한다: 1. 디자인등록출원인의 성명 및 주소, 2. 대리인의 성명 및 주소나 영업소의 소재지, 3. 디자인의 대상이 되는 물품 및 물품류, 4. 단독의 디자인등록출원 또는 관련디자인의 디자인등록출원 여부, 5. 기본디자인의 디자인 등록번호 또는 디자인등록출원번호(관련디자인으로 디자인등록을 받으려는 경우), 6. 디자인을 창작한 사람의 성명 및 주소, 7. 복수디자인등록출원 여부, 8. 디자인의 수및 각 디자인의 일련번호(복수디자인등록출원을 하는 경우), 9. 우선권 주장 사항. 또한, 디자인등록출원서에는 다음의 사항을 적은 도면을 첨부하여야 한다: 1. 디자인의 대상이 되는 물품 및 물품류, 2. 디자인의 설명 및 창작내용의 요점, 3. 디자인의 일련번호(복수디자인등록출원을 하는 경우).

디자인등록출원에는 디자인심사등록출원과 디자인일부심사등록출원이 존재한다. 디자인일부심사등록출원은 유행성이 강하고 라이프 사이클이 짧은 물품을 대상으로 하여, 등록요건 중 신규성, 창작성, 확대된 선출원주의, 선출원주의 등을 심사하지 않고, 방식심사와 성립요건, 공업상 이용가능성, 부등록 사유 해당 여부만을 심사하여 등록을 인정한다. 디자인일부심사등록출원을 할 수 있는 디자인은 물품류 구분 중 산업통상자원부령으로 정하는 물품으로 한정한다. 이 경우 해당물품에 대하여는 디자인일부심사등록출원으로만 출원할 수 있다.

## 3 디자인의 유사여부 판단

### (1) 유사여부 판단 기준

디자인보호법은 디자인등록요건 판단의 경우 그 적용의 범위를 유사범위까지로 넓히며, 후의 디자인권에 대해서도 유사한 범위까지 그 권리범위를 확장한다. 따라서 디자인보호법에서는 유사의 범위가 중요하다. 디자인의 동일·유사여부는 물품과 형태에 의하여 판단된다. 먼저, 물품의 동일·유사여부는 물품의 용도(물품이 실현하려는 사용목적)와 기능(용도를 실현할 수 있는 구조·작용) 등에 비추어 거래통념상 동일·유사한 물품으로 인정할 수 있는지 여부에 따라 결정하여야 한다. 동일물품은 용도와 기능이 동일한 것을 말하며, 유사물품은 용도가 동일하고 기능이 다른 것을 말한다. 예로써, 볼펜과 만년필, 탁상시계와 손목시계, 스탠드등과 조명등은 유사물품이며, 비유사물품인 경우에도 용도상으로 혼용될 수 있는 것은 유사한 물품으로 볼 수 있다. 핸드폰 케이스와 지갑이나 수저통과 연필통은 비유사물품이지만, 용도상으로 혼용될 수 있어 유사물품으로 취급된다. 완성품과 부품은 기본적으로 비유사물품이나 부품의 외관이 완성품에 가까우면 유사물품으로 볼 수 있고, 형틀과 그 형틀로부터 만들어지는 물품은 유사하지 아니한 것으로 본다. 형태의 유사여부는 형상, 모양, 색채의 동일·유사여부에 따라 결정된다. 디자인의 유사 여부 판단을 정리하면 다음의 표와 같다.

| | 동일물품 | 유사물품 | 비유사물품 |
|---|---|---|---|
| 동일 형태 | 동일디자인 | | |
| 유사 형태 | | 유사디자인 | |
| 비유사 형태 | | | 비유사디자인 |

### (2) 유사여부 판단 방법

디자인의 유사여부 판단은 일반수요자를 기준으로 하여 다른 물품과 혼동할 우려가 있는 경우에는 유사디자인으로 보며, 혼동할 우려가 있을 정도로 유사하지 않은 경우에도 그 디자인분야의 형태적 흐름을 기초로 두 디자인을 관찰하여 창작의 공통성이 인정되는 경우에는 유사디자인으로 본다. 유사여부는 전체적으로 관찰하여 종합적으로 판단한다. 디자인의 유사범위의 폭을 설정하는 방법은 참신한 디자인일수록 유사의 폭을 넓게 보고, 같은 종류의 것이 많이 나올수록 유사의 폭을 좁게 본다. 형상이나 모양 중 어느 하나가 유사하지 아니하면 원칙적으로 유사하지 아니한 디자인으로 보나, 형상이나 모양이 디자인의 미감에 미치는 영향의 정도 등을 종합적으로 고려하여 디자인 전체로서 판단한다. 색채는 모양을 구성하지 아니하는 한 유사여부 판단의 요소로 고려하지 않는다. 물품의 잘 보이는 면에 유사여부 판단의 비중을 둔다. 물품 중 당연히 있어야 할 부분은 그 중요도를 낮게 평가하고 다양한 변화가 가능한 부분을 주로 평가한다. 형태가 변화하는 디자인 간 유사여부 판단의 경우에는, 형태 변화의 전후 또는 일련의 변화과정을 기준으로 서로 같은 상태에서 대비하여 전체적으로 판단한다.

---

**판례**

■ **대법원 2010. 9. 30. 선고 2010다23739 판결** - 디자인의 유사여부는 이를 구성하는 각 요소를 분리하여 개별적으로 대비할 것이 아니라 그 **외관을 전체적으로 대비 관찰하여 보는 사람으로 하여금 상이한 심미감을 느끼게 하는지의 여부에 따라 판단하여야 하므로, 그 지배적인 특징이 유사하다면 세부적인 점에 다소 차이가 있을 지라도 유사하다고 보아야 한다.**

■ **대법원 2010. 7. 22. 선고 2010후913 판결** - 디자인의 동일 또는 유사여부를 판단함에 있어서는 디자인을 구성하는 각 요소를 부분적으로 분리하여 대비할 것이 아니라 **전체와 전체를 대비 관찰하여 보는 사람이 느끼는 심미감 여하에 따라 판단하여야 하고 이 경우 디자인을 보는 사람의 주의를 가장 끌기 쉬운 부분을 요부로서 파악하고 이것을 관찰하여 일반수요자의 심미감에 차이가 생기게 하는지의 관점**에서 그 유사여부를 결정하여야 한다.

■ **대법원 2009. 1. 30. 선고 2007후4830 판결** - 디자인등록의 요건으로서 디자인의 동일 또는 유사여부를 판단할 때 디자인의 구성요소 중 물품의 **기능을 확보하는 데 필요한 형상 또는 공지의 형상 부분이 있다고 하여도 그것이 특별한 심미감을 불러 일으키는 요소가 되지 못하는 것이 아닌 한 그것까지 포함하여 전체로서 관찰하여 느껴지는 장식적 심미감에 따라 판단해야 할 것이고, 보는 방향에 따라 느껴지는 미감이 같기도 하고 다르기도 할 경우에는 그 미감이 같게 느껴지는 방향으로 두고 이를 대비하여 유사여부를 판단하여야 할 것이다.**

■ **대법원 2005. 10. 14. 선고 2003후1666 판결** - 디자인의 공통되는 부분이 그 물품으로서 **당연히 있어야 할 부분 내지 디자인의 기본적 또는 기능적 형태인 경우에는 그 중요도를 낮게 평가**하여야 하므로, 이러한 부분들이 동일·유사하다는 사정만으로는 곧바로 양 디자인이 서로 동일·유사하다고 할 수 없다.

■ 대법원 2001. 6. 29. 선고 2000후3388 판결 - 물품구분표는 디자인등록 사무의 편의를 위한 것으로서 동종의 물품을 법정한 것은 아니므로, 물품구분표상 같은 류별에 속하는 물품이라도 동일 종류로 볼 수 없는 물품이 있을 수 있고 서로 다른 류별에 속하는 물품이라도 동일 종류로 인정되는 경우가 있다.

■ 대법원 1999. 10. 8. 선고 97후3586 판결 - 디자인의 유사여부는 이를 구성하는 각 요소를 분리하여 개별적으로 대비할 것이 아니라 그 외관을 전체적으로 대비 관찰하여 보는 사람으로 하여금 상이한 심미감을 느끼게 하는지의 여부에 따라 판단하여야 하므로, 그 지배적인 특징이 유사하다면 세부적인 점에 다소 차이가 있을지라도 유사하다고 보아야 하고, 한편 대비되는 디자인의 대상 물품이 그 기능 내지 속성상 사용에 의하여 당연히 형태의 변화가 일어나는 경우에는, 그와 같은 형태의 변화도 참작하여 그 유사여부를 전체적으로 판단하여야 한다.

■ 대법원 1997. 10. 14. 선고 96후2418 판결 - 옛날부터 흔히 사용되어 왔고 여러 디자인이 다양하게 고안되었던 것이나, 구조적으로 그 디자인을 크게 변화시킬 수 없는 것 등은 디자인의 유사범위를 비교적 좁게 보아야 한다.

■ 대법원 1996. 1. 26. 선고 95후750 판결 - 디자인의 유사여부는 그 디자인이 표현된 물품의 사용 시뿐만 아니라 거래시의 외관에 의한 심미감도 함께 고려하여야 한다.

# Ⅳ

# 디자인 특유제도

## 1 관련디자인 - 제35조

디자인권자 또는 디자인등록출원인은 자기의 등록디자인 또는 디자인등록출원한 디자인(기본디자인)과만 유사한 디자인(관련디자인)에 대하여 기본디자인의 디자인등록출원일부터 3년 이내에 디자인등록출원한 경우 신규성과 선출원주의의 적용을 받지 않고 관련디자인으로 디자인등록될 수 있다. 이는 디자인의 권리범위가 협소하여 침해와 모방에 취약하기 때문에, 이를 방지하기 위해 자신의 기본의장과 유사한 의장을 미리 등록받을 수 있게끔 하는 제도이다. 하지만 디자인의 보호범위를 무한정 확정하는 것을 막기 위해, 디자인등록을 받은 관련디자인 또는 디자인등록출원된 관련디자인과만 유사한 디자인은 디자인등록을 받을 수 없게 하고 있다. 또한, 기본디자인의 디자인권에 전용실시권이 설정되어 있는 경우에는 그 기본디자인에 관한 관련디자인은 디자인등록을 받을 수 없도록 하고 있다.

관련디자인권은 기본디자인과 독립적이기 때문에, 기본디자인권이 소멸되더라도 관련디자인권은 소멸하지 않으며, 독자적인 권리범위를 갖기 때문에 그에 유사한 디자인까지 그 효력이 미친다. 하지만 기본디자인에 유사하기 때문에, 기본디자인의 디자인권과 관련디자인의 디자인권은 같은 자에게 함께 이전해야 하며, 기본디자인의 디자인권이 소멸한 경우 그 기본디자인에 관한 2 이상의 관련디자인의 디자인권을 이전하려면 같은 자에게 함께 이전해야 하고, 관련디자인으로 등록된 디자인권의 존속기간 만료일은 그 기본디자인의 디자인권 존속기간 만료일로 된다.

## 2 복수디자인등록출원 - 제41조

원칙적으로, 디자인등록출원은 1디자인마다 1디자인등록출원해야 하며, 산업통상자원부령으로 정하는 물품류 구분에 따라야 한다. 그런데 디자인보호법은 이러한 1디자인 1출원의 원칙에도 불구하고, 산업통상자원부령으로 정하는 물품류 구분에서 같은 물품류에 속하는 물품에 대하여는 100개 이내의 디자인을 1디자인등록출원으로 할 수 있다고 규정하고 있다. 이 경우 1 디자인마다 분리하여 표현해야 한다.

## 3 한 벌 물품의 디자인 - 제42조

2 이상의 물품이 한 벌의 물품으로 동시에 사용되는 경우 그 한 벌의 물품디자인이 한 벌 전체로서 통일성이 있을 때에는 1디자인으로 디자인등록을 받을 수 있다. 여기서 동시에 사용된다는 것은 언제나 반드시 동시에 사용되는 것이 아니라 관념적으로 하나의 사용이 다른 것의 사용을 연상케 하는 것을 의미한다. 한 벌 물품 구분은 산업통상자원부령으로 정하고 있다. 숟가락과 젓가락, 컴퓨터 세트, 주방 세트 등이 해당된다. 물품전체가 디자인등록요건을 갖추고 있으면 되고 구성 물품 각각이 모든 디자인등록요건을 갖추고 있을 필요는 없다. 하나의 디자인이 설정되며 심판, 이전, 소멸 등에서 분리할 수 없고 한 벌로서만 가능하다.

## 4 비밀디자인 - 제43조

디자인등록출원인은 디자인권의 설정등록일부터 3년 이내의 기간을 정하여 그 디자인을 비밀로 할 것을 청구할 수 있다. 복수디자인등록출원된 디자인의 경우에는 출원된 디자인의 전부 또는 일부에 대하여 청구할 수 있다. 이는 디자인의 모방이 용이하고 라이프 사이클이 짧은 것을 고려하여 디자인권자를 보호하기 위함이다. 위 기간은 청구에 의하여 단축하거나 연장할 수 있지만, 설정등록일부터 3년을 초과할 수는 없다. 출원공개신청을 한 경우에는 비밀청구는 철회된 것으로 보며, 일정한 경우에는 열람이 가능하다. 다만, 공개되지 않은 디자인이기 때문에 제3자의 침해가 있는 경우 과실추정이 인정되지 않는다.

# V

# 디자인권

    디자인권은 특허와 같이 설정등록에 의하여 발생하며, 그 권리는 설정등록한 날부터 발생하여 디자인등록출원일 후 20년이 되는 날까지 존속한다. 디자인권자는 업으로서 등록디자인 또는 이와 유사한 디자인을 실시할 권리를 독점한다. 등록디자인의 보호범위는 디자인등록출원서의 기재사항 및 그 출원서에 첨부된 도면·사진 또는 견본과 도면에 적힌 디자인의 설명에 따라 표현된 디자인에 의하여 정하여진다. 디자인권도 특허와 동일한 경우(연구 또는 시험, 국내 통과하는 데 불과한 물건, 출원 시부터 국내에 있던 물건) 효력이 제한되며, 특히 글자체디자인권의 경우 ① 타자·조판 또는 인쇄 등의 통상적인 과정에서 글자체를 사용하는 경우와 ② 앞에 따른 글자체의 사용으로 생산된 결과물인 경우에는 그 효력이 미치지 않는다. 디자인권이 침해된 경우, 특허법과 동일하게 민사적·형사적 구제가 가능하다.

INTELLECTUAL PROPERTY LAW

제**6**장

# 상표법

<br>

# I

# 상표제도의 목적과 기능

## 1 상표법의 목적과 특성

    상표법은 상표를 보호함으로써 상표 사용자의 업무상 신용 유지를 도모하여 산업발전에 이바지하고 수요자의 이익을 보호함을 목적으로 한다. 상표는 신용이 화체된 상표를 보호함으로써 상표 사용자의 신용을 유지할 수 있도록 하고, 이를 통하여 품질을 보증하게 하여 수요자의 오인·혼동을 막음으로써 수요자의 이익을 보호한다. 다른 지식재산법들과 달리 상표법이 공익성을 갖는 것은 이러한 수요자의 이익 보호라는 목적이 존재하기 때문이다. 또한, 상표는 다른 지식재산법과 달리 창작에 대한 보호가 아니라 선택의 보호이다. 즉, 상표는 표장의 창작에 대하여 보호를 부여하는 것이 아니고, 기존에 존재하는 표장을 선택한 것에 대한 보호를 부여한다.

### 🔖 선택의 보호

> 상표는 창작에 대한 보호가 아니라 선택의 보호이다. MBC 드라마 '대장금'에 대하여 ○○식품은 상표로 출원해 권리를 획득하였다. 법은 권리 위에 잠자는 자를 보호하지 않으며, **상표는 특허나 디자인과는 달리 신규성을 요하지 않는다.** 이외에도 '꼬꼬면', '티켓몬스터' 등도 타인이 먼저 상표권을 획득한 경우이며, 특히 TV 프로그램이 방송되면 그 직후 상표가 출원되는 경우가 많이 있다.

## 2 상표의 기능

상표는 자타상품식별기능, 출처표시기능, 품질보증기능 그리고 광고선전기능을 갖는다. 자타상품식별기능은 상표가 상표권자의 상품과 타인의 상품을 구별시켜 주는 기능으로서 상표법상의 정의에 나타난 가장 기본적인 기능이다. 출처표시기능은 상품의 출처를 수요자에게 알려주는 기능을 말하며, 현대 사회에서는 품질이 균등화되고, 출처가 제조업자만을 가리키지는 않기 때문에 점차 그 중요성이 약해지고 있다. 품질보증기능이란 특정 상표가 부착된 상품은 동일한 품질을 갖고 있다는 것을 보증하는 기능이다. 품질보증기능은 소비자 보호를 위하여 공익상 필요한 것이기도 하며, 업무상 신용을 유지하거나 촉진하는 작용도 함께한다. 마지막으로, 광고선전기능은 상품의 광고나 선전 효과를 높이는 기능을 말하며, 매스미디어의 발달로 인해 점차 그 역할이 확대되고 있다.

# 상표법의 보호대상

## 1 상표의 정의

### (1) 상표의 성립요건

　　상표란 자기의 상품(서비스 또는 서비스의 제공에 관련된 물건을 포함한다)과 타인의 상품을 식별하기 위하여 사용하는 표장을 말한다. 여기서 상품은 그 자체가 교환가치를 가지고 독립된 상거래의 목적물이 되는 물품을 의미한다. 따라서 열·향기와 같은 무체물, 운반이 불가능한 부동산, 반복거래의 대상이 될 수 없는 골동품·예술품, 법령상 거래가 금지된 마약류·유가증권 등은 상표법상 상품에 해당하지 않는다. 다만, 용기에 담아 독립거래의 대상이 되는 술, 가스, 운반 가능한 조립가옥 등은 상품으로 인정되며, 다운로드가 가능한 컴퓨터프로그램과 같이 온라인상에서 내려받을 수 있는 디지털 상품도 상표법상 상품으로 인정된다. 상품의 개념은 사회경제적 통념에 따라 변화될 수 있다. 또한, 표장은 ① 기호, 문자, 숫자, 도형, 도안, 입체적 형상, 이들의 결합 또는 이들에 색채를 결합한 것, ② 단일의 색채, 색채의 조합, 홀로그램, 연속된 동작 등 시각적으로 인식할 수 있는 것, ③ 소리·냄새 등 시각적으로 인식할 수 없는 것들을 포함한다. 그리고 상표에 대한 권리는 그 사용 주체에 따라 단체표장, 증명표장, 지리적 표시 단체표장, 지리적 표시 증명표장, 업무표장 등이 존재하며, 이들은 상표등록출원서에 권리 구분을 표시하도록 되어 있어, 권리 구분에 따라 제출 서류, 출원의 변경, 등록요건 등을 달리한다.

## 🛡 가상상품 명칭 인정 여부

| 구분 | 상품류 | 출원상품(예시) | 명칭인정여부 |
|:---:|:---:|:---:|:---:|
| 1 | 9 | 다운로드 가능한 가상상품 | 불인정 |
| 2 | 9 | 가상상품이 기록된 컴퓨터프로그램 | 불인정 |
| 3 | 9 | 가상의류 | 인정 |
| 4 | 9 | 가상 제품 즉 온라인 가상 세계에서 사용하는 신발 | 인정 |
| 5 | 9 | 다운로드 가능한 가상의류 | 인정 |
| 6 | 35 | 다운로드 가능한 가상의류 소매업 | 인정 |

## (2) 상표의 유형

상표의 유형은 전형상표와 비전형상표로 나누어진다. 전형상표는 기존부터 인정되어 온 표장의 유형들을 말하며, 기호, 문자, 도형과 이들의 결합 또는 여기에 색채를 결합한 것을 말한다. 비전형상표는 위의 것들 이외의 표장 유형들을 말하며 다음과 같은 유형들이 존재한다.

### 1) 입체상표

입체상표란 3차원적인 입체적 형상 자체 또는 입체적 형상에 기호·문자 등의 다른 구성요소가 결합된 상표를 말한다. 대표적인 예로는 코카콜라 병, KFC의 커널 샌더스 인형 등이 있다. 입체상표는 상품의 총체적 외관을 뜻하는 트레이드 드레스(Trade Dress)와 관련되기도 하며, 이에는 상품 자체의 형상(코카콜라 병, 바나나맛 우유), 서비스 제공 장소의 익스테리어(exterior)와 인테리어(interior), 서비스제공자의 유니폼 형상이나 색채 등이 포함된다.

### 2) 색채만으로 된 상표

색채상표는 색채를 상표의 구성요소로 하는 것으로서 넓은 의미로는 색채가 결합된 모든 상표를 말하나, 좁은 의미로는 다른 표장과 결합하지 않은 단일의 색채 또는 색채의 조합으로 된 상표를 말한다. 색채고갈이론에 의해 색채만의 상표를 인정하지 않으려는 주장이 있었으나, 색채가 식별력을 갖는다면 반대할 이유가 없어 이를 인정하게 되었다. 다만, 대부분 색채만의 상표는 초기에 식별력이 없는 경우가 많아 사용에 의한 식별력을 획득하여 등록된다. 우리나라는 2007년부터 이를 인정하였으며, KGC 인삼공사는 국내 기업 최초로 색채상표권(상단-적색, 하단-흑색, 좌우-금색 테두리)을 등록한 바 있다. 외국에서는 다리미 패드의 금녹색, 3M의 포스트잇에 대한 노란색, 니트릴 진료용 장갑의 보라색 등이 있다.

### 3) 홀로그램상표

홀로그램상표는 두 개의 레이저광이 서로 만나 일으키는 빛의 간섭효과를 이용하여 사진용 필름과 유사한 표면에 3차원적 이미지를 기록한 상표를 말한다. 대표적인 예로는 지폐에서의 홀로그램 부분이 있다. 홀로그램은 적용되는 기술에 따라 시각적으로 다양한 입체적 효과를 갖게 되고, 보는 각도에 따라 다양한 문자나 모양 등을 나타낼 수 있는 특수성이 존재하여 유사여부 판단에 주의를 요한다.

### 4) 동작상표

동작상표란 일정한 시간의 흐름에 따라 변화하는 일련의 그림이나 동적 이미지를 기록한 상표를 말한다. 영화나 TV, 컴퓨터 스크린 등에서 특정 동작에 의하여 자타상품을 식별할 수 있게 하는 표장으로서 많이 사용되고 있으며, 대표적인 예로는 콜롬비아 영화사에서 배급한 영화의 첫 부분에 나오는 움직이는 로고가 있다.

### 5) 위치상표

위치상표란 기호·문자·도형 각각 또는 그 결합이 일정한 형상이나 모양을 이루고 이러한 일정한 형상이나 모양이 지정상품의 특정 위치에 부착되는 것에 의하여 자타상품을 식별하게 된 표장을 말한다. 위치상표는 그 밖에 시각적으로 인식할 수 있는 상표 중 하나로서, 대법원 전원합의체 판결(2010후2339)에 의해 구체화되었다. 구체적 예로는 구두 뒷굽 바닥의 빨간색 선, 추리닝 옆 부분의 아디다스 삼선, 가위에서 붉은색 나사 등이 있다.

6) 소리상표

소리상표는 상품의 출처를 표시하기 위해 사용하는 소리를 말하며, 마이크로소프트사의 윈도우 시작음, 인텔의 효과음, MGM의 사자울음소리 등이 있다. 소리상표로 출원하기 위해서는 해당 표장을 시각적으로 인식하고 특정할 수 있도록 구체적으로 표현한 시각적 표현을 출원서에 적어야 한다. 소리의 시각적 표현이 없는 출원서는 반려된다.

### 🛡 소리상표의 시각적 표현

> 이 소리상표는 첨부된 파일과 같이 **수사자 울음소리**로 구성되는데, 수사자가 **크게 울부짖는 큰 울음소리가 2초간 들린 후 다시 작은 울음소리가 2초간 들리는 소리로 구성**된다. 여기에서 수사자의 울음소리는 "ROAR"을 발음하는 것과 같은 소리로 "RO" 부분이 길고 "AR" 부분이 짧게 발음되는 형식으로 이루어진다.

7) 냄새상표

냄새상표는 상품의 출처를 표시하기 위해 사용되는 냄새를 말하며, 레이저 프린터 토너의 레몬 향, 차량용 윤활유의 아몬드 향이 대표적이다. 냄새상표도 출원서에 시각적 표현을 적어야만 하며, 시각적 표현이 없는 출원서는 반려된다.

### 🛡 냄새상표의 시각적 표현

> 이 냄새상표는 첨부된 샘플과 같이 **갓 깎은 풀냄새로 구성**되는데, 여기서 말하는 풀은 골프장에서 주로 사용되는 크리핀 벤트크래스 잔디를 말하며, 갓 깎은 풀냄새란 잔디를 잔디깎기 기계 또는 낫으로 깎자마자 발산되는 냄새로 **깎은 지 1시간이 지나지 않은 냄새**를 말한다.

## (3) 기타 표장

### 1) 단체표장

단체표장은 상품을 생산·제조·가공·판매하거나 서비스를 제공하는 자가 공동으로 설립한 법인이 직접 사용하거나 그 소속 단체원에게 사용하게 하기 위한 표장을 말한다. 각종 조합, 협회, 단체에 속하는 단체구성원의 영업에 관한 상품 또는 서비스에 사용되며, 사단법인 대한한의사협회, 대한가구산업협동조합연합회, 한국기계공업협동조합연합회 등이 그 예가 된다. 단체표장은 상표등록을 받은 자와 사용하는 자가 불일치할 수 있어 일반적인 상표와 다르며, 다수의 단체원이 공동으로 사용하기 때문에, 출처표시기능과 품질보증기능이 일반 상표에 비해 강하다. 따라서 상표법은 출처혼동이나 품질의 오인을 방지하기 위해, 단체표장을 사용할 자의 범위와 조건을 요구하고, 위반 시 상표를 취소시키는 등의 조치를 취하도록 하고 있다.

### 2) 업무표장

업무표장은 영리를 목적으로 하지 않는 업무를 영위하는 자가 그 비영리업무에 대하여 사용하는 표장을 말한다. 그 예로는 YMCA, IOC, 보이스카웃 등이 있다. 업무표장은 그 표장과 동일·유사한 표장을 상품에 사용함으로써 수요자가 출처의 오인·혼동을 일으키는 것을 방지하고, 업무자 자신의 신용을 구축·유지토록 하기 위해 인정되기 때문에 일반적으로 상표에 관한 규정이 준용된다.

### 3) 증명표장

증명표장은 상품의 품질, 원산지, 생산방법 또는 그 밖의 특성을 증명하고 관리하는 것을 업으로 하는 자가 타인의 상품에 대하여 그 상품이 품질, 원산지, 생산방법 또는 그 밖의 특성을 충족한다는 것을 증명하는 데 사용하는 표장을 말한다. 증명표장 제도는 2012년 한·미 FTA의 이행을 위해 도입되었으며, 상표의 품질을 보호하기 위한 것으로서 소비자와 거래자의 상품 선택을 돕는 기능을 한다.

### 4) 지리적 표시 단체표장과 지리적 표시 증명표장

지리적 표시는 상품의 특정 품질·명성 또는 그 밖의 특성이 본질적으로 특정 지역에서 비롯된 경우에 그 지역에서 생산·제조 또는 가공된 상품임을 나타내는 표시를 말한다. 예로써, 영광굴비, 영덕대게, 보성녹차 등이 있다. 상표법은 지리적 표시를 단체표장과 증명표장으로 보호하고 있다. 지리적 표시 단체표장은 지리적 표시를 사용할 수 있는 상품을 생산·제조 또는 가공하는 자가 공동으로 설립한 법인이 직접 사용하거나 그 소속 단체원에게 사용하게 하기 위한 표장을 말하며, 지리적 표시 증명표장은 지리적 표시를 증명하는 것을 업으로 하는 자가 타인의 상품에 대하여 그 상품이 정해진 지리적 특성을 충족한다는 것을 증명하는 데 사용하는 표장을 말한다.

## ② 상표의 사용

 상표법

제2조(정의) ① 이 법에서 사용하는 용어의 뜻은 다음과 같다.
11. "상표의 사용"이란 다음 각 목의 어느 하나에 해당하는 행위를 말한다.
　가. 상품 또는 상품의 포장에 상표를 표시하는 행위
　나. 상품 또는 상품의 포장에 상표를 표시한 것을 양도·인도하거나 전기통신회선을 통하여 제공하는 행위 또는 이를 목적으로 전시하거나 수출·수입하는 행위
　다. 상품에 관한 광고·정가표(定價表)·거래서류, 그 밖의 수단에 상표를 표시하고 전시하거나 널리 알리는 행위
② 제1항제11호 각 목에 따른 상표를 표시하는 행위에는 다음 각 호의 어느 하나의 방법으로 표시하는 행위가 포함된다.
1. 표장의 형상이나 소리 또는 냄새로 상표를 표시하는 행위
2. 전기통신회선을 통하여 제공되는 정보에 전자적 방법으로 표시하는 행위

상표의 사용은 상표를 상품과 관련하여 그 기능을 발휘할 수 있도록 하는 것을 말하는데, 이러한 상표의 사용 행위를 어느 범위까지 인정하여야 하는지는 상표권의 보호범위, 상표권의 침해, 불사용취소심판 등에 있어서 매우 중요한 사항

이므로 거래의 실정을 고려하여 그 범위를 명확히 해둘 필요가 있다. 2022년 상 표법은 디지털 상품(게임 프로그램, 애플리케이션, e북 등)의 온라인 유통행위를 상표 사 용 행위에 포함하는 개정을 하였다. 따라서 상표를 표시한 것을 전기통신회선을 통하여 제공하는 행위가 사용 행위에 해당하게 되었다.

---

**판례**

■ **대법원 2022. 3. 17. 선고 2021도2180 판결** - 피고인 갑은 상표권자의 허락 없이 상표를 임의로 표시한 수건을 주문·제작하여 그중 일부를 거래처에 판매하고 일 부를 다른 거래처에 사은품 내지 판촉용으로 제공하였으며, 피고인 을은 위 수건 이 상표권자의 허락 없이 임의로 제작된 것임을 알면서도 그중 일부를 거래처에 제공하여 상표법 위반으로 기소된 사안에서, **수건의 외관·품질 및 거래 현황 등에 비추어 위 수건은 '상품'에 해당하고, 그중 일부가 사은품 또는 판촉물로서 무상으로 제공되었더라도 위 수건에 상표를 표시하거나 상표가 표시된 수건을 양도하는 행위 는 상표법상 '상표의 사용'에 해당한다.**

■ **대법원 1999. 6. 25. 선고 98후58 판결** - 상품의 선전광고나 판매촉진 또는 고객에 대한 서비스 제공 등의 목적으로 그 상품과 함께 또는 이와 별도로 고객에게 무상 으로 배부되어 거래시장에서 유통될 가능성이 없는 이른바 **'광고매체가 되는 물품'** 은 비록 그 물품에 상표가 표시되어 있다고 하더라도, 물품에 표시된 상표 이외의 다른 문자나 도형 등에 의하여 광고하고자 하는 상품의 출처표시로 사용된 것으로 인식할 수 있는 등의 특별한 사정이 없는 한, **그 자체가 교환가치를 가지고 독립된 상거래의 목적물이 되는 물품이라고 볼 수 없고, 따라서 이러한 물품에 상표를 표시 한 것은 상표의 사용이라고 할 수 없다.**

# 상표의 등록요건

## 1 주체적 요건

상표등록을 받을 수 있는 자는 국내에서 상표를 사용하는 자 또는 사용하려는 자이다. 따라서 상표를 선점하거나 타인의 등록을 배제하기 위하여 출원된 상표는 거절되며, 이러한 상표들은 등록이 된다 하더라도 후에 무효가 될 수 있다. 또한, 특허청 직원 등은 재직 중 상표등록을 받을 수 없다. 상표법은 사용 의사 없이 상표선점 등을 목적으로 상표를 출원하는 것을 방지하기 위해 사용 의사 확인제도를 2012년부터 도입한 바 있다. 사용할 의사가 있는지 합리적인 의심이 드는 경우에는 개인이 대규모 자본 및 시설 등이 필요한 상품을 지정한 경우, 견련관계가 없는 비유사상품의 종류를 다수 지정한 경우, 개인이 법령상 일정 자격 등이 필요한 상품과 관련하여 견련관계가 없는 상품을 2개 이상 지정한 경우, 기타 출원인이 상표를 사용할 의사 없이 상표 선점이나 타인의 상표등록을 배제할 목적으로 출원하는 것이라고 의심이 드는 경우들이 있다. 2018년에는 가맹사업 운영 안정화 도모를 위해 상표 사용 의사 확인제도를 활용하여 프랜차이즈 상표권을 가맹본부 법인이 보유할 수 있도록 하였다. 출원인의 상표 사용 사실 또는 사용 의사는 사용 사실의 증명(인쇄광고물, 주문전표, 거래서류, 상표 사용 계약서 등)이나 사용 의사의 증명(현재 사업과 지정상품과의 관련성, 상표 사용 계획서 등) 관련 자료들을 참고하여 판단한다.

📝 **상표 사용 계획서**

상표등록출원 제2015-000000호의 출원인은 아래와 같이 지정상품(서비스업) 'ㅇㅇ
ㅇ, ㅇㅇㅇ, ㅇㅇㅇ' 등에 출원한 상표를 사용할 계획이 있음을 확인합니다.

■ **현재 출원인이 영위하고 있는 사업**
   (실제 상품·서비스를 생산·판매하거나 제공하는 있는 사실을 구체적으로 나열하
   고 입증서류를 첨부한다)

■ **현재 사업과 지정상품과의 관련성(견련관계가 있는 경우)**
   (현재 영위하고 있는 사업과 앞으로 사업을 확장할 지정상품·서비스업과의 관련성
   을 설명한다)
   (비유사상품·서비스업군이 많을 경우 유사군별로 설명)

■ **미사용 지정상품·서비스업에 사용할 계획**
   (앞으로 출원한 상표를 지정상품·서비스업에 사용할 계획을 사용할 시기, 설비나
   점포임대 계획, 판매장소, 사용준비 상황 등을 구체적으로 기술한다)
   (비유사상품·서비스업군이 많을 경우 유사군별로 설명)

                                            년    월    일

(출원인) 서울특별시 양천구 ㅇㅇㅇ로 ㅇㅇㅇ번지

                        ㅇㅇㅇ아파트 ㅇㅇㅇ동 ㅇㅇㅇ호
                        성 명(법인명칭) 홍 길 동 (서명)


(첨 부) 사업자등록증, 사업준비계획서, 점포임대계약서 등 입증자료

## 2 객체적 요건

상표로서 등록되기 위해서는 적극적 요건으로서 자타상품 식별력을 갖추어야
하고, 소극적 요건으로서 상표등록을 받을 수 없는 상표에 해당하지 않아야 한다.

## (1) 적극적 요건

상표는 식별력 정도에 따라 보통명칭 표장(generic mark), 기술적 표장(descriptive mark), 암시적 표장(suggestive mark), 임의선택 표장(arbitrary mark), 조어(창작) 표장 (coined or fanciful mark)으로 구분할 수 있다.

| 구분 | 보통명칭 표장 | 기술적 표장 | 암시적 표장 | 임의선택 표장 | 조어(창작) 표장 |
|---|---|---|---|---|---|
| 의미 | 상품명칭 그 자체 | 상품의 특성을 직접적으로 설명 | 상품의 특성을 간접적으로 암시 | 지정상품과 관계없는 용어 | 없던 용어를 만듦 |
| 예시(지정 상품-캔디) | CANDY | SWEET | SWEETARTS | PRINCE | HONIVAL |
| 식별력 | 항상 없음 | (원칙) 없음 (예외) 사용에 의한 식별력 | 원래 있음 | 원래 있음 | 원래 있음 |
| 상표등록 가능성 | 어떠한 경우도 불가 | 식별력 획득 시 가능 | 등록 가능 | 등록 가능 | 등록 가능 |

상표의 식별력과 관련하여 주로 문제 되는 것은 기술적 표장(descriptive mark)과 암시적 표장(suggestive mark)의 경계에 있는 상표이다. 기술적 표장과 암시적 표장의 경계에 있는 상표를 등록해 주는 경우, 다른 경쟁자가 상품을 소비자에게 설명하고 마케팅하는 데 필요한 말을 못 쓰게 되어 상표권자와 경쟁함에 있어 부당하게 손해를 보는지를 중점적으로 살펴보게 된다.

### 🛡️ 상표법

제33조(상표등록의 요건) ① 다음 각 호의 어느 하나에 해당하는 상표를 제외하고는 상표등록을 받을 수 있다.

1. 그 상품의 보통명칭을 보통으로 사용하는 방법으로 표시한 표장만으로 된 상표
2. 그 상품에 대하여 관용(慣用)하는 상표
3. 그 상품의 산지(産地)·품질·원재료·효능·용도·수량·형상·가격·생산방법·가공방법·사용방법 또는 시기를 보통으로 사용하는 방법으로 표시한 표장만으로 된 상표

4. 현저한 지리적 명칭이나 그 약어(略語) 또는 지도만으로 된 상표

5. 흔히 있는 성(姓) 또는 명칭을 보통으로 사용하는 방법으로 표시한 표장만으로 된 상표

6. 간단하고 흔히 있는 표장만으로 된 상표

7. 제1호부터 제6호까지에 해당하는 상표 외에 수요자가 누구의 업무에 관련된 상품을 표시하는 것인가를 식별할 수 없는 상표

② 제1항제3호부터 제7호까지에 해당하는 상표라도 상표등록출원 전부터 그 상표를 사용한 결과 수요자 간에 특정인의 상품에 관한 출처를 표시하는 것으로 식별할 수 있게 된 경우에는 그 상표를 사용한 상품에 한정하여 상표등록을 받을 수 있다.

③ 제1항제3호(산지로 한정한다) 또는 제4호에 해당하는 표장이라도 그 표장이 특정 상품에 대한 지리적 표시인 경우에는 그 지리적 표시를 사용한 상품을 지정상품(제38조제1항에 따라 지정한 상품 및 제86조제1항에 따라 추가로 지정한 상품을 말한다. 이하 같다)으로 하여 지리적 표시 단체표장등록을 받을 수 있다.

상표등록을 받기 위해서는 자타상품을 구별할 수 있게 하는 식별력이 해당 상표에 존재해야 한다. 식별력이라는 것은 추상적이고 그 범위를 한정할 수 없기 때문에, 상표법은 식별력이 존재하기 위한 요건이 아니라 식별력이 없는 경우들을 제한적으로 열거하고 있다. 따라서 상표법 제33조에 해당하지 않는 상표만이 상표등록을 받을 수 있다. 또한, 상표의 식별력은 상품에 따라 식별력이 달라질 수 있기 때문에, 상품과 관련되어 판단되어야만 한다. 식별력을 갖추고 있는지 여부의 판단 시점은 상표등록여부결정 시이다.

## 1) 보통명칭 - 제33조 제1항 제1호

그 상품의 보통명칭을 보통으로 사용하는 방법으로 표시한 표장만으로 된 상표는 상표등록을 받을 수 없다. 상품의 보통명칭은 식별력이 없고, 상품의 일반적인 명칭이어서 누구나 자유롭게 사용할 수 있도록 특정인에게 독점시킬 수 없기 때문이다. 여기서의 보통명칭은 그 상품의 명칭, 약칭, 속칭, 기타 당해 상품을 취급하는 거래사회에서 그 상품을 지칭하는 것으로 실제로 사용되고 인식되어 있는 명칭을 말한다. 따라서 일반수요자가 보통명칭으로 인식할 우려가 있다는 것만으로는 부족하다. 또한, '보통으로 사용하는 방법으로 표시'한 것의 의미는 직감할

수 있도록 표시된 경우를 의미하므로, 독특한 서체, 도안 및 구성으로 표시되어 문자의 의미를 직감할 수 없을 정도로 도안화된 경우는 이에 해당하지 않는다. 더욱이, 표장만에서 '만'의 의미는 해당 표장에 다른 문자나 도형 등이 결합되지 않은 경우를 말한다. 예로는 포장용 필름에 랩, 커피음료에 Caffé Latté, 위장약에 정로환, 화장품에 Foundation, 건과자에 콘치프, 복사기에 COPYER, 요식업에 카페, 그릴, 통신업에 컴퓨터통신 등이 있다.

등록받은 상표가 유명해지면서 그 상표가 사용된 상품을 일컫는 보통명사처럼 쓰여, 상표의 식별력을 상실하는 것을 상표의 보통명칭화라고 한다. 대표적인 예로는 오리온의 초코파이가 있으며, 그 외에도 아스피린, 샤프, 에스컬레이터, 지퍼, 불닭, 호치키스, 스카치테이프, JEEP 등이 있다. 최근에는 구글과 관련한 '구글링'이 검색한다는 의미로 사용되었고, 보통명칭화되었다는 이유로 무효심판이 청구되기도 하였으나, 미국연방항소법원은 검색엔진 구글은 보통명칭으로 보기 어렵다는 판결을 한 바 있다. 이처럼 해당 상표가 보통명칭화되면 식별력을 상실하기 때문에, 무효심판의 대상이 되거나 상표권의 효력이 제한될 수 있다. 따라서 이를 방지하기 위해, 상표 사용 시 등록상표라는 표기(®)를 부기해서 사용하고, 상표를 상품명과 병기하여 사용해야 하며, 제3자의 무단 사용에 대하여 철저한 권리행사를 하는 등의 상표관리가 필요하다.

### 2) 관용표장 – 제33조 제1항 제2호

그 상품에 대하여 관용하는 상표는 상표등록을 받을 수 없다. 관용표장은 식별력이 없고, 해당 상품의 제조·판매업자 등이 자유롭게 사용할 수 있어야 하기 때문에 등록받을 수 없도록 한 것이다. 보통명칭은 인식대상을 일반수요자로 하는데 반해, 관용표장은 표장의 인식대상을 동업자들까지만 미치는 것으로 한다. 보통명칭은 문자만을 의미하는 명칭만 포함하나, 관용표장은 기호, 도형, 입체적 형상 등이 포함되며, 보통명칭이 도안화된 경우는 그에 해당하지 않으나 관용표장은 실제 거래사회에서 사용하고 있는 것이라면 모든 형태가 포함된다. 구중청량제의 인단, 직물의 TEX, LON, RAN, 콜드크림의 VASELINE, 숙박업의 관광호텔, 파크, 꼬냑의 나폴레옹, 요식업의 가든, 원, 장, 각, 청주의 정종, 통신업의 cyber, web, tel, 금융업의 Homebanking, Cashcard 등이 관용표장에 해당한다.

### 3) 성질표시 상표(기술적 상표) - 제33조 제1항 제3호

그 상품의 산지·품질·원재료·효능·용도·수량·형상·가격·생산방법·가공방법·사용방법 또는 시기를 보통으로 사용하는 방법으로 표시한 표장만으로 된 상표는 상표등록을 받을 수 없다. 성질표시 또는 기술적 표장은 상품의 품질, 효능, 용도 등과 같은 성질을 직접적으로 기술하는 것에 불과한 표장을 말한다. 이러한 성질표시 표장은 통상 상품의 유통과정에서 필요한 표시이므로 누구나 자유롭게 사용할 필요가 있고 그 사용을 원하기 때문에 특정인에게 배타적인 권리를 부여해서는 안 된다는 공익상의 요청과 성질표시의 경우 상품의 출처표시로 인식되지 않고 제품의 설명으로 인식되어 타인의 동종상품과의 관계에서 식별이 어렵다는 점 때문에 상표등록을 받을 수 없도록 한 것이다. 상품의 성질을 직접적으로 기술한 경우에만 본 규정이 적용될 뿐, 간접적·암시적으로 표시하는 것에 지나지 않는 경우에는 본 규정이 적용되지 않는다. 성질표시 상표의 예는 다음과 같은 것들이 있다.

| 성질표시 상표 | 상품과 상표 |
|---|---|
| 산지표시 | 인삼의 금산인삼, 굴비의 영광굴비, 식당업의 마산아구찜 |
| 품질표시 | 청정, 무공해, Organic, 순정, 투플러스, KS, Mild(커피) |
| 원재료표시 | 샴푸의 KERATIN, 색종이의 종이나라, 식당업의 오뎅사께 |
| 효능표시 | 광천수의 생명물, 구두의 키높이, 그림물감의 Glass Deco |
| 용도표시 | 가정용 물분배기의 WATERLINE, 자동차 장식업의 AutoLife |
| 수량표시 | 2짝, 100그램, 10봉지, 3꾸러미, 325리터 |
| 형상표시 | 신발의 265mm, 페이스파우더의 True Beige |
| 가격표시 | 100원, 10 Dollars, 5$, 백 원, 1,000¥ |
| 생산·가공·사용 방법 | 햄의 훈제, 책상의 조립, 구두의 수제, 수지침술 강좌업의 수족침 |
| 시기표시 | 신문의 조간, 약품의 식전, 의류의 춘·하·추·동 |

- **대법원 2007. 6. 1. 선고 2007후555 판결** - COLOR CON(콘크리트, 아스팔트)은 '유채색 콘크리트' 의미를 직감하여 성질표시, '무채색 콘크리트'에 사용되거나 '아스팔트'에 사용할 경우 **상품 자체를 오인케 할 우려**가 있다.

- **대법원 2006. 11. 23. 선고 2005후1356 판결** - GLUTEN글루텐(낚시밥)에서 "글루텐"은 곡물류에 들어 있는 불용성단백질로서 점착성이 강한 떡밥의 원료로 사용되는 것으로 소개되어 **낚시용 떡밥의 재료로 직감**된다.

- **대법원 2000. 12. 8. 선고 2000후2170 판결** - PNEUMOSHIELD(인체용폐렴백신)는 "PNEUMO"가 '폐렴', "SHIELD"가 '보호, 방패'를 의미하므로, **주 거래자인 의사, 약사를 기준으로 "폐렴예방백신"으로 용도·효능을 직감할 수 있다.**

- **대법원 1986. 2. 11. 선고 85후99 판결** - MILLION밀리온(의료용 기구 등)에서 "million"이 '백만, 무수' 등의 의미가 있으나 일반수요자가 **수량이나 가격으로 직감하지 않을** 것이다.

- **특허법원 2018. 5. 31. 선고 2018허1783 판결** - EARTH FRIENDLY PRODUCTS (세탁용 세제)는 '지구(환경) 친화적인 제품' 내지 '친환경 제품'이라는 등의 의미로 해석되므로 지정상품에 사용될 경우 그 의미가 **직접적으로 인식**된다.

- **특허법원 2011. 2. 10. 선고 2010허7266 판결** - ⌑(이불)에서 '검정색 이중 실선을 한번 구부려서 접은 놓은 형상'으로 **이불을 한번 개어 놓은 형상을 암시하거나 강조한 것에 불과**하다.

- **특허법원 2008. 11. 20. 선고 2008허8938 판결** - FOREFRONT(컴퓨터S/W, 컴퓨터정보제공업)는 사전적으로 '맨 앞', '선두' 등의 의미가 있지만, **직감적으로 '최첨단'으로 인식되지 않으며**, 관련 업계에서 일반적으로 사용되지 않는다.

- **특허법원 2006. 4. 21. 선고 2005허9305 판결** - 불가리스(과즙함유 발효유)에서 "불가리스"는 조어로서 **일반수요자가 불가리아의 유산균 종균인 'Bulgaricus'나 국가명칭인 '불가리아'로 직감한다고 볼 수 없다.**

- **특허법원 2003. 12. 19. 선고 2003허3471 판결** - 화정똥돼지(식당업)에서 고양시 "화정동"은 작은 동 이름으로 "화정"이란 상호를 사용하는 식당이 다수 있으나, **똥돼지의 전국적 산지로 인식되거나 똥돼지를 원료로 사용하는 식당들이 상당한 규모로 행해지고 있다고 볼 수 없다.**

- **특허법원 2000. 10. 5. 선고 2000허4701 판결** - 안흥찐빵(찐빵)은 '안흥' 지역에서 생산되는 찐빵을 가리키는 관용어처럼 사용되고 있는 점, 횡성군의 홍보실적 등에 비춰 볼 때, 일반수요자들에게는 **"안흥"이 '안흥 지역에서만 생산되는 찐빵'의 제조, 판매지 이름으로 인식되었다고 봄이 상당하다.**

## 4) 현저한 지리적 명칭 등 - 제33조 제1항 제4호

현저한 지리적 명칭이나 그 약어 또는 지도만으로 된 상표는 상표등록을 받을 수 없다. 현저한 지리적 명칭은 자타상품의 식별력이 없을 뿐만 아니라, 공익상 특정인에게 독점시키는 것이 부당하기 때문에 상표등록을 받을 수 없도록 한 것이다. 특히, 현저한 지리적 명칭은 그 지역주민의 상호로 많이 사용되고 있어, 이러한 지리적 명칭을 등록시켜 준다면 해당 지역에서의 자유사용을 저해할 수 있기에 일정 규모 이상이나 널리 알려진 지리적 명칭에 대해서는 특정인에게 독점시켜서는 안 된다. 현저한 지리적 명칭이나 그 약어는 국가명, 국내의 시나 도의 명칭, 저명한 외국의 수도명, 대도시명, 국내외의 고적지, 관광지 등의 명칭 등과 이들의 약칭이 있으며, 지도는 세계 또는 국내 지도 등이 있다. 백두산, 한라산, 남대문, 동대문 등은 현저한 지리적 명칭에 해당하지만, 대청, 한라, 척추동해비 등은 현저한 지리적 명칭이 아니다.

---

**판례**

- **대법원 2018. 2. 13. 선고 2017후1342 판결** - 사리원 면옥에서 사리원은 조선 시대부터 유서 깊은 곳으로 널리 알려져 있고, 그 후에도 여전히 북한의 대표적인 도시 중 하나로 알려져 있는 사정에 비추어 보면 **현저한 지리적 명칭이라고 볼 여지가 있다.**
- **대법원 2003. 7. 11. 선고 2002후2464 판결** - 일동(약주, 위스키)에서 관광지인 경기도 포천 일동면으로 널리 알려져 있어 **현저한 지리적 명칭에 해당**하고, 일동면 이외 지역에서 생산되는 약주에 사용하는 경우 일동면에서 생산되는 약주로 품질을 오인케 할 표장이다.
- **특허심판원 2014. 2. 28.자 2013원3327 심결** - 연수장례식장에서 "연수"는 다양한 의미로 인식될 수 있고, **인천광역시에 소재하는 "연수구"가 현저하게 알려져 있다고 볼 수 없다.**

---

## 5) 흔히 있는 성 또는 명칭 - 제33조 제1항 제5호

흔히 있는 성 또는 명칭을 보통으로 사용하는 방법으로 표시한 표장만으로 된 상표는 상표등록을 받을 수 없다. 흔히 있는 성 또는 명칭은 현실적으로 다수가 존재하거나 관념상으로 다수가 존재하는 것으로 인식되고 있는 자연인의 성 또는 법인, 단체, 상호임을 표시하는 명칭 등을 말한다. 많은 사람들이 사용하고 있어 자타상품의 식별력이 없을 뿐만 아니라, 특정인에게 독점권을 부여할 경우 이를 자유롭게 사용하는 많은 영업자에게 피해를 줄 우려가 있기 때문에 상표등록을 받을 수 없도록 한 것이다. 윤씨농방, 김노인 마포상회, PRESIDENT 등은 흔히 있는 성 또는 명칭에 해당한다고 보았으며, 성형외과업의 미스주나 신문이나 서적에 사용되는 종교인 성덕도는 흔히 있는 성이나 명칭에 해당하지 않는 것으로 본다.

### 6) 간단하고 흔히 있는 표장 - 제33조 제1항 제6호

간단하고 흔히 있는 표장만으로 된 상표는 상표등록을 받을 수 없다. 상거래에서뿐만 아니라 일상에서 흔히 사용되는 것들로 식별력이 없을 뿐만 아니라, 누구나가 자유롭게 사용할 수 있어야 하기 때문에 상표로 등록받을 수 없도록 한 것이다. 문자상표인 경우에는 1자의 한글로 구성된 표장이거나 2자 이내의 알파벳으로 구성된 표장은 원칙적으로 이에 해당하는 것으로 보지만, 구체적인 관념으로 직감될 수 있거나 특정인의 출처표시로 직감되는 경우에는 이에 해당하지 않는 것으로 본다. 예로써, 가, 나, 취, A, B 등은 간단하고 흔한 표장이지만, 닭, 별, 해, 용이나 LG, CJ, GS, KT 등은 그러하지 않다. 또한, P&G, 갑을, 777, 콘택 600, 3000리표 등은 간단하고 흔한 표장에 해당하지 않는다.

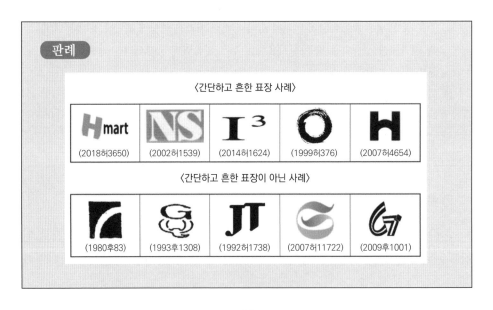

**판례**

〈간단하고 흔한 표장 사례〉

| Hmart | NS | I³ | O | H |
|---|---|---|---|---|
| (2018허3650) | (2002허1539) | (2014허1624) | (1999허376) | (2007허4654) |

〈간단하고 흔한 표장이 아닌 사례〉

| | | JT | | G7 |
|---|---|---|---|---|
| (1980후83) | (1993후1308) | (1992허1738) | (2007허11722) | (2009후1001) |

## 7) 기타 식별력이 없는 표장 - 제33조 제1항 제7호

앞의 제1호부터 제6호까지에 해당하는 상표 외에 수요자가 누구의 업무에 관련된 상품을 표시하는 것인가를 식별할 수 없는 상표도 상표등록을 받을 수 없다. 이에는 일반적인 구호 등으로 식별력이 없는 표장(라벤더유의 우린 소중하잖아요, 박물관경영업의 Believe IT or Not 등), 장소적 의미로 흔히 사용되는 표장(Mart, World, Park, 마당 등), 외관상·사회통념상 식별력 없는 표장(www, @, 메뉴표·설명문이나 서적의 한 면을 그대로 복사한 경우 등), 다수인이 사용하고 있어 식별력 없는 표장(통신 관련 cyber나 net, 정보 제공 관련 news나 data, 금융 관련 상품으로서의 cash, card 등) 등이 있다.

## 8) 식별력 없는 표장 간의 결합상표

제33조 제1항 각호에 해당하는 표장 상호들만으로 결합된 상표는 원칙적으로 전체관찰하여 식별력 유무를 판단하되, 결합에 의해 새로운 관념 또는 새로운 식별력을 형성하는 경우 식별력이 있는 것으로 본다. 전체관찰에 의해서도 식별력이 없다고 인정되는 경우 거절하는데, 이 경우 거절이유가 2개 이상 있으면 해당 각호를 모두 적용하되, 명백한 거절 근거 조항의 선택이 곤란한 경우에는 제7호를 적용한다. 결합상표의 식별력 유무는 개별·구체적으로 각 지정상품과의 관계를 고려하여 판단하도록 한다. BEST JEAN(청바지), 국민 이불(이불), STEAM CREAM(화장품), SUPERSTORE(자기디스크 드라이브), 문어 이야기(간이식당업), 모두의 5G(통신사업)는 식별력이 없고, THE CITY SEVEN(건축업)은 식별력이 있다.

## 9) 사용에 의한 식별력 취득 - 제33조 제2항

위에 해당하는 표장 중 제33조 제1항 제3호부터 제7호까지, 즉 기술적 표장, 현저한 지리적 명칭 등, 흔히 있는 성 또는 명칭, 간단하고 흔히 있는 표장, 기타 식별력이 없는 표장들은 상표등록출원 전부터 그 상표를 사용한 결과 수요자 간에 특정인의 상품에 관한 출처를 표시하는 것으로 식별할 수 있게 된 경우에는 그 상표를 사용한 상품에 대하여 상표등록을 받을 수 있다. 사용에 의한 식별력은 원래 식별력이 없는 상표라도 특정인이 일정 기간 계속하여 사용한 결과 식별력을 획득한 경우 이미 상표로서 기능할 뿐만 아니라, 더 이상 경쟁업자 간의 자유사용을 보장할 공익상의 필요성이 없어졌다고 볼 수 있어, 상표법의 본래 목적에 부합하기 때문에 사후적으로 식별력을 인정하는 것이다. 하지만 보통명칭, 관용상표는 사용에 의한 식별력을 취득하더라도 상표등록을 받을 수 없다. 등산화나 등산의류의 K2, 교육업의 경남대학교, 골프용품의 SUPERIOR 등이 사용에 의한 식별력을 취득한 예이다. 본 규정의 적용을 받기 위해서는 상표의 사용기간, 지역적 범위, 상품의 생산, 사용빈도 등의 자료를 제출하여야 한다. 그 판단 시기는 등록결정 시이다.

### 10) 지리적 표시 단체표장 – 제33조 제3항

제1항 제3호(산지) 또는 제4호에 해당하는 표장이라도 그 표장이 특정 상품에 대한 지리적 표시인 경우에는 앞의 사용에 의한 식별력을 취득하지 않더라도, 그 지리적 표시를 사용한 상품을 지정상품으로 하여 지리적 표시 단체표장등록을 받을 수 있다. 지리적 표시 단체표장에는 장흥 표고버섯(제1호), 고흥 유자, 이천 도자기, 보성 녹차, 영덕 대게, 한산 소곡주 등이 있다.

## (2) 소극적 요건

상표법 제33조의 식별력을 갖춘 상표라도 상표법 제34조의 상표등록을 받을 수 없는 상표에 해당하면 상표등록을 받을 수 없다. 상표법 제34조는 상표등록을 받을 수 없는 상표를 다음과 같이 제한적으로 열거하고 있다.

### 1) 국기·국장 등과 동일·유사한 상표 – 제34조 제1항 제1호

🛡 **상표법**

> **제34조(상표등록을 받을 수 없는 상표)** ① 제33조에도 불구하고 다음 각 호의 어느 하나에 해당하는 상표에 대해서는 상표등록을 받을 수 없다.
> 1. 국가의 국기(國旗) 및 국제기구의 기장(記章) 등으로서 다음 각 목의 어느 하나에 해당하는 상표
>    가. 대한민국의 국기, 국장(國章), 군기(軍旗), 훈장, 포장(褒章), 기장, 대한민국이나 공공기관의 감독용 또는 증명용 인장(印章)·기호와 동일·유사한 상표
>    나. 「공업소유권의 보호를 위한 파리 협약」 동맹국, 세계무역기구 회원국 또는 「상표법조약」 체약국(이하 이 항에서 "동맹국등"이라 한다)의 국기와 동일·유사한 상표

다. 국제적십자, 국제올림픽위원회 또는 저명(著名)한 국제기관의 명칭, 약칭, 표장과 동일·유사한 상표. 다만, 그 기관이 자기의 명칭, 약칭 또는 표장을 상표등록출원한 경우에는 상표등록을 받을 수 있다.

라. 파리협약 제6조의3에 따라 세계지식재산기구로부터 통지받아 특허청장이 지정한 동맹국등의 문장(紋章), 기(旗), 훈장, 포장 또는 기장이나 동맹국등이 가입한 정부 간 국제기구의 명칭, 약칭, 문장, 기, 훈장, 포장 또는 기장과 동일·유사한 상표. 다만, 그 동맹국등이 가입한 정부 간 국제기구가 자기의 명칭·약칭, 표장을 상표등록출원한 경우에는 상표등록을 받을 수 있다.

마. 파리협약 제6조의3에 따라 세계지식재산기구로부터 통지받아 특허청장이 지정한 동맹국등이나 그 공공기관의 감독용 또는 증명용 인장·기호와 동일·유사한 상표로서 그 인장 또는 기호가 사용되고 있는 상품과 동일·유사한 상품에 대하여 사용하는 상표

국가의 국기나 저명한 국제기구의 명칭 또는 약칭(적십자, 올림픽, 국제연합, EC, WTO, OPEC 등), 감독용이나 증명용 인장 또는 기호(FCC, KS, JIS 등) 등과 동일·유사한 상표는 상표등록을 받을 수 없다. 이는 국가나 국제기구들의 권위를 유지하고, 특수한 관계에 대한 오인·혼동을 방지하기 위함이다. 본 규정에 해당하는 표장은 현존하는 것에 한한다. 신기루 태극기나 유엔미래영어마을은 본 규정에 해당하는 경우이지만, 태극기 휘날리며나 유엔아이 영어마을은 본 규정이 적용되지 않는다.

### 2) 국가 등과의 관계를 거짓으로 표시하거나 비방하는 상표 – 제34조 제1항 제2호

🛡 **상표법**

**제34조(상표등록을 받을 수 없는 상표)** ① 제33조에도 불구하고 다음 각 호의 어느 하나에 해당하는 상표에 대해서는 상표등록을 받을 수 없다.

2. 국가·인종·민족·공공단체·종교 또는 저명한 고인(故人)과의 관계를 거짓으로 표시하거나 이들을 비방 또는 모욕하거나 이들에 대한 평판을 나쁘게 할 우려가 있는 상표

국가·인종·민족·공공단체·종교 또는 저명한 고인과의 관계를 거짓으로 표시

하거나 이들을 비방 또는 모욕하거나 이들에 대한 평판을 나쁘게 할 우려가 있는 상표는 해당 국가나 단체들에 대한 권위와 저명한 고인이나 유족을 보호하기 위하여 상표등록을 받을 수 없도록 하고 있다. 양키, 로스케, Nigger, 흑인(Darkie) 등은 평판을 나쁘게 할 우려가 있는 경우이며, 인디안, WHITE RUSSIAN은 그렇지 않다.

---

**판례**

■ **대법원 1998. 2. 13. 선고 97후938 판결** - MOZART(단화, 편상화)에서 검은색 바탕에 흰 오선을 긋고 그 위에 단순히 고인의 성명 자체를 기재하여 상표로 사용한 것에 지나지 아니할 뿐, **고인과의 관련성에 관한 아무런 표시가 없어 고인과의 관계를 허위로 표시한 상표에 해당하지 않는다.**

■ **특허법원 2011. 11. 9. 선고 2011허7560 판결** - 허준본가(동충하초가 함유된 쌀, 차 등)에서 저명한 고인인 "허준"의 본가를 의미하나, 실제 등록권리자는 "허준"의 본가와 아무런 관련이 없으므로, **저명한 고인과의 관계를 허위로 표시한 상표**이다.

■ **특허법원 2007. 6. 7. 선고 2007허579 판결** - 헤밍웨이(서적출판업 등)에서 소설가 **헤밍웨이와 관련된 문학작품을 출판하는 서적출판업 등으로 오인·혼동을 일으킬 염려가 있다.**

---

3) 국가·공공단체 등의 업무를 나타내는 표장으로 저명한 것과 동일·유사한 상표 – 제34조 제1항 제3호

**상표법**

**제34조(상표등록을 받을 수 없는 상표)** ① 제33조에도 불구하고 다음 각 호의 어느 하나에 해당하는 상표에 대해서는 상표등록을 받을 수 없다.

3. 국가·공공단체 또는 이들의 기관과 공익법인의 비영리 업무나 공익사업을 표시하는 표장으로서 저명한 것과 동일·유사한 상표. 다만, 그 국가 등이 자기의 표장을 상표등록출원한 경우에는 상표등록을 받을 수 있다.

국가·공공단체 또는 이들의 기관과 공익법인의 비영리 업무나 공익사업을 표시하는 표장으로서 저명한 것과 동일·유사한 상표는 등록받을 수 없다. 다만, 그

국가 등이 자기의 표장을 상표등록출원한 경우에는 상표등록을 받을 수 있다. 저명한 업무를 표시하는 표장을 가진 국가나 공익단체의 업무상의 신용과 권위를 보호하고, 그것이 상품에 사용되면 일반수요자나 거래자에게 상품출처에 대한 오인·혼동을 일으키게 할 염려가 있으므로 이로부터 일반 공중을 보호하기 위한 규정이다. 공익법인의 표장에 해당하는 경우는 YMCA, 보이스카우트, YWCA 등이 있으며, 대한축구협회는 공익법인의 표장에 해당하지 않는다. 본 규정에서의 표장은 국가나 공공단체 또는 이들의 기관과 공익법인의 명칭 자체가 아니라 이들이 수행하는 공익사업을 표시하는 표장이라는 것을 유의해야 한다.

### 4) 공서양속을 해칠 우려가 있는 상표 - 제34조 제1항 제4호

🛡 **상표법**

> **제34조(상표등록을 받을 수 없는 상표)** ① 제33조에도 불구하고 다음 각 호의 어느 하나에 해당하는 상표에 대해서는 상표등록을 받을 수 없다.
> 4. 상표 그 자체 또는 상표가 상품에 사용되는 경우 수요자에게 주는 의미와 내용 등이 일반인의 통상적인 도덕관념인 선량한 풍속에 어긋나는 등 공공의 질서를 해칠 우려가 있는 상표

상표 그 자체 또는 상표가 상품에 사용되는 경우 수요자에게 주는 의미와 내용 등이 일반인의 통상적인 도덕관념인 선량한 풍속에 어긋나는 등 공공의 질서를 해칠 우려가 있는 상표는 상표등록될 수 없다. 공익적 견지에서 사회 공공의 이익보호, 일반의 도덕관념의 유지, 국제적인 신의의 보호 등을 위해 선량한 풍속이나 공공의 질서를 해칠 우려가 있는 상표에 대해서는 등록을 받을 수 없도록 한 규정이다. 상표의 구성 자체가 외설적이거나 자유민주주의 기본질서를 부정하는 내용이거나 형사상 범죄에 해당하게 되는 경우에는 본 규정에 해당하게 된다. 성적조작단이라는 상표를 교육방송업에 사용하는 것은 상품과 관련하여 공서양속을 해칠 우려가 있는 경우에 해당한다. 하지만 서적이나 교육정보제공업에서의 누드교과서나 횟집식당업의 뱃놈은 공서양속을 해칠 우려가 없다고 본다.

5) 박람회의 상패·상장 등과 동일·유사한 표장이 있는 상표 – 제34조 제1항 제5호

📋 **상표법**

> **제34조(상표등록을 받을 수 없는 상표)** ① 제33조에도 불구하고 다음 각 호의 어느 하나에 해당하는 상표에 대해서는 상표등록을 받을 수 없다.
> 5. 정부가 개최하거나 정부의 승인을 받아 개최하는 박람회 또는 외국정부가 개최하거나 외국정부의 승인을 받아 개최하는 박람회의 상패·상장 또는 포장과 동일·유사한 표장이 있는 상표. 다만, 그 박람회에서 수상한 자가 그 수상한 상품에 관하여 상표의 일부로서 그 표장을 사용하는 경우에는 상표등록을 받을 수 있다.

정부나 정부의 승인을 받아 개최하거나 외국정부가 개최하거나 외국정부의 승인을 받아 개최하는 박람회의 상패·상장 또는 포장과 동일·유사한 표장이 있는 상표는 등록될 수 없다. 이는 박람회 상패의 품질 보증적 성격에 대응하여 소비자를 보호하기 위함이다. 다만, 박람회에서 수상한 자는 그 수상한 상품에 관하여 상표의 일부로서 그 표장을 사용하는 경우에는 상표등록을 받을 수 있다.

6) 저명한 타인의 성명·명칭 등을 포함하는 상표 – 제34조 제1항 제6호

📋 **상표법**

> **제34조(상표등록을 받을 수 없는 상표)** ① 제33조에도 불구하고 다음 각 호의 어느 하나에 해당하는 상표에 대해서는 상표등록을 받을 수 없다.
> 6. 저명한 타인의 성명·명칭 또는 상호·초상·서명·인장·아호(雅號)·예명(藝名)·필명(筆名) 또는 이들의 약칭을 포함하는 상표. 다만, 그 타인의 승낙을 받은 경우에는 상표등록을 받을 수 있다.

저명한 타인의 성명·명칭 또는 상호·초상·서명·인장·아호·예명·필명 또는 이들의 약칭을 포함하는 상표는 등록받을 수 없다. 다만, 그 타인의 승낙을 받은 경우에는 상표등록을 받을 수 있다. 이는 상품 출처의 오인·혼동을 방지하기 위한 규정이라기보다는 저명한 타인의 성명·명칭 등을 보호함으로써 타인의 인격권을 보호하기 위한 규정이다. 여기서 타인은 현존하는 자연인은 물론 법인이

나 외국인도 포함되며, 저명이란 사회통념상 국내 일반수요자 또는 관련 거래업계에서 일반적으로 널리 인지될 수 있는 정도를 말한다. 다만, 저명성 요건은 널리 알려진 연예인이나 스포츠 선수 이름, 국내외 유명인사 등의 이름으로 직감할 수 있으면 충분한 것으로 본다. 스킨과 밀크로션 등에 대한 2NE1은 저명한 타인의 명칭에 해당한다.

### 7) 선등록상표와 동일·유사한 상표 - 제34조 제1항 제7호

🔖 **상표법**

> **제34조(상표등록을 받을 수 없는 상표)** ① 제33조에도 불구하고 다음 각 호의 어느 하나에 해당하는 상표에 대해서는 상표등록을 받을 수 없다.
> 7. 선출원(先出願)에 의한 타인의 등록상표(등록된 지리적 표시 단체표장은 제외한다)와 동일·유사한 상표로서 그 지정상품과 동일·유사한 상품에 사용하는 상표. 다만, 그 타인으로부터 상표등록에 대한 동의를 받은 경우(동일한 상표로서 그 지정상품과 동일한 상품에 사용하는 상표에 대하여 동의를 받은 경우는 제외한다)에는 상표등록을 받을 수 있다.

선출원에 의한 타인의 등록상표와 동일·유사한 상표로서 그 지정상품과 동일·유사한 상품에 사용하는 상표는 등록될 수 없다. 이는 선출원 등록상표권자의 이익을 보호하는 사익적 성격과 중복등록으로 인한 수요자의 오인·혼동을 방지하기 위한 공익적 성격을 모두 갖는다. 본 규정은 선출원에 의한 타인의 선등록상표와 동일·유사한 경우에만 적용하기 때문에, 선출원 상표와 동일·유사한 경우에 적용되는 상표법 제35조의 선출원주의와 다르다. 2023년에는 상표공존동의 제도를 도입하여, 타인으로부터 상표등록에 대한 동의를 받은 경우에는 상표등록을 받을 수 있도록 하고 있다.

**상표의 동일·유사**

### 1. 상표의 동일

상표의 동일은 구성요소가 문자 그대로 동일한 경우를 말하는 **물리적 동일**뿐만 아니라 거래사회 통념상 동일한 상표라고 인식할 수 있는 **실질적 동일**까지 포함하는 개념이다. 실질적 동일은 거래사회 통념상 동일한 상표로 인식할 수 있는 정도를 의미하며, 상표의 부기적인 부분을 제외한 **요부가 동일한 상표, 문자 등의 크기나 색채만을 달리하는 상표** 등을 들 수 있다.

### 2. 상표의 유사

#### (1) 유사여부 판단 요소

상표의 유사는 상표들이 동일 또는 유사한 상품에 사용될 경우 거래자나 일반수요자들이 그 **상품의 출처에 오인·혼동을 일으킬 우려가 있는 경우**를 말한다. 상표 유사여부 판단은 두 상표의 **외관, 호칭, 관념**을 **전체적·객관적·이격적**으로 관찰하여 일반수요자나 거래자가 상표에 대하여 느끼는 직관적 인식을 기준으로 거래상 상품출처의 오인·혼동을 일으킬 우려가 있는지 여부에 따라 이루어진다. **HOP와 HCP는 외관이 유사**한 것이고, **千年과 天然은 칭호가 유사**한 것이며, **임금, 王, KING은 관념이 유사**한 것이다. 호칭·외관·관념 중 **어느 하나가 유사하다 하더라도 전체적으로는 차이가 있어 거래상 상품출처의 오인·혼동을 일으킬 염려가 없는 때에는 유사한 상표라고 할 수 없고**, 반대로 각 요소에서 **서로 다른 부분이 있어도 전체적으로 볼 때 일반수요자나 거래자가 오인·혼동을 일으키기 쉬운 경우에는 유사한 상표로 보아야** 한다.

#### (2) 유사여부 판단 방법

상표 유사여부의 관찰방법은 상표를 전체로서 관찰하여 비교하는 **전체적 관찰**, 상표 자체의 구성을 기초로 하여, 즉 서체나 표시가 변경되었거나 부정한 사용 의사를 고려하지 않는 **객관적 관찰**, 양 상표를 나란히 놓고 유사여부를 판단하는 방법인 대비적 관찰에 대응되는 **이격적 관찰**이 사용된다. 상표는 **전체관찰이 원칙**이나 간이·신속을 위주로 하는 거래실제에 있어서 그 구성부분 일부만에 의하여 간략하게 호칭·관념되는 경우 **요부관찰이 허용**된다. 상표의 유사여부 판단은 그 상표가 사용될 상품의 **수요자 일반의 주의력**을 기준으로 **상품의 거래실정을 고려**하여 출처의 오인·혼동이 일어날 염려가 있는지를 기준으로 판단하여야 한다.

(3) 구체적인 경우의 유사여부 판단 방법

1) 결합상표의 유사여부 판단

**결합상표**라 함은 문자, 기호, 도형 및 입체적 형상과 이들에 색채를 결합한 표장이 각각 또는 복합적으로 서로 결합하여 구성된 상표를 말한다. 형용사적 문자와 결합하여 구성된 상표는 원칙적으로 그 **형용사적 문자가 결합하지 아니한 상표와 유사한 것으로 본다**(STAR ≒ SUPER STAR). 결합상표는 결합된 어구가 일련 불가분적으로 호칭되거나 새로운 관념을 형성하는 경우가 아닌 한, **거래상 분리하여 관찰함이 자연스러울 경우 각각의 부분만으로 된 상표와 유사한 것으로 본다**(만수무강 ≒ 만수 또는 무강, WORLD CUP ≠ WORLD). 긴 호칭으로 인하여 현저한 어느 일부분만으로 간략하게 인식될 가능성이 있는 상표는 원칙적으로 그 **현저한 어느 일부분만으로 구성된 상표와 유사한 것으로 본다**(Cherry blossom boy ≒ Cherry blossom). 지정상품과의 관계에서 관용문자와 다른 문자가 결합하여 구성된 상표는 **관용문자를 제외한 부분만으로 된 상표와 유사한 것으로 본다**(KINGTEX ≒ KING). **상호상표는 주식회사, 회사를 제외하고 유사여부를 판단**한다. 지리적 명칭과 업종명이 결합한 상호상표는 **동일한 지리적 명칭이 결합되어 있어도 업종이 다른 때에는 원칙적으로 유사하지 아니한 것으로 본다**(대한방직(주) ≠ 대한모직(주)). 지정상품과의 관계에 있어서 **주지 또는 저명한 상표와 다른 문자가 결합된 상표는 원칙적으로 그 주지 또는 저명한 상표와 유사한 것으로 본다**. 한글과 외국어가 결합된 상표의 유사여부는 그중 어느 한 부분과 타 상표의 해당 부분과의 비교 관찰에 의하여 판단한다.

2) 성명상표의 유사여부 판단

성명상표의 유사여부 판단은 거래사회에서 **성명 전체로 사용되는 경우**(Calvin Klein), **국내 수요자에게 성명 전체로 어느 정도 인식된 경우**(NINA RICCI), 외국에서 흔한 이름에 성이 결합되어 전체로 인식될 수 있는 경우(steven BY STEVE MADDEN과 steven ALAN), 상표의 구성 형태로 보아 **전체로 인식될 수 있는 경우에는 전체관찰에 의하여 판단**한다.

3) 도메인이름으로 구성된 상표의 유사여부 판단

도메인이름의 형태로 구성된 상표의 유사여부에 대한 판단은 원칙적으로 상표심사의 일반기준에 따라 심사하는데, 표장이 도메인이름의 형태로 구성된 경우 **도메인이름에 공통적으로 쓰이는 부분은 식별력이 없는 것**으로 보아 이러한 부분을 제외한 그 **나머지 부분만으로 유사여부를 판단**하여야 한다. Hwang hu.com과 Empress는 비유사하고 (2004허4068), **Cetizen.com과 CITIZEN은 유사**하다(2008허5915).

## 4) 도치상표 간 유사여부 판단

도치상표란 하나의 상표가 독립적인 두 개의 단어로 결합되고, 그 **단어의 배열 선후가 바뀐 상표**를 말한다. 단어의 **배열 선후의 변화로 인하여 양 상표의 관념에 차이가 발생하는 경우에는 비유사**하다고 볼 수 있지만, **관념에 차이가 발생하지 않는 경우에는 유사**하다고 볼 수 있다. OneVision은 **선등록상표 VISION ONE과 유사**하고(2018원1533), **SUPERSTAR는 선등록상표 STARSUPER와 비유사**하다(2010원7134).

## 5) 가상상품의 유사여부 판단

① 가상상품 간 유사여부 판단

| 9류, G520727  가상신발 | 비유사 | 가상의류  9류, G520743, G520745 |
|---|---|---|
| • 현실상품 : 신발 G270101 | | • 현실상품 : 의류 G430301, G450101, G450102, G4502, G4503, G450401, G4513 |
| 9류, G520745  가상바지 | 유사 | 가상의류  9류, G520743, G520745 |
| • 현실상품 : 청바지 G450101 | | • 현실상품 : 의류 G430301, G450101, G450102, G4502, G4503, G450401, G4513 |
| 9류, G520745  가상보호헬멧 | 비유사 | 가상의류  9류, G520743, G520745 |
| • 현실상품 : 보호헬멧 G450502 | | • 현실상품 : 의류 G430301, G450101, G450102, G4502, G4503, G450401, G4513 |

② 가상상품과 현실상품 간 유사여부 판단

| 9류, G520727 | 가상신발 | 비유사 | 신발 | 25류, G270101 |
|---|---|---|---|---|

## 3. 지정상품의 유사여부 판단

**지정상품의 유사여부**는 상품기준 별표[1] 및 별표[2]의 **유사군코드를 참조**하되, 상품의 속성인 **품질, 형상, 용도와 생산부문, 판매부문, 수요자의 범위 등 거래의 실정 등을 고려하여 일반거래의 통념에 따라 판단**한다.

## 📛 상표공존동의 제도

■ **상표공존동의 제도 도입 배경** - 거절상표의 약 40%가 동일 유사를 이유로 거절되며, 그중 약 82%가 중소기업과 소상공인의 출원에 해당한다. 지금도 실질적으로는 **동의에 의해 유사상표가 공존하고 있으나, 후출원인이 우회절차**(기존 권리자가 출원하여 등록받고 이를 후출원인에게 양도하는 방식)를 통해 상표등록을 받고 있다. 따라서 중소기업 및 소상공인 등의 안정적인 상표 사용을 장려하고 출원인의 편의를 제고하기 위해 도입하였다.

■ **개정법 주요 내용**

① **선출원(등록)상표권자의 동의에 의한 상표등록 허여**

- 선상표권자가 후출원상표의 **등록에 동의**하면, 상표·지정상품이 동일·유사한 후
출원상표도 등록 가능. 다만, 선출원(등록)상표와 후출원상표가 **상표 및 지정상품
이 모두 동일한 경우는 제외**됨

② **동의에 의한 등록상표의 취소심판 청구 사유 추가**

- 공존 동의에 의해 등록된 상표가 **부정경쟁 목적으로 사용되어 수요자의 오인 혼동
을 야기한 경우** 상표등록의 취소사유로 규정

③ **취소사유 신설에 따라 등록취소된 상표의 재출원 제한 규정 정비**

- 신설된 취소사유에 따라 등록 **취소된 상표와 동일·유사한 상표는 심결 확정일로부
터 3년까지 재출원 불가**

④ **취소사유 신설에 따른 취소심판 청구의 제척기간 규정 정비**

- 신설된 상표 취소사유 대한 취소심판 청구의 **제척기간을 3년**으로 규정

## 8) 선등록 지리적 표시 단체표장과 동일·유사한 상표 – 제34조 제1항 제8호

선출원에 의한 타인의 등록된 지리적 표시 단체표장과 동일·유사한 상표로
서 그 지정상품과 동일하다고 인식되어 있는 상품에 사용하는 상표는 등록될 수
없다. 이 경우는 동일한 상품 간에만 적용되어 유사상품 간에는 적용되지 않는다.
사과와 냉동된 사과 그리고 감귤과 귤은 동일하다고 인식되는 상품이지만, 녹차
와 홍차 그리고 사과와 사과 주스는 동일하다고 인식되지 않는 상품이다.

## 9) 주지상표와 동일·유사한 상표 – 제34조 제1항 제9호

🛡 **상표법**

**제34조(상표등록을 받을 수 없는 상표)** ① 제33조에도 불구하고 다음 각 호의 어느 하
나에 해당하는 상표에 대해서는 상표등록을 받을 수 없다.

9. 타인의 상품을 표시하는 것이라고 수요자들에게 널리 인식되어 있는 상표(지리적
표시는 제외한다)와 동일·유사한 상표로서 그 타인의 상품과 동일·유사한 상품
에 사용하는 상표

타인의 상품을 표시하는 것이라고 수요자들에게 널리 인식되어 있는 상표는 주지상표라고 한다. 주지상표와 동일 또는 유사한 상표를 동일 또는 유사한 상품에 사용할 경우 수요자로 하여금 상품출처의 오인혼동을 일으키게 할 염려가 있어 이를 예방하고, 나아가 그 주지상표 사용자의 이익을 보호하려는 데 그 취지가 있다. 본 규정은 선출원주의의 예외이자 사용주의 요소를 가진 규정이다. 여기서 그 주체가 누구인지는 명확히 밝혀질 필요는 없지만, 타인의 상표라는 사실이 당해 상품의 거래자와 수요자에게 널리 인식되어 있는 상표의 주체이면 족하다. 또한, 주지상표는 원칙적으로 국내에 주지되어야 하며, 지역적 범위는 전국이든 일정한 지역이든 불문한다.

판례

■ **대법원 2004. 7. 9. 선고 2002후2563 판결** - 출원표장은 **눈높이**(제16류 칠판, 분필, 칠판지우개)이고 **인용표장은 눈높이교육**(제22류 노트북, 사인펜)인 경우, 인용표장은 등록상표의 출원 당시에 이미 국내 수요자나 거래자에게 '학습지' 상품에 부착되어 사용되는 **특정인의 상표로 널리 알려졌다.**

■ **특허법원 2005. 7. 14. 선고 2005허162 판결** - 선사용상표의 지정상품이 국내에 수입된 사실이 있는 점, 극히 일부의 국내 광고매체에 선사용상표와 관련된 광고가 이루어진 점만으로는 국내에서 **주지, 저명한 상태였다거나, 특정인의 상표나 상품이라고 인식될 수 있을 정도로 알려져 있었다고 인정하기에 부족**하다.

## 10) 주지된 지리적 표시와 동일·유사한 상표 - 제34조 제1항 제10호

특정 지역의 상품을 표시하는 것이라고 수요자들에게 널리 인식되어 있는 타인의 지리적 표시와 동일·유사한 상표로서 그 지리적 표시를 사용하는 상품과 동일하다고 인정되어 있는 상품에 사용하는 상표도 등록될 수 없다. 제34조 제1항 제8호의 선등록상표와 같이 지리적 표시의 경우에는 동일한 상품에만 적용되는 것이 특징이다.

## 11) 저명상표와 혼동을 일으키거나 저명상표를 희석화할 염려가 있는 상표 - 제34조 제1항 제11호

🛡️ **상표법**

> **제34조(상표등록을 받을 수 없는 상표)** ① 제33조에도 불구하고 다음 각 호의 어느 하나에 해당하는 상표에 대해서는 상표등록을 받을 수 없다.
> 11. 수요자들에게 현저하게 인식되어 있는 타인의 상품이나 영업과 혼동을 일으키게 하거나 그 식별력 또는 명성을 손상시킬 염려가 있는 상표

본 규정의 상표는 앞의 제9호의 주지상표와 비교할 때, 인식의 정도가 더 높은 것을 말하고, 저명상표라 명명한다. 이는 저명상표와 혼동을 일으키게 할 염려가 있는 상표의 등록을 배제하여 수요자를 보호하기 위한 공익적 성격과 저명상표의 식별력이나 명성을 손상시키는 희석화(dilution) 이론을 법제화하여 상표를 보호하는 사익적 성격을 모두 갖고 있다. 공익적 성격을 갖기 때문에, 당사자 간에 합의가 있더라도 본 규정의 적용을 배제할 수는 없다. 인식의 정도는 이종상품이나 이종영업에 걸친 일반수요자 대부분에까지 알려져 있는 것을 말하며, 저명상표권자가 구체적으로 누구인지까지 알려질 필요는 없고 익명의 존재로서 추상적인 출처로 알려져 있으면 족하다. KT 상표와 Wal-Mart 상표가 저명상표로서 인정된 바 있다. 지정상품을 피아노로 하여 KODAK이라는 표장을 출원하는 경우나 지정상품을 증권업으로 하여 POSCO라는 표장을 출원한 경우에는 식별력을 손상시키는 경우가 되며, 지정상품을 포르노 필름으로 하여 CHANEL이라는 표장을 출원하는 경우와 지정상품을 건물청소업으로 하여 아모레 퍼시픽이라는 표장을 출원한 경우에는 명성을 손상시키는 경우이다.

| 구분 | 주지상표 | 저명상표 |
|---|---|---|
| 입법취지 | 사용 사실 상태의 보호 | 출처혼동방지 또는 희석화 방지 |
| 인식도 | 당해 상표가 사용된 상품에 관한 거래자 및 관련 수요자층 | 이종상품·영업에까지 걸친 일반수요자층 |
| 범위 | 상품의 동일·유사범위 내 | 이종상품·영업까지 확대 |
| 결정시기 | 등록여부결정 시 | 상표등록출원 시 |
| 제척기간 | 5년 | 없음 |

## 12) 품질 오인 또는 수요자를 기만할 염려가 있는 상표 - 제34조 제1항 제12호

### 🛡️ 상표법

> **제34조(상표등록을 받을 수 없는 상표)** ① 제33조에도 불구하고 다음 각 호의 어느 하나에 해당하는 상표에 대해서는 상표등록을 받을 수 없다.
> 12. 상품의 품질을 오인하게 하거나 수요자를 기만할 염려가 있는 상표

본 규정은 상표의 품질보증기능과 출처표시기능을 보호하여 수요자 기만을 방지하고, 건전한 상거래 질서를 유지하기 위하여 마련된 공익규정이다. 상표를 받을 수 없는 상표 관련 소송이 진행되는 경우 본 규정은 거의 모든 주장에 다 포함되어 깍두기 규정이다. 품질을 오인하게 하는 경우는 상품의 품질뿐만 아니라 상품 자체를 오인하게 하는 경우를 포함하며, 지정상품을 청주로 하여 맑은 유자향이라는 표장으로 출원하는 경우는 품질을 오인하게 하는 경우이고, 지정상품을 소주로 하여 보드카라는 표장으로 출원하는 경우는 상품 자체를 오인하게 하는 경우이다. 파스타 전문식당업에 피자마루 상표는 요식업 형태상 겸업이 많고, 사업확장 가능성이 있으므로, 상표에 포함된 피자가 품질오인으로 이어질 가능성은 매우 낮다고 본다.

수요자를 기만한다는 것은 상표의 구성이나 지정상품과의 관계에서 일반수요자에게 착오를 일으키게 하거나(순수한 수요자 기만), 상품출처의 오인·혼동을 일으키게 하는(출처의 오인·혼동으로 인한 수요자 기만) 경우를 말한다. 수요자를 기만할 염려가 있다고 하기 위해 인용상표나 그 사용상품이 반드시 주지·저명해야 하는 것은 아니지만 적어도 국내의 일반거래에 있어서 수요자나 거래자에게 특정인의 상표나 상품이라고 인식될 수 있을 정도로 알려져 있어야 한다. 지정상품을 넥타이로 하여 MADE IN ITALY라는 표장으로 출원하는 경우에는 순수한 수요자 기만의 예이며, 의류에서 당해 상품의 거래자나 수요자에게 특정인의 상표로 인식될 수 있는 정도로 알려져 있는 UNION BAY 상표와 유사한 상표를 타인이 가방에 출원한 경우에는 출처의 오인·혼동으로 인한 수요자 기만의 예가 된다.

■ **대법원 2020. 9. 3. 선고 2019후11688 판결** – 특정인의 상표나 상품이라고 인식되었다고 하기 위하여는 선사용상표가 반드시 국내 전역에 걸쳐 수요자나 거래자에게 알려져야만 하는 것은 아니고, 특정인의 상표 등으로 인식되었는지 여부는 그 상표의 사용기간, 방법, 태양 및 이용범위 등과 거래실정 등에 비추어 볼 때 **사회통념상 객관적으로 상당한 정도로 알려졌는지를 기준으로 판단하여야** 한다.

## 13) 부정한 목적을 가지고 사용하는 상표 – 제34조 제1항 제13호

### 상표법

**제34조(상표등록을 받을 수 없는 상표)** ① 제33조에도 불구하고 다음 각 호의 어느 하나에 해당하는 상표에 대해서는 상표등록을 받을 수 없다.
13. 국내 또는 외국의 수요자들에게 특정인의 상품을 표시하는 것이라고 인식되어 있는 상표(지리적 표시는 제외한다)와 동일·유사한 상표로서 부당한 이익을 얻으려 하거나 그 특정인에게 손해를 입히려고 하는 등 부정한 목적으로 사용하는 상표

국내 또는 외국의 수요자들에게 특정인의 상표라고 인식되어 있는 상표가 국내에 등록되어 있지 않음을 기화로, 정당한 상표 사용자가 아닌 제3자가 부정한 방법으로 이와 동일 또는 유사한 상표를 등록받아 정당한 상표 사용자의 사용을 배척하거나 부당한 이득을 얻으려고 하는 등 부정한 목적을 가지고 출원하는 상표에 대해서는 사전에 등록을 배제하여 건전한 상거래질서를 유지하고, 모방상표로 인한 일반수요자들의 오인·혼동을 방지하기 위한 규정이다. 본 규정은 1997년 개정법에서 처음 도입되었는데, 당시에는 모방대상상표가 특정인의 상품표지로 '현저하게' 인식된 경우에 적용할 수 있도록 하였으나, 2007년 개정법에서 모방상표에 보다 적극적으로 대처하고자 특정인의 상품 표지로 인식되어 있으면 적용할 수 있도록 인식도를 완화하였다.

본 규정의 적용을 위해서는 '국내 또는 외국의 수요자들'에게 '특정인의 상품을 표시하는 것이라고 인식되어 있는 상표와 동일·유사'한 상표일 것과 부당한 이익을 얻으려 하거나 그 특정인에게 손해를 입히려고 하는 등 '부정한 목적으로

사용'하는 상표일 것의 두 가지 요건이 충족되어야 한다. 인식도는 국내외의 일반 거래에 있어서 의미 있는 최소한의 범위의 사람들에게 그 상표라 하면 특정인의 것이라고 알려져 있는 정도를 말한다(특허법원 2011. 10. 26. 선고 2011허4653 판결). 부정한 목적은 추정할 수 있으며, 외국의 정당한 상표권자가 국내시장에 진입하는 것을 저지하거나 대리점 계약체결을 강제할 목적으로 상표권자가 미처 등록하지 않은 상표와 동일 또는 유사한 상표를 출원한 경우, 창작성이 인정되는 타인의 상표를 동일 또는 극히 유사하게 모방하여 출원한 경우, 그 밖에 타인의 선사용상표의 영업상의 신용이나 고객흡인력 등에 편승하여 부당한 이득을 얻을 목적으로 출원한 경우 등은 부정한 목적이 있다고 할 수 있다. STARCRAFT의 선사용표장(컴퓨터게임 소프트웨어)에 대하여 오리온 스타크래프트를 출원한 상표(건과자, 캔디 등)는 저명상표로 인식된 선사용상표를 모방한 사례이며(2003후649), 선사용표장인 CHOCOLATE MUSEUM(초콜릿 등)에 대하여 초콜릿 박물관(카페업 등)을 출원한 상표는 표장의 유사성, 지정서비스업의 경제적 견련관계 등을 볼 때, 부정한 목적이 있었던 것으로 인정할 수 있다.

| 구분 | 법§34①9 | 법§34①11 | 법§34①12 | 법§34①13 |
|---|---|---|---|---|
| 취지 | 출처 오인·혼동 방지, 주지상표권자 보호 | 저명상품과의 오인·혼동으로부터 수요자 보호, 저명상표 희석화 방지 | 품질오인, 수요자 기만 방지(출처의 오인·혼동은 9, 11, 13 등을 우선 적용하고, 본 호는 수요자 기만에 초점을 맞춰 적용) | 진정한 상표 사용자 신용 보호, 브로커 방지, 공정한 경쟁질서 확립 |
| 주지도 | 동종업종에서 수요자들에게 현저하게 인식 | 이종상품이나 영업에 걸친 거래자 및 일반수요자 대다수에게 현저하게 인식 | 국내의 일반거래에 있어서 수요자나 거래자에게 인식 | 국내·외 수요자들에게 특정인의 상품표지로 인식 |
| 상표 | 동일·유사 | 비유사하여도 모티브나 아이디어 등을 비교하여 저명상표가 용이하게 연상되는 경우 | 동일·유사 | 동일·유사 |

| 상품 | 동일·유사 | 비유사 | 비유사(다만, 수요자 기만 발생과 관련하여 견련관계 고려 | 비유사(다만, 부정 목적 추정을 위해서는 견련성 검토 필요) |
|---|---|---|---|---|
| 인식도 판단 방법 | 상표 사용기간, 사용 방법, 사용지역, 거래 범위, 상품 판매량, 광고선전 등을 종합 고려 | 좌동 | 좌동 | 좌동(다만, 특정인의 상표라는 인식+부당한 기대이익 유무를 통해 인식도 판단 가능) |
| 시기적 기준 | 상표등록여부 결정을 할 때 | 상표등록출원을 한 때 | 상표등록여부 결정을 할 때 | 상표등록출원을 한 때 |
| 제척 기간 | 5년 | 없음 | 없음 | 없음 |

## 14) 국내외 지리적 표시와 동일·유사한 상표로서 부정한 목적을 가지고 사용하는 상표 - 제34조 제1항 제14호

국내 또는 외국의 수요자들에게 특정 지역의 상품을 표시하는 것이라고 인식되어 있는 지리적 표시와 동일·유사한 상표로서 부당한 이익을 얻으려 하거나 그 지리적 표시의 정당한 사용자에게 손해를 입히려고 하는 등 부정한 목적으로 사용하는 상표도 등록될 수 없다.

## 15) 입체상표, 색채만으로 된 상표 등의 기능성 - 제34조 제1항 제15호

 **상표법**

> **제34조(상표등록을 받을 수 없는 상표)** ① 제33조에도 불구하고 다음 각 호의 어느 하나에 해당하는 상표에 대해서는 상표등록을 받을 수 없다.
> 15. 상표등록을 받으려는 상품 또는 그 상품의 포장의 기능을 확보하는 데 꼭 필요한 (서비스의 경우에는 그 이용과 목적에 꼭 필요한 경우를 말한다) 입체적 형상, 색채, 색채의 조합, 소리 또는 냄새만으로 된 상표

본 규정은 특정한 입체적 형상, 색채, 소리 또는 냄새가 상표등록을 받으려는 상품 또는 그 포장의 기능을 확보하는 데 꼭 필요한 것인 경우 그 입체적 형상 등

은 일정 기간에 한하여 특허권·실용신안권으로 보호된 후 경업자가 자유로이 사용할 수 있도록 함으로써 관련 산업의 발전과 자유로운 경쟁을 보장하는 것이 원칙이므로 상표권의 존속기간갱신등록을 통하여 반영구적으로 보호가 가능한 상표등록을 배제하도록 한 규정이다. 기능성이란 상품 또는 포장의 형상 등이 그 기능을 구현하는 데 필수적이고 긴요한 것이어서 특정인에게 독점적인 권리를 주면 정상적인 경쟁원리가 저해되는 그러한 기능을 말한다. 기능성이 있는지 여부는 특허나 실용신안의 존재 여부, 유통과정의 편이성 및 사용의 효율성에 관한 광고선전, 대체성, 제조비용의 저렴성 등을 고려하여 판단한다. 액체가 새는 것을 방지하기 위하여 용기의 마개 부분을 나선형으로 만든 경우가 입체적 형상이 기능적인 경우이며, 안전표지판에 쓰이는 노랑색, 소화기에 쓰이는 빨강색, 빙과류에 쓰이는 파랑색은 색채 등이 기능적인 경우이다. 이 외에도 맥주병에 사용하는 맥주병의 병뚜껑 따는 소리나 조경업에 사용하는 아카시아 향은 소리나 냄새가 기능적인 경우이다.

## 16) 포도주 또는 증류주의 산지에 관한 지리적 표시를 포함하는 상표 - 제34조 제1항 제16호

🔖 **상표법**

> **제34조(상표등록을 받을 수 없는 상표)** ① 제33조에도 불구하고 다음 각 호의 어느 하나에 해당하는 상표에 대해서는 상표등록을 받을 수 없다.
> 16. 세계무역기구 회원국 내의 포도주 또는 증류주의 산지에 관한 지리적 표시로서 구성되거나 그 지리적 표시를 포함하는 상표로서 포도주 또는 증류주에 사용하려는 상표. 다만, 지리적 표시의 정당한 사용자가 해당 상품을 지정상품으로 하여 제36조제5항에 따른 지리적 표시 단체표장등록출원을 한 경우에는 상표등록을 받을 수 있다.

WTO/TRIPs 협정은 포도주 또는 증류주의 지리적 표시를 구성요소로 하는 상표는 일반 공중의 혼동이 없는 경우라도 직권 또는 청구에 의하여 그 등록을 거절하거나, 설령 착오로 등록된 경우에도 그 등록을 무효로 하도록 규정하고 있다(제22조 (2),(3)), 이를 반영하여 1997년 개정 상표법이 도입한 규정이다. 본 규정은 출처의 오인·혼동 가능성이 없다고 하더라도 해당 지리적 표시가 있는 경우에는 무조건 적용된다. 또한, 상표의 구성에 당해 지리적 표시가 ~종류, ~유형, ~양식, ~풍 등과 같은 표현으로 수반된 경우에도 적용한다. 다만, 포도주, 증류주에 사용하려는 경우에 한하여 적용한다.

### 17) 신의칙에 반하여 출원한 상표 - 제34조 제1항 제20호

🛡️ **상표법**

> **제34조(상표등록을 받을 수 없는 상표)** ① 제33조에도 불구하고 다음 각 호의 어느 하나에 해당하는 상표에 대해서는 상표등록을 받을 수 없다.
> 20. 동업·고용 등 계약관계나 업무상 거래관계 또는 그 밖의 관계를 통하여 타인이 사용하거나 사용을 준비 중인 상표임을 알면서 그 상표와 동일·유사한 상표를 동일·유사한 상품에 등록출원한 상표

본 규정은 타인과의 계약이나 거래관계 등 특정한 관계에 있던 자가 이를 통해 알게 된 타인의 상표를 자기가 출원하는 등 신의성실 원칙에 위반한 상표에 대하여 등록을 불허하기 위한 규정으로, 공서양속에 위반되는 상표등록출원에 대한 거절조문인 제34조 제1항 제4호가 '상표 그 자체 또는 상표가 상품에 사용되는 경우'로 한정하고 있어 신의칙(信義則)에 어긋나는 상표출원 자체를 거절할 마땅한 조문이 없다는 점을 보완하기 위해 도입한 규정이라고도 할 수 있다. 거래관계는 문서를 통해 정식으로 동업·고용·거래관계가 이루어진 경우뿐만 아니라, 기타 계약관계나 거래관계가 증명되는 경우도 포함한다. 또한, 계약관계 등이 입증되면 사용하거나 사용 준비 중인 사실을 알고 있는 것으로 본다.

### [제20호와 제4호의 비교]

| 제20호 | 제4호 |
|---|---|
| 당사자 간 신의칙 위반이 있는 경우 적용 | 상표 그 자체 또는 상품과의 관계에서 공서양속에 위반되거나, 출원·등록과정에서 사회적 타당성이 현저히 결여된 경우 적용 |
| 출원하기까지의 과정에서 신의칙 위반이 있는 경우 적용 | 단순한 신의칙 위반이 있었다는 이유만으로는 적용이 어렵고, 출원·등록과정에서 사회적 타당성이 현저히 결여된 경우 적용 |

**[제20호와 제13호 비교]**

| 제20호 | 제13호 |
|---|---|
| 모방대상상표의 인식도가 필요 없음 | 모방대상상표가 특정인의 상표로 인식되어야 함 |
| 모방대상상표 사용자와 출원인 간 신의 관계 필요 | 모방대상상표 사용자와 출원인 간 신의관계 불요 |
| 타인의 사용, 사용 준비 중인 사실만 알고 있으면 적용 | 부정한 목적이 있는 경우 적용 |
| 동일·유사한 상품에 적용 | 상품 제한 없음(다만, 부정 목적 유무 판단을 위해 견련성 검토 필요) |

### 18) 기타 – 제34조 제1항 제17호, 제18호, 제19호, 제21호

이 외에도 식물신품종 보호법 제109조에 따라 등록된 품종명칭과 동일·유사한 상표로서 그 품종명칭과 동일·유사한 상품에 대하여 사용하는 상표(제17호), 농수산물 품질관리법 제32조에 따라 등록된 타인의 지리적 표시와 동일·유사한 상표로서 그 지리적 표시를 사용하는 상품과 동일하다고 인정되는 상품에 사용하는 상표(제18호), 대한민국이 외국과 양자 간 또는 다자간으로 체결하여 발효된 자유무역협정에 따라 보호하는 타인의 지리적 표시와 동일·유사한 상표 또는 그 지리적 표시로 구성되거나 그 지리적 표시를 포함하는 상표로서 지리적 표시를 사용하는 상품과 동일하다고 인정되는 상품에 사용하는 상표(제19호), 조약당사국에 등록된 상표와 동일·유사한 상표로서 그 등록된 상표에 관한 권리를 가진 자와의 동업·고용 등 계약관계나 업무상 거래관계 또는 그 밖의 관계에 있거나 있었던 자가 그 상표에 관한 권리를 가진 자의 동의를 받지 아니하고 그 상표의 지정상품과 동일·유사한 상품을 지정상품으로 하여 등록출원한 상표(제21호)는 상표등록을 받을 수 없다.

### 19) 소극적 요건의 적용

앞의 소극적 요건 규정들은 상표등록거절결정이나 상표등록여부결정을 할 때를 기준으로 하여 결정한다. 하지만 제11호·제13호·제14호·제20호 및 제21호의 경우는 상표등록출원을 한 때를 기준으로 하여 결정하되, 상표등록출원인이 제1항의 타인에 해당하는지는 상표등록여부결정을 할 때를 기준으로 하여 결정한다.

상표권자 또는 그 상표권자의 상표를 사용하는 자는 상표등록의 취소심판(4호 제외)이 청구되고, 그 청구일 이후에 ① 존속기간이 만료되어 상표권이 소멸하거나, ② 상표권자가 상표권 또는 지정상품의 일부를 포기하거나, ③ 상표등록 취소의 심결(審決)이 확정된 경우 중 하나에 해당하게 된 날 이후 3년이 지나기 전에 출원하면 상표등록을 받을 수 없다.

# Ⅳ

# 상표등록출원절차

## 1 출원

상표등록을 받으려는 자는 출원인과 대리인(존재하는 경우)의 성명 및 주소, 상표, 지정상품 및 산업통상자원부령으로 정하는 상품류, 우선권 주장 관련 서류, 그 밖에 산업통상자원부령으로 정하는 사항을 적은 상표등록출원서를 특허청장에게 제출해야 한다. 또한, 상표등록출원서에는 그 표장에 관한 설명을 적어야 하며, 단체표장 출원 시는 정관을, 증명표장 출원 시는 증명표장의 사용에 관한 서류와 관리를 증명하는 서류를, 지리적 표시 단체표장이나 지리적 표시 증명표장은 단체표장과 증명표장 서류와 지리적 표시의 정의에 일치함을 증명할 수 있는 서류를, 업무표장은 업무의 경영 사실을 증명하는 서류를 출원서에 첨부하여야 한다.

상표등록출원일은 상표등록출원에 관한 출원서가 특허청장에게 도달한 날로 한다. 하지만 상표등록을 받으려는 취지가 명확하게 표시되지 아니한 경우, 출원인의 성명이나 명칭이 적혀 있지 아니하거나 명확하게 적혀 있지 아니하여 출원인을 특정할 수 없는 경우, 상표등록출원서에 상표등록을 받으려는 상표가 적혀 있지 아니하거나 적힌 사항이 선명하지 아니하여 상표로 인식할 수 없는 경우, 지정상품이 적혀 있지 아니한 경우, 한글로 적혀 있지 아니한 경우에는 출원일을 인정하지 않는다. 출원일을 인정하지 않는 경우, 특허청장은 상표등록을 받으려는 자에게 적절한 기간을 정하여 보완할 것을 명하여야 하며, 보완명령을 받은 자가 상표등록출원을 보완하는 경우 그 절차보완서가 특허청에 도달한 날을 상표등록출원일로 본다. 만일, 보완명령을 받은 자가 지정된 기간 내에 보완을 하지 아니한 경우에는 그 상표등록출원을 부적합한 출원으로 보아 반려할 수 있다.

상표등록출원의 승계는 상속이나 그 밖의 일반승계의 경우를 제외하고는 출원인 변경신고를 하지 아니하면 그 효력이 발생하지 아니한다. 상표등록출원은 지정상품마다 분할하여 이전할 수 있고, 이 경우 유사한 지정상품은 함께 이전하여야 한다. 상표등록출원의 상속이나 그 밖의 일반승계가 있는 경우에는 승계인은 지체 없이 그 취지를 특허청장에게 신고하여야 한다. 상표등록출원이 공유인 경우에는 각 공유자는 다른 공유자 전원의 동의를 받지 아니하면 그 지분을 양도할 수 없다. 업무표장등록출원과 제34조 제1항 제1호 다목 단서, 같은 호 라목 단서 및 같은 항 제3호 단서에 따른 상표등록출원은 양도할 수 없다. 다만, 해당 업무와 함께 양도하는 경우에는 양도할 수 있다. 단체표장등록출원은 이전할 수 없지만, 법인이 합병하는 경우에는 특허청장의 허가를 받아 이전할 수 있다. 증명표장등록출원은 이전할 수 없지만, 해당 증명표장에 대하여 그 업무와 함께 이전하는 경우에는 특허청장의 허가를 받아 이전할 수 있다.

## 2 출원 관련 제도

### (1) 선출원주의 - 제35조

상표법은 다른 지식재산법들과 동일하게 선출원주의를 취하고 있어, 동일·유사한 상표가 동일·유사한 상품에 대하여 경합 출원된 경우 최선출원인만이 등록을 받을 수 있다. 선후원의 판단은 출원일을 기준으로 하며, 동일출원의 경우에는 협의에 의해 정해진 하나의 출원만이 등록을 받을 수 있으며, 협의가 성립하지 아니하거나 협의를 할 수 없는 때에는 추첨에 의해 결정된 하나의 출원인만이 상표등록을 받을 수 있다. 상표등록출원이 포기 또는 취하된 경우, 무효로 된 경우, 거절결정이 확정된 경우에는 그 상표등록출원은 처음부터 없었던 것으로 본다. 또한, 먼저 출원한 자 또는 협의·추첨에 의하여 정하여지거나 결정된 출원인으로부터 상표등록에 대한 동의를 받은 경우(동일 상품에 대한 동일 상표 사용은 제외)에는 나중에 출원한 자 또는 협의·추첨에 의하여 정하여지거나 결정된 출원인이 아닌 출원인도 상표를 등록받을 수 있다.

## (2) 1상표 다류 1출원 주의 - 제38조

### 🛡️ 상표법

> **제38조(1상표 1출원)** ① 상표등록출원을 하려는 자는 상품류의 구분에 따라 1류 이상
> 의 상품을 지정하여 1상표마다 1출원을 하여야 한다.
> ② 제1항에 따른 상품류에 속하는 구체적인 상품은 특허청장이 정하여 고시한다.
> ③ 제1항에 따른 상품류의 구분은 상품의 유사범위를 정하는 것은 아니다.

상표의 실체적 등록요건은 아니지만 출원·등록관리 및 심사의 효율성 등 절차상 편의를 위하여 도입된 제도이다. 하나의 상표에 1개의 상품류에 속하는 다수의 상품을 기재하여 출원하거나, 다수의 상품류에 각 류에 속하는 다수의 상품을 지정하여 출원할 수 있다. 따라서 상표등록출원을 하려는 자는 상품류의 구분에 따라 1류 이상의 상품을 지정하여 1상표마다 1출원을 하여야 한다. 출원인은 상품류 구분상 1류 구분 이상의 상품이나 서비스업을 하나의 출원서에 기재하여 동시에 출원할 수 있다. 여기서, 동일류 구분 내의 상품이나 서비스업으로 제한되지 않고, 유사할 것을 요하지도 않는다. 1상표 1출원 위반 여부는 상표등록여부결정을 할 때를 기준으로 판단한다. 본 규정을 위반한 경우 등록 전에는 거절이유와 정보제공 이유, 이의신청 이유가 되며, 등록 후에는 절차상 편의를 위한 것이기 때문에 무효사유에 해당하지 않는다.

## (3) 출원 보정 - 제39조 내지 제42조

상표등록출원인은 상표등록출원이 절차상·내용상의 하자가 있는 경우 이를 치유할 수 있으며, 이를 상표등록출원의 보정이라 한다. 출원인은 출원공고결정 전과 후에 모두 보정을 할 수 있으며, 각 보정의 시기에 따라 그 보정을 할 수 있는 기간과 효과가 달라진다. 상표권 설정등록이 있은 후에 보정이 요지변경으로 인정된 경우, 그 보정이 출원공고결정 전의 보정이면 상표등록출원은 그 보정서를 제출한 때에 상표등록출원을 한 것으로 보지만, 그 보정이 출원공고결정 후의 보정이면 상표등록출원은 그 보정을 하지 아니하였던 상표등록출원에 관하여 상표권이 설정등록된 것으로 본다. 보정은 요지를 변경하지 아니하는 범위에서 상표등록출원서의 기재사항, 상표등록출원에 관한 지정상품 및 상표를 보정할 수

있으며, 지정상품 범위의 감축, 오기의 정정, 불명료한 기재의 석명, 상표의 부기적인 부분의 삭제 등은 요지를 변경하지 아니한 것으로 본다. 보정이 요지변경인 경우에는 그 보정을 각하하여야 한다.

## (4) 출원의 변경 - 제44조

상표법상 출원의 변경은 상표법 내에서 상표등록출원, 단체표장등록출원, 증명표장등록출원 상호간의 형식을 변경하는 것을 말한다. 하지만 지리적 표시 단체표장등록출원과 지리적 표시 증명표장등록출원은 제외한다. 또한, 지정상품추가등록출원을 한 출원인은 기초가 된 상표에 무효심판이나 취소심판이 청구되거나 그 등록상표가 무효나 취소심판 등으로 소멸된 경우가 아닌 한, 상표등록출원으로 변경할 수 있다. 변경출원은 최초의 출원에 대한 등록여부결정 또는 심결이 확정된 후에는 할 수 없다. 변경된 출원은 최초의 출원을 한 때에 출원한 것으로 보며, 최초 출원은 취하된 것으로 본다.

## (5) 출원의 분할 - 제45조

출원인은 둘 이상의 상품을 지정상품으로 하여 상표등록출원을 한 경우 보정을 할 수 있는 기간 내에 둘 이상의 상표등록출원으로 분할 할 수 있다. 상표법상 분할은 지정상품의 분할을 의미하며, 상표 자체의 분할은 아니기 때문에 결합상표의 분할과 같은 것은 인정되지 않는다. 분할출원이 있는 경우 그 분할출원은 최초 상표등록출원을 한 때에 출원한 것으로 본다.

## (6) 조약우선권 - 제46조

상표법에도 다른 지식재산권법과 동일하게 조약우선권이 존재하며, 우선권을 주장하려는 자는 우선권 주장의 기초가 되는 최초의 출원일부터 6개월 이내에 출원하여야 한다.

## (7) 출원시의 특례 - 제47조

상표등록을 받을 수 있는 자가 특정 박람회에 출품한 상품에 사용한 상표를 그 출품일부터 6개월 이내에 그 상품을 지정상품으로 하여 상표등록출원을 한 경우에는 그 상표등록출원은 그 출품을 한 때에 출원한 것으로 본다. 출원시 특례를 적용받고자 하는 자는 그 취지를 적은 상표등록출원서를 특허청장에게 제출하고, 이를 증명할 수 있는 서류를 상표등록출원일부터 30일 이내에 특허청장에게 제출하여야 한다.

### (8) 심사 - 제50조 내지 제71조

상표등록을 받기 위해서는 상표등록출원이 심사를 통과하여야 한다. 심사는 출원의 순위에 따르며, 출원인이 아닌 자가 업으로서 상표를 사용하고 있다고 인정되거나 출원인이 상표를 사용하고 있는 등 긴급한 처리가 필요하다고 인정되는 경우에는 우선적으로 심사하게 할 수 있다. 상표등록 거절이유는 상표의 성립, 상표등록요건 등이 있으며, 거절이유가 있는 경우 심사관은 상표등록거절결정을 하여야 한다. 상표등록거절결정을 받은 자는 그 결정 등본을 송달받은 날부터 3개월 이내에 지정상품 또는 상표를 보정하여 해당 상표등록출원에 관한 재심사를 청구할 수 있다. 심사 결과 거절이유를 발견하지 못한 경우에는 출원공고를 한다. 특허청장은 출원공고를 한 날부터 2개월간 상표등록출원 서류 및 그 부속서류를 특허청에서 일반인이 열람할 수 있게 하여야 한다. 이 기간 동안 누구든지 이의신청을 할 수 있다. 출원인은 출원공고가 있은 후 해당 상표등록출원에 관한 지정상품과 동일·유사한 상품에 대하여 해당 상표등록출원에 관한 상표와 동일·유사한 상표를 사용하는 자에게 서면으로 경고할 수 있으며, 경고 후 상표권을 설정등록할 때까지의 기간에 발생한 해당 상표의 사용에 관한 업무상 손실에 상당하는 보상금의 지급을 청구할 수 있다. 다만, 해당 상표등록출원에 대한 상표권의 설정등록 전까지는 이를 행사할 수 없다. 상표법도 누구든지 상표등록출원된 상표가 상표등록될 수 없다는 취지의 정보를 증거와 함께 특허청장 또는 특허심판원장에게 제공할 수 있는 정보제공도 가능하다.

### (9) 존속기간갱신등록출원 - 제84조 내지 제85조

상표권의 존속기간은 설정등록이 있는 날부터 10년이지만, 존속기간갱신등록신청에 의하여 10년씩 갱신할 수 있다. 존속기간갱신등록신청서는 상표권의 존속기간 만료 전 1년 이내에 제출하여야 한다. 다만, 이 기간에 존속기간갱신등록신청을 하지 아니한 자는 상표권의 존속기간이 끝난 후 6개월 이내에 할 수 있다.

상표권이 공유인 경우에는 공유자 모두가 공동으로 존속기간갱신등록신청을 하여야 한다. 위 기간에 존속기간갱신등록신청을 하면 상표권의 존속기간이 갱신된 것으로 보며, 존속기간갱신등록은 원등록의 효력이 끝나는 날의 다음 날부터 효력이 발생한다.

### (10) 지정상품추가등록출원 - 제86조

상표권자 또는 출원인은 등록상표 또는 상표등록출원의 지정상품을 추가하여 상표등록을 받을 수 있다. 지정상품추가등록출원은 심사의 규정이 준용되어, 출원서를 제출하고, 출원공고와 이의신청이 이루어진다. 이 경우 추가 등록된 지정상품에 대한 상표권의 존속기간 만료일은 원 등록상표권의 존속기간 만료일로 한다.

# 상표권

## 1 상표권의 효력과 제한

### (1) 상표권의 효력

　상표권은 설정등록에 의하여 발생한다. 등록상표의 보호범위는 상표등록출원서에 적은 상표 및 기재사항에 따라 정해지며, 지정상품의 보호범위는 상표등록출원서에 기재된 상품에 따라 정해진다. 상표권자는 지정상품에 관하여 그 등록상표를 사용할 권리를 독점하는 전용권으로서 적극적 효력과 권원 없는 제3자의 사용을 배제하는 배타권으로서의 소극적 효력을 갖는다. 그런데 상표권은 다른 지식재산권과 달리 독점권과 배타권의 범위에 차이가 있다. 상표권자는 동일상품에 동일상표를 사용할 권리만을 가지며(A 부분, 상표권자만이 사용가능), 유사한 상품에 동일한 상표를 사용하거나 동일한 상품에 유사상표를 사용하거나 유사한 상품에 유사한 상표를 사용할 수는 없다(B 부분, 상표권자라도 사용 불가). 권원 없는 제3자는 동일·유사한 상품에 동일·유사한 상표를 사용할 수 없다(A, B 부분, 제3자 사용 불가). 하지만, 비유사한 상품에 동일·유사·비유사한 상표나 동일·유사·비유사한 상품에 비유사한 상표는 누구든지 사용할 수 있다(C 부분, 누구나 사용가능). 아래의 표는 상표권의 사용가능 범위를 나타내고 있다.

|  | 동일상표 | 유사상표 | 비유사상표 |
|---|---|---|---|
| 동일상품 | A | | |
| 유사상품 | | B | |
| 비유사상품 | | | C |

## (2) 상표권 효력의 제한

### 1) 상표적 사용

상표권의 보호는 상표가 가지는 기능을 보호하는 것이고, 상표의 구성요소인 기호, 문자 등을 보호하는 것이 아니다. 따라서 특정 상표와 동일한 표장을 사용하는 경우에도 그것이 상품의 출처를 표시하거나 품질을 보증하는 등의 사용이 아니라면 상표의 효력이 미치지 않는다. 예로써, 상표가 순전히 디자인적으로만 사용되는 경우에는 상표적 사용에 해당하지 않으며, 특정 상표가 제품의 설명을 위해 사용되는 경우에도 상표적 사용에 해당하지 않는다.

> **판례**
>
> ■ **대법원 2013. 1. 24. 선고 2011다18802 판결** - 타인의 등록상표와 동일 또는 유사한 표장을 이용한 경우라고 하더라도 그것이 상표의 본질적인 기능이라고 할 수 있는 출처표시를 위한 것이 아니라 **순전히 디자인적으로만 사용**되는 등으로 상표의 사용으로 인식될 수 없는 경우에는 등록상표의 상표권을 침해한 행위로 볼 수 없고, 그것이 상표로서 사용되고 있는지를 판단하기 위하여는, **상품과의 관계, 당해 표장의 사용 태양, 등록상표의 주지저명성 그리고 사용자의 의도와 사용경위 등을 종합하여 실제 거래계에서 그 표시된 표장이 상품의 식별표지로서 사용되고 있는지를 종합하여 판단**하여야 한다.
>
> ■ **대법원 2012. 5. 24. 선고 2010후3073 판결** - 인터넷 키워드 검색 결과 화면은 이 사건 표장에 붙여 상품에 관한 정보를 일반 소비자에게 시각적으로 알림으로써 광고한 것으로 보기에 충분하므로 **상표의 사용**으로 보았다.

■ 대법원 2008. 9. 25. 선고 2006다51577 판결 - 도메인 이름은 그 자체로 상품의 출처표시로 기능한다고 할 수는 없으므로, 타인의 등록상표와 동일한 이름을 도메인 이름으로 사용하고 있는 것만으로는 상표법상 '상표의 사용'에 해당하지 않지만 (대법원 2004. 2. 13. 선고 2001다57709 판결), 도메인 이름이 상품의 출처를 표시하고 타인의 상품과 구별하는 식별표지로 기능하고 있을 때에는 상표법상 '상표의 사용'으로 볼 수 있다.

■ 대법원 2005. 6. 10. 선고 2005도1637 판결 - 타인의 등록상표와 유사한 표장을 이용한 경우라고 하더라도 그것이 출처표시를 위한 사용이 아니라 상품의 기능을 설명하거나 상품의 기능이 적용되는 기능을 밝히기 위한 것이라면 이는 상표법상 '상표의 사용'에 해당하지 않는다.

■ 대법원 2003. 6. 13. 선고 2001다79068 판결 - 방독마스크 제조, 판매 회사가 그 상호의 영문명칭의 첫 알파벳인 'S'와 방독마스크의 부품인 정화통을 의미하는 'CANISTER'의 약어인 'CA'를 합한 'SCA'라는 표시 옆에 농도별 등급표시에 해당하는 숫자를 병기하는 형식의 표장(SCA-501, SCA-408, SCA-104)을 이용한 것은 방독마스크 정화통의 종류나 규격 내지 등급표시의 사용일 뿐 자타 상품의 식별표지로서 기능하는 상표의 사용으로 볼 수 없다.

■ 대법원 2001. 7. 13. 선고 2001도1355 판결 - 자동차 부품을 판매하면서 해당 부품이 적용되는 차종을 밝히기 위하여 포장상자에 현대자동차, 대우자동차 등 자동차회사의 등록상표를 표시한 경우, 이는 용도를 설명하기 위하여 표장을 사용한 것이므로 상표법상 '상표의 사용'에 해당하지 않는다.

## 2) 상표권의 효력이 미치지 아니하는 범위 - 제90조

### 🎗 상표법

**제90조(상표권의 효력이 미치지 아니하는 범위)** ① 상표권(지리적 표시 단체표장권은 제외한다)은 다음 각 호의 어느 하나에 해당하는 경우에는 그 효력이 미치지 아니한다.

1. 자기의 성명·명칭 또는 상호·초상·서명·인장 또는 저명한 아호·예명·필명과 이들의 저명한 약칭을 상거래 관행에 따라 사용하는 상표

2. 등록상표의 지정상품과 동일·유사한 상품의 보통명칭·산지·품질·원재료·효능·용도·수량·형상·가격 또는 생산방법·가공방법·사용방법 및 시기를 보통으로 사용하는 방법으로 표시하는 상표
3. 입체적 형상으로 된 등록상표의 경우에는 그 입체적 형상이 누구의 업무에 관련된 상품을 표시하는 것인지 식별할 수 없는 경우에 등록상표의 지정상품과 동일·유사한 상품에 사용하는 등록상표의 입체적 형상과 동일·유사한 형상으로 된 상표
4. 등록상표의 지정상품과 동일·유사한 상품에 대하여 관용하는 상표와 현저한 지리적 명칭 및 그 약어 또는 지도로 된 상표
5. 등록상표의 지정상품 또는 그 지정상품 포장의 기능을 확보하는 데 불가결한 형상, 색채, 색채의 조합, 소리 또는 냄새로 된 상표

상표권은 자기의 성명이나 명칭을 상거래 관행에 따라 사용하거나, 식별력이 없는 상표(제33조 제1호 내지 제4호)를 사용하거나, 식별할 수 없는 입체상표, 기능성만을 갖는 상표를 사용하는 경우에는 상표권의 효력이 제한된다. 이는 성명권이나 상호권을 보장하고, 식별력이 없는 상표에 대한 효력을 제한하기 위함이다. 다만, 상표권의 설정등록이 있은 후에 부정경쟁의 목적으로 자기의 성명이나 명칭을 사용하는 경우에는 적용하지 아니한다.

### 3) 타인의 디자인권 등과의 관계 - 제92조

상표권자·전용사용권자 또는 통상사용권자는 그 등록상표를 사용할 경우에 그 사용 상태에 따라 그 상표등록출원일 전에 출원된 타인의 특허권·실용신안권·디자인권 또는 그 상표등록출원일 전에 발생한 타인의 저작권과 저촉되는 경우에는 지정상품 중 저촉되는 지정상품에 대한 상표의 사용은 특허권자·실용신안권자·디자인권자 또는 저작권자의 동의를 받지 아니하고는 그 등록상표를 사용할 수 없다. 또한, 상표권자 등은 그 등록상표의 사용이 부정경쟁방지 및 영업비밀보호에 관한 법률 제2조 제1호 파목에 따른 부정경쟁행위에 해당하는 경우에는 같은 목에 따른 타인의 동의를 받지 아니하고는 그 등록상표를 사용할 수 없다.

### 4) 특허권 등의 존속기간 만료 후 상표를 사용하는 권리 - 제98조

상표등록출원일 전 또는 상표등록출원일과 동일한 날에 출원되어 등록된 특

허권이 그 상표권과 저촉되는 경우 그 특허권의 존속기간이 만료되는 때에는 그 원특허권자는 원특허권의 범위에서 그 등록상표의 지정상품과 동일·유사한 상품에 대하여 그 등록상표와 동일·유사한 상표를 사용할 권리를 가진다.

### 5) 재심에 의하여 회복한 상표권의 효력 제한 - 제160조

상표등록 또는 존속기간갱신등록이 무효로 된 후 재심에 의하여 그 효력이 회복된 경우, 상표등록이 취소된 후 재심에 의하여 그 효력이 회복된 경우, 상표권의 권리범위에 속하지 아니한다는 심결이 확정된 후 재심에 의하여 이와 상반되는 심결이 확정된 경우에는 해당 심결이 확정된 후 그 회복된 상표권의 등록 전에 선의로 해당 등록상표와 같은 상표를 그 지정상품과 같은 상품에 사용한 행위에 상표권의 효력이 미치지 않는다.

### 6) 진정상품 병행수입

진정상품 병행수입이란 국내외 상표권자에 의해 적법하게 상표가 부착되어 배포된 상품을 권원 없는 자가 권리자의 허락 없이 수입하여 판매하는 것을 말하며, 국내외에서 유명한 상표가 부착된 상품을 해외에서 구매하여 우리나라에 수입하여 판매하는 행위이다. 상품의 판매로 인해 상표권의 권리가 소진되었기 때문에, 진정상품 병행수입이 허용된다는 입장과 속지주의 원칙상 무권리자들이 상표권자의 신용에 무단편승하는 것을 막기 위해서는 인정되어서는 안 된다는 입장이 있었다. 우리 판례는 진정상품 병행수입이 상표의 출처표시기능을 해하지 않고, 사람들에게 오인·혼동을 발생시킬 위험도 없기 때문에 상표의 본질적 기능을 해치지 않아 허용된다는 입장이다.

---

**판례**

■ **대법원 2002. 9. 24. 선고 99다42322 판결 -** 병행수입 그 자체는 위법성이 없는 정당한 행위로서 상표권 침해 등을 구성하지 아니하므로 병행수입업자가 상표권자의 상표가 부착된 상태에서 **상품을 판매하는 행위는 당연히 허용된다.**

■ **대법원 1997. 10. 10. 선고 96도2191 판결** - 국외에서 제조·판매되는 상품과 국내 전용사용권자가 제조·판매하는 상품 사이에 **품질상의 차이가 없다거나 출처가 동일하다고 볼 수 없고, 국내·외 상표권자가 공동지배통제 관계에 있지도 아니한 경우, 진정상품의 병행수입이 허용되지 않는다.**

■ **대법원 2002. 9. 24. 선고 99다42322 판결** - 병행수입업자가 적극적으로 상표권자의 상표를 사용하여 **광고·선전행위**를 한 것이 실질적으로 상표권 침해의 위법성이 있다고 볼 수 없어 **상표권 침해가 성립하지 아니한다**고 하더라도, 그 사용태양 등에 비추어 영업표지로서의 기능을 갖는 경우에는 일반수요자들로 하여금 **병행수입업자가 외국 본사의 국내 공인 대리점 등으로 오인하게 할 우려가 있으므로,** 이러한 사용행위는 부경법 제2조 제1호 (나)목 소정의 **영업주체혼동행위에 해당**되어 허용될 수 없다.

■ **서울고등법원 2006. 6. 7. 선고 2005나79761 판결** - 국내 전용사용권자가 많은 비용을 들여 그 제품에 대한 선전, 광고 활동을 하는 등 그들 나름대로의 보호받을 만한 신용(good will)을 형성한 경우에는 이를 보호할 필요가 있으므로 병행수입을 금지하여야 할 것이나, **보호받을 만한 신용이 배포권자인 전용사용권자에 속하는 것이 아니라 원래의 상표권자에 속하는 경우에는 이를 두고 전용사용권자의 시장성과에 무임승차한다고 볼 수 없으므로 병행수입을 금지할 수 없다.**

## 2 상표권의 이용

### (1) 상표권의 이전 등

상표권도 재산권의 일종이기 때문에, 상표권자는 다른 지식재산권과 동일하게 상표권을 사용, 수익, 처분할 수 있어, 상표권을 이전하거나 질권을 설정할 수 있다. 다만, 상표는 공익적 특성 때문에 그 이전 등에 있어 제한들이 따른다. 이러한 제한을 위반하는 경우에는 상표등록이 취소될 수 있다.

구체적으로는 다음과 같다: ① 상표권은 그 지정상품마다 분할하여 이전할 수 있다. 이 경우 유사한 지정상품은 함께 이전하여야 한다. ② 상표권이 공유인 경우에는 각 공유자는 다른 공유자 모두의 동의를 받지 아니하면 그 지분을 양도하거나 그 지분을 목적으로 하는 질권을 설정할 수 없고, 그 상표권에 대하여 전용사용권 또는 통상사용권을 설정할 수 없다. ③ 업무표장권은 양도할 수 없다. 다만, 그 업무와 함께 양도하는 경우에는 그러하지 아니하다. ④ 제34조 제1항 제1호 다목 단서, 같은 호 라목 단서 또는 같은 항 제3호 단서에 따라 등록된 상표권은 이전할 수 없다. 다만, 제34조 제1항 제1호 다목·라목 또는 같은 항 제3호의 명칭, 약칭 또는 표장과 관련된 업무와 함께 양도하는 경우에는 그러하지 아니하다. ⑤ 단체표장권은 이전할 수 없다. 다만, 법인의 합병의 경우에는 특허청장의 허가를 받아 이전할 수 있다. ⑥ 증명표장권은 이전할 수 없다. 다만, 해당 증명표장에 대하여 제3조 제3항에 따라 등록받을 수 있는 자에게 그 업무와 함께 이전할 경우에는 특허청장의 허가를 받아 이전할 수 있다. ⑦ 업무표장권, 제34조 제1항 제1호 다목 단서, 같은 호 라목 단서 또는 같은 항 제3호 단서에 따른 상표권, 단체표장권 또는 증명표장권을 목적으로 하는 질권은 설정할 수 없다. ⑧ 상표권의 지정상품이 둘 이상인 경우에는 그 상표권을 지정상품별로 분할할 수 있고, 여기서의 분할은 제117조 제1항에 따른 무효심판이 청구된 경우에는 심결이 확정되기까지는 상표권이 소멸된 후에도 할 수 있다.

## (2) 사용권

상표의 사용권에도 전용사용권과 통상사용권이 있다. 전용사용권은 설정행위로 정한 범위 내에서 등록상표를 독점한다. 전용사용권에 대한 사항의 등록은 효력발생요건이며 일반승계가 아닌 한 상표권자의 동의가 있어야 질권 설정, 통상사용권설정, 이전 등이 가능하다. 통상사용권은 일정한 범위 내에서 지정상품에 관하여 등록상표를 사용할 수 있는 권리이다. 상표권자(전용실시권자)의 동의를 얻은 경우 질권 설정, 이전이 가능하며, 통상사용권에 대한 사항의 등록은 대항요건이다.

특히, 상표법은 특허법과 유사하게 선사용에 따른 상표를 계속 사용할 권리를 인정한다. 따라서 타인의 등록상표와 동일·유사한 상표를 그 지정상품과 동일·유사한 상품에 사용하는 자로서 부정경쟁의 목적이 없이 타인의 상표등록출원 전부터 국내에서 계속하여 사용하고 있으며, 그 상표를 사용한 결과 타인의 상표등록출원 시에 국내 수요자 간에 그 상표가 특정인의 상품을 표시하는 것이라고 인식되어 있을 경우에는 해당 상표를 사용하는 상품에 대하여 계속하여 사용할 권리를 가진다. 또한, 자기의 성명·상호 등 인격의 동일성을 표시하는 수단을 상거래 관행에 따라 상표로 사용하는 자는 위의 요건을 갖춘 경우, 해당 상표를 그 사용하는 상품에 대하여 계속 사용할 권리를 가진다. 상표권자나 전용사용권자는 상표를 사용할 권리를 가지는 자에게 상품 간에 출처의 오인이나 혼동을 방지하는 데 필요한 표시를 할 것을 청구할 수 있다.

## 3 상표권의 소멸

상표권은 상표권자가 사망한 날부터 3년 이내에 상속인이 그 상표권의 이전등록을 하지 아니한 경우에는 상표권자가 사망한 날부터 3년이 되는 날의 다음 날에 상표권이 소멸된다. 상표권의 상속이 개시된 때 상속인이 없는 경우에는 그 상표권은 소멸된다. 청산절차가 진행 중인 법인의 상표권은 법인의 청산종결등기일까지 그 상표권의 이전등록을 하지 아니한 경우에는 청산종결등기일의 다음 날에 소멸된다.

## 4 상표권 침해와 구제

### (1) 상표권 침해

상표권자는 지정상품에 대하여 등록상표를 사용할 권리를 독점한다. 따라서 동일한 상품에 동일한 상표를 사용하는 경우에는 침해가 성립하며, 이를 동일영역에서의 침해라고 한다. 또한, 앞서 살펴본 바와 같이, 상표권의 소극적 범위, 즉 타인의 사용을 배제할 수 있는 범위는 동일한 상품과 상표를 넘어 유사범위까지 확대된다. 따라서 유사한 상품에 동일한 상표를 사용하거나 동일한 상품에 유사상표를 사용하거나 유사한 상품에 유사한 상표를 사용하는 경우에도 침해가 성립되며, 이를 유사영역의 침해라 하며, 후술하는 침해로 보는 행위 중 하나가 된다.

또한, 상표법은 상표침해의 개연성이 높은 경우를 침해로 보는 행위로 규정함으로써 상표권자를 두텁게 보호하고 있다. 침해로 보는 행위는 ① 타인의 등록상표와 동일한 상표를 그 지정상품과 유사한 상품에 사용하거나 타인의 등록상표와 유사한 상표를 그 지정상품과 동일·유사한 상품에 사용하는 행위, ② 타인의 등록상표와 동일·유사한 상표를 그 지정상품과 동일·유사한 상품에 사용하거나 사용하게 할 목적으로 교부·판매·위조·모조 또는 소지하는 행위, ③ 타인의 등록상표를 위조 또는 모조하거나 위조 또는 모조하게 할 목적으로 그 용구를 제작·교부·판매 또는 소지하는 행위, ④ 타인의 등록상표 또는 이와 유사한 상표가 표시된 지정상품과 동일·유사한 상품을 양도 또는 인도하기 위하여 소지하는 행위를 포함한다. 이와 더불어, 지리적 표시 단체표장권에 대한 침해로 보는 행위(타인의 지리적 표시 등록단체표장과 유사한 상표를 그 지정상품과 동일하다고 인정되는 상품에 사용하는 행위)도 별도로 규정하고 있다.

## (2) 침해의 구제

상표권 침해가 발생한 경우, 상표권자는 민사상·형사상 구제조치를 취할 수 있다. 민사상 구제조치로서 상표권자는 침해금지청구, 손해배상청구, 신용회복청구를 할 수 있다. 상표권의 침해에 대한 구제는 다른 지식재산권법들과 유사하나, 제111조에 법정손해배상제도를 도입하여 상표권자 또는 전용사용권자는 자기가 사용하고 있는 등록상표와 같거나 동일성이 있는 상표를 그 지정상품과 같거나 동일성이 있는 상품에 사용하여 자기의 상표권 또는 전용사용권을 고의나 과실로 침해한 자에 대하여 손해배상을 청구하는 대신 1억원(고의적으로 침해한 경우에는 3억원) 이하의 범위에서 상당한 금액을 손해액으로 하여 배상을 청구할 수 있다. 또한, 상표법은 특허법 등의 침해 시 과실을 추정하는 것과 달리, 등록상표임을 표시한 타인의 상표권 또는 전용사용권을 침해한 자는 그 침해행위에 대하여 그 상표가 이미 등록된 사실을 알았던 것(고의)으로 추정한다. 형사상 구제로서 침해죄 등이 존재하는 것은 다른 지식재산권법들과 동일하나, 침해죄가 비친고죄라는 점에서 차이가 있다.

# 상표심판제도

## 1 서론

상표법은 다른 지식재산법들과 동일한 심판의 유형으로서 보정각하결정에 대한 심판, 거절결정에 대한 심판, 상표등록의 무효심판, 권리범위 확인심판을 갖고 있다. 반면, 상표법은 존속기간갱신등록 무효심판, 상표등록의 취소심판 그리고 전용사용권 또는 통상사용권 등록의 취소심판과 같은 특유의 심판들도 갖고 있다. 또한, 심판의 심결에 대하여는 소송과 재심도 가능하다. 다른 지식재산법들에도 존재하는 심판들은 그 내용에 있어 차이가 없고, 존속기간갱신등록 무효심판은 갱신에 대한 하자가 있는 경우에 그 무효를 청구하는 것이기 때문에 무효심판과 그 사유가 다를 뿐 특별한 차이가 존재하지 않는다. 따라서 이하에서는 상표법에서만 존재하고, 가장 중요한 의미를 갖는 상표등록의 취소심판과 사용권 등록의 취소심판에 대해서만 살펴보도록 한다.

## 2 상표등록취소심판

상표권 취소심판은 등록되고 무효사유가 없는 적법한 상표에 대해, 상표권자가 제대로 사용하지 않아 특허청 심판원에서의 심판에 의해 해당 상표권을 소멸시키는 심판 절차이다.

## (1) 취소사유

### 🛡️ 상표법

**제119조(상표등록의 취소심판)** ① 등록상표가 다음 각 호의 어느 하나에 해당하는 경우에는 그 상표등록의 취소심판을 청구할 수 있다.

1. 상표권자가 고의로 지정상품에 등록상표와 유사한 상표를 사용하거나 지정상품과 유사한 상품에 등록상표 또는 이와 유사한 상표를 사용함으로써 수요자에게 상품의 품질을 오인하게 하거나 타인의 업무와 관련된 상품과 혼동을 불러일으키게 한 경우

2. 전용사용권자 또는 통상사용권자가 지정상품 또는 이와 유사한 상품에 등록상표 또는 이와 유사한 상표를 사용함으로써 수요자에게 상품의 품질을 오인하게 하거나 타인의 업무와 관련된 상품과의 혼동을 불러일으키게 한 경우. 다만, 상표권자가 상당한 주의를 한 경우는 제외한다.

3. 상표권자·전용사용권자 또는 통상사용권자 중 어느 누구도 정당한 이유 없이 등록상표를 그 지정상품에 대하여 취소심판청구일 전 계속하여 3년 이상 국내에서 사용하고 있지 아니한 경우

4. 제93조제1항 후단, 같은 조 제2항 및 같은 조 제4항부터 제7항까지의 규정에 위반된 경우

5. 상표권의 이전으로 유사한 등록상표가 각각 다른 상표권자에게 속하게 되고 그 중 1인이 자기의 등록상표의 지정상품과 동일·유사한 상품에 부정경쟁을 목적으로 자기의 등록상표를 사용함으로써 수요자에게 상품의 품질을 오인하게 하거나 타인의 업무와 관련된 상품과 혼동을 불러일으키게 한 경우

5의2. 제34조제1항제7호 단서 또는 제35조제6항에 따라 등록된 상표의 권리자 또는 그 상표등록에 대한 동의를 한 자 중 1인이 자기의 등록상표의 지정상품과 동일·유사한 상품에 부정경쟁을 목적으로 자기의 등록상표를 사용함으로써 수요자에게 상품의 품질을 오인하게 하거나 타인의 업무와 관련된 상품과 혼동을 불러일으키게 한 경우

6. 제92조제2항에 해당하는 상표가 등록된 경우에 그 상표에 관한 권리를 가진 자가 해당 상표등록일부터 5년 이내에 취소심판을 청구한 경우

## 1) 상표권자의 부정사용 - 제119조 제1항 제1호

상표권자가 고의로 지정상품에 등록상표와 유사한 상표를 사용하거나 지정상품과 유사한 상품에 등록상표 또는 이와 유사한 상표를 사용(B구역)함으로써 수요자에게 상품의 품질을 오인하게 하거나 타인의 업무와 관련된 상품과 혼동을 불러일으키게 한 경우에는 상표등록 취소심판을 청구할 수 있다.

## 2) 사용권자의 부정사용 - 제119조 제1항 제2호

전용사용권자 또는 통상사용권자가 지정상품 또는 이와 유사한 상품에 등록상표 또는 이와 유사한 상표를 사용(B구역)함으로써 수요자에게 상품의 품질을 오인하게 하거나 타인의 업무와 관련된 상품과의 혼동을 불러일으키게 한 경우에는 상표등록 취소심판을 청구할 수 있다. 제1호와 달리 사용권자가 부정사용한 경우이며, 상표권자를 보호하기 위해, 상표권자가 상당한 주의를 한 경우에는 취소를 면할 수 있다.

## 3) 불사용 - 제119조 제1항 제3호

상표권자, 전용사용권자 또는 통상사용권자 중 어느 누구도 정당한 이유 없이 등록상표를 그 지정상품에 대하여 취소심판청구일 전 계속하여 3년 이상 국내에서 사용하고 있지 아니한 경우에는 상표등록 취소심판을 청구할 수 있다. 본 규정에 의한 취소심판을 청구하는 경우에는 등록상표의 지정상품이 둘 이상 있는 경우에는 일부 지정상품에 관하여 취소심판을 청구할 수 있다. 상표권자 등은 상표를 사용하지 아니한 것에 대한 정당한 이유를 증명하는 경우 취소를 면할 수 있다. 여기서 정당한 이유라 함은 질병 기타 천재 등의 불가항력에 의하여 영업을 할 수 없는 경우뿐만 아니라 법률에 의한 규제, 판매금지 또는 국가의 수입제한조치 등에 의하여 상표권자의 귀책사유로 인하지 않고 등록상표의 지정상품이 국내에서 일반적·정상적으로 거래할 수 없는 경우도 포함된다(대법원 2004. 4. 25. 선고 97후3920 판결). 입증책임은 상표권자가 등록상표를 정당하게 사용하였음을 입증해야 한다.

## 4) 이전과 공유에 대한 제한 위반 - 제119조 제1항 제4호

유사한 지정상품은 함께 이전하여야 하는데 그렇지 않은 경우(제93조 제1항 후단), 공유 상표권의 경우 각 공유자는 다른 공유자 모두의 동의를 받지 아니하면 그 지분을 양도하거나 그 지분을 목적으로 하는 질권을 설정할 수 없는데 이를 위반한 경우(제93조 제2항), 업무표장권의 양도 제한 위반(제93조 제4항), 상표법 제34조 제1항 제1호 다목 단서, 라목 단서, 동항 제3호 단서에 따라 등록된 상표권의 이전 제한 위반(제93조 제5항), 단체표장권의 이전 제한 위반(제93조 제6항), 증명표장권의 이전 제한 위반(제93조 제7항)의 경우에는 상표등록 취소심판을 청구할 수 있다.

### 5) 상표권의 이전 후 부정경쟁의 목적 - 제119조 제1항 제5호

상표권의 이전으로 유사한 등록상표가 각각 다른 상표권자에게 속하게 되고 그 중 1인이 자기 등록상표의 지정상품과 동일·유사한 상품에 부정경쟁을 목적으로 자기의 등록상표를 사용함으로써 수요자에게 상품의 품질을 오인하게 하거나 타인의 업무와 관련된 상품과 혼동을 불러일으키게 한 경우 상표등록 취소심판을 청구할 수 있다.

### 6) 상표공존동의에서 부정경쟁의 목적 - 제119조 제1항 제5호의2

선출원(先出願)에 의한 타인의 등록상표와 동일·유사한 상표로서 그 지정상품과 동일·유사한 상품에 사용하는 상표도 그 타인으로부터 상표등록에 대한 동의를 받거나(제34조 제1항 제7호 단서), 선출원자나 협의·추첨에 의해 결정된 출원인으로부터 상표등록에 대한 동의를 받아(제35조제6항) 등록된 상표의 권리자 또는 그 상표등록에 대한 동의를 한 자 중 1인이 자기의 등록상표의 지정상품과 동일·유사한 상품에 부정경쟁을 목적으로 자기의 등록상표를 사용함으로써 수요자에게 상품의 품질을 오인하게 하거나 타인의 업무와 관련된 상품과 혼동을 불러일으키게 한 경우 상표등록 취소심판을 청구할 수 있다.

### 7) 부경법상 동의된 상표에 대한 취소심판 청구 - 제119조 제1항 제6호

부경법 제2조 제1호 파목(그 밖에 타인의 상당한 투자나 노력으로 만들어진 성과 등을 공정한 상거래 관행이나 경쟁질서에 반하는 방법으로 자신의 영업을 위하여 무단으로 사용함으로써 타인의 경제적 이익을 침해하는 행위)에서 타인의 동의를 받고 상표등록을 받은 경우, 그 상표에 관한 권리를 가진 자는 해당 상표등록일부터 5년 이내에 취소심판을 청구할 수 있다.

8) 기타 - 제119조 제1항 제7호 내지 제9호

제7호는 단체표장, 제8호는 지리적 표시 단체표장, 제9호는 증명표장과 관련하여 정당하지 않은 사용을 한 경우 해당 표장들에 대하여 취소심판을 청구할 수 있도록 하고 있다.

## (2) 취소심판의 절차 및 효과

제3호 불사용 취소심판의 경우에는 등록상표의 지정상품이 둘 이상 있는 경우에는 일부 지정상품에 관하여 취소심판을 청구할 수 있다. 제4호와 제6호 이외의 사유로 취소심판을 청구한 후 그 심판청구 사유에 해당 사실이 없어지더라도 취소사유에 영향을 미치지 아니한다. 취소심판은 제4호와 제6호에 해당하는 것을 사유로 하는 심판은 이해관계인만 청구할 수 있으나, 그 외에는 누구든지 청구할 수 있다. 상표등록을 취소한다는 심결이 확정되었을 경우에는 그 상표권은 그때부터 소멸되지만, 제3호에 해당하는 것을 사유로 취소한다는 심결이 확정된 경우에는 그 심판청구일에 소멸하는 것으로 본다.


## 3 사용권 등록의 취소심판 - 제120조

전용사용권자 또는 통상사용권자가 상표등록 취소심판 사유 중 제2호에 해당하는 행위를 한 경우에는 그 전용사용권 또는 통상사용권 등록의 취소심판을 청구할 수 있다. 이 경우, 전용사용권 또는 통상사용권 등록의 취소심판을 청구한 후 그 심판청구사유에 해당하는 사실이 없어진 경우에도 취소에 영향을 미치지 않는다. 본 규정에 의한 취소심판은 누구든지 청구할 수 있다. 전용사용권 또는 통상사용권 등록을 취소한다는 심결이 확정되었을 경우에는 그 전용사용권 또는 통상사용권은 그때부터 소멸된다.

- **대법원 2016. 8. 18. 선고 2016후663 판결** – 복수의 유사상표를 사용하다가 그 중 일부만 등록한 상표권자가 미등록의 사용상표를 계속 사용하는 경우에도, 그로 인하여 타인의 상표와의 관계에서 등록상표만을 사용한 경우에 비하여 수요자가 상품 출처를 오인·혼동할 우려가 더 커지게 되었다면, 이러한 사용도 등록상표와 유사한 상표의 사용으로 볼 수 있다. 또한, 상표등록 취소사유에 해당하기 위하여 등록상표가 혼동의 대상이 되는 타인의 상표와 반드시 유사할 필요는 없다고 할 것이다.

- **대법원 2013. 12. 26. 선고 2012후1521 판결** – 실제 사용된 상표가 등록상표를 타인의 상표와 동일 또는 유사하게 보이도록 변형한 것이어서 그 사용으로 인하여 대상상표와의 관계에서 등록상표를 그대로 사용한 경우보다 수요자가 상품 출처를 오인·혼동할 우려가 더 커지게 되었다면, 상표법 제119조 제1항 제1호에서 정한 부정사용을 이유로 한 상표등록 취소심판에서는 그 **실사용상표의 사용을 등록상표와 유사한 상표의 사용으로 볼 수 있다.**

- **대법원 2013. 2. 28. 선고 2012후3206 판결** – 불사용으로 인한 상표등록취소심판 제도는 등록상표의 사용을 촉진하는 한편 그 불사용에 대한 제재를 가하려는 데에 그 목적이 있으므로, '등록상표의 사용' 여부 판단에 있어서는 **상표권자 또는 그 사용권자가 자타상품의 식별표지로서 사용하려는 의사에 기하여 등록상표를 사용한 것으로 볼 수 있는지 여부가 문제될 뿐** 일반수요자나 거래자가 이를 상품의 출처표시로서 인식할 수 있는지 여부는 등록상표의 사용 여부 판단을 좌우할 사유가 되지 못한다.

- **대법원 2012. 7. 12. 선고 2012후740 판결** – 주문자상표부착생산 방식(OEM 방식)에 의한 수출에 있어서는 상품 제조에 대한 품질관리 등 실질적인 통제가 주문자에 의하여 유지되고, 수출업자의 생산은 오직 주문자의 주문에만 의존하며 생산된 제품 전량이 주문자에게 인도되는 것이 보통이므로, 상표등록취소심판에서 누가 상표를 사용한 것인지를 판단함에 있어서는 특별한 사정이 없는 한 **주문자인 상표권자나 사용권자가 상표를 사용한 것으로 보아야** 한다.

- **대법원 2009. 5. 14. 선고 2009후665 판결** – 불사용으로 인한 상표등록취소제도의 취지에 비추어 볼 때, 여기서 **'등록상표를 사용'**한다고 함은 **등록상표와 동일한 상표를 사용한 경우**를 말하고 유사상표를 사용한 경우는 포함되지 아니하나, **'동일한 상표'**에는 등록상표 그 자체뿐만 아니라 거래통념상 등록상표와 동일하게 볼 수 있는 형태의 상표도 포함된다고 할 것이다.

■ **대법원 2007. 6. 14. 선고 2005후1905 판결** - 상표법 제119조 제1항 제3호에서 규정하는 불사용으로 인한 등록취소심판 사건에서 **지정상품은 그 상품의 기능, 용도, 재료, 구체적 거래실정등을 기초로 거래사회의 통념에 따라 해석·판단**하여야 한다.

■ **대법원 2001. 4. 27. 선고 98후751 판결** - 상표법에서 불사용에 의한 상표등록취소제도를 마련하고 있는 것은 **사용되지 아니하는 상표를 권리자에게 독점시켜 두는 경우 다른 사람의 상표 선택의 자유를 부당하게 제한하는 결과로 되므로 이를 방지하고자 하는 데에 주된 목적이 있다. 상표권자가 외국에서** 자신의 등록상표를 상품에 표시하였을 뿐 우리나라에서 직접 또는 대리인을 통하여 등록상표를 표시한 상품을 양도하거나 상품에 관한 광고에 상표를 표시하는 등의 행위를 한 바 없다고 하더라도, 그 상품이 **제3자에 의하여 우리나라로 수입되어 상표권자가 등록상표를 표시한 그대로 국내의 정상적인 거래에서 양도, 전시되는 등의 방법으로 유통**됨에 따라 사회통념상 국내의 거래자나 수요자에게 그 상표가 그 상표를 표시한 상표권자의 업무에 관련된 상품을 표시하는 것으로 인식되는 경우에는 특단의 사정이 없는 한 그 상표를 표시한 상표권자가 국내에서 **상표를 사용한 것으로 보아야 한다.**

■ **대법원 2000. 4. 25. 선고 97후3920 판결** - 상표 불사용에 대한 '**정당한 이유**'라 함은 질병 기타 천재 등의 **불가항력에 의하여 영업을 할 수 없는 경우**뿐만 아니라, 법률에 의한 규제, 판매금지, 또는 국가의 수입제한조치 등에 의하여 부득이 등록상표의 지정상품이 국내에서 일반적·정상적으로 거래될 수 없는 경우와 같이 **상표권자의 귀책사유로 인하지 아니한 상표 불사용의 경우도 포함**된다고 할 것이다. 등록취소심판은 등록상표가 계속하여 3년 이상 정당한 이유 없이 사용되지 않음으로써 그 취소의 요건은 충족되고, **상표의 이전이 있는 경우라도 이전등록시부터 불사용의 기간을 계산하여야 하는 것이 아니라** 할 것이다.

■ **대법원 1992. 10. 27. 선고 92후605 판결** - 상표권자가 등록상표의 동일성을 해하지 아니하는 범위 내에서 **그 색상이나 글자꼴을 변경한다든가, 그 상표에 요부가 아닌 기호나 부기적 부분을 변경하여 사용**한다 하더라도 이를 동일한 상표의 사용이 아니라고 할 수는 없다.

# 제7장

# 부정경쟁방지법

# I

# 서설

    부정경쟁방지법 제1조에 따르면, 국내에 널리 알려진 타인의 상표·상호 등을 부정하게 사용하는 등의 부정경쟁행위를 방지하여 건전한 거래질서를 유지함을 목적으로 하고 있다. 따라서 부정경쟁방지법은 본래 상표법의 일반법으로서 상표법이 적용될 수 없는 경우에 보충적으로 적용됐다. 그런데 최근 상당한 투자나 노력에 의한 성과 등을 부정경쟁행위 중 하나로 도입하고, 그 외 상표와는 거리가 있는 부정경쟁행위를 도입하면서 그 성격이 지식재산법 전체의 일반법과 같은 성격으로 변화되고 있는 듯하다. 부정경쟁방지법은 규제 대상을 명확히 하기 위해, 아래와 같이 부정경쟁행위를 구체적으로 한정하여 열거하고 있다.

### 🗒 부정경쟁방지법

> **제2조(정의)** 이 법에서 사용하는 용어의 뜻은 다음과 같다.
>
> 1. "부정경쟁행위"란 다음 각 목의 어느 하나에 해당하는 행위를 말한다.
>
>     가. 다음의 어느 하나에 해당하는 정당한 사유 없이 국내에 널리 인식된 타인의 성명, 상호, 상표, 상품의 용기·포장, 그 밖에 타인의 상품임을 표시한 표지(標識)(이하 이 목에서 "타인의 상품표지"라 한다)와 동일하거나 유사한 것을 사용하거나 이러한 것을 사용한 상품을 판매·반포(頒布) 또는 수입·수출하여 타인의 상품과 혼동하게 하는 행위
>
>         1) 타인의 상품표지가 국내에 널리 인식되기 전부터 그 타인의 상품표지와 동일하거나 유사한 표지를 부정한 목적 없이 계속 사용하는 경우

2) 1)에 해당하는 자의 승계인으로서 부정한 목적 없이 계속 사용하는 경우

나. 다음의 어느 하나에 해당하는 정당한 사유 없이 국내에 널리 인식된 타인의 성명, 상호, 표장(標章), 그 밖에 타인의 영업임을 표시하는 표지(상품 판매·서비스 제공방법 또는 간판·외관·실내장식 등 영업제공 장소의 전체적인 외관을 포함하며, 이하 이 목에서 "타인의 영업표지"라 한다)와 동일하거나 유사한 것을 사용하여 타인의 영업상의 시설 또는 활동과 혼동하게 하는 행위

    1) 타인의 영업표지가 국내에 널리 인식되기 전부터 그 타인의 영업표지와 동일하거나 유사한 표지를 부정한 목적 없이 계속 사용하는 경우

    2) 1)에 해당하는 자의 승계인으로서 부정한 목적 없이 계속 사용하는 경우

다. 가목 또는 나목의 혼동하게 하는 행위 외에 다음의 어느 하나에 해당하는 정당한 사유 없이 국내에 널리 인식된 타인의 성명, 상호, 상표, 상품의 용기·포장, 그 밖에 타인의 상품 또는 영업임을 표시한 표지(타인의 영업임을 표시하는 표지에 관하여는 상품 판매·서비스 제공방법 또는 간판·외관·실내장식 등 영업제공 장소의 전체적인 외관을 포함한다. 이하 이 목에서 같다)와 동일하거나 유사한 것을 사용하거나 이러한 것을 사용한 상품을 판매·반포 또는 수입·수출하여 타인의 표지의 식별력이나 명성을 손상하는 행위

    1) 타인의 성명, 상호, 상표, 상품의 용기·포장, 그 밖에 타인의 상품 또는 영업임을 표시한 표지가 국내에 널리 인식되기 전부터 그 타인의 표지와 동일하거나 유사한 표지를 부정한 목적 없이 계속 사용하는 경우

    2) 1)에 해당하는 자의 승계인으로서 부정한 목적 없이 계속 사용하는 경우

    3) 그 밖에 비상업적 사용 등 대통령령으로 정하는 정당한 사유에 해당하는 경우

라. 상품이나 그 광고에 의하여 또는 공중이 알 수 있는 방법으로 거래상의 서류 또는 통신에 거짓의 원산지의 표지를 하거나 이러한 표지를 한 상품을 판매·반포 또는 수입·수출하여 원산지를 오인(誤認)하게 하는 행위

마. 상품이나 그 광고에 의하여 또는 공중이 알 수 있는 방법으로 거래상의 서류 또는 통신에 그 상품이 생산·제조 또는 가공된 지역 외의 곳에서 생산 또는 가공된 듯이 오인하게 하는 표지를 하거나 이러한 표지를 한 상품을 판매·반포 또는 수입·수출하는 행위

바. 타인의 상품을 사칭(詐稱)하거나 상품 또는 그 광고에 상품의 품질, 내용, 제조방법, 용도 또는 수량을 오인하게 하는 선전 또는 표지를 하거나 이러한 방법이나 표지로써 상품을 판매·반포 또는 수입·수출하는 행위

사. 다음의 어느 하나의 나라에 등록된 상표 또는 이와 유사한 상표에 관한 권리를 가진 자의 대리인이나 대표자 또는 그 행위일 전 1년 이내에 대리인이나 대표자이었던 자가 정당한 사유 없이 해당 상표를 그 상표의 지정상품과 동일하거나 유사한 상품에 사용하거나 그 상표를 사용한 상품을 판매·반포 또는 수입·수출하는 행위

(1) 「공업소유권의 보호를 위한 파리협약」(이하 "파리협약"이라 한다) 당사국

(2) 세계무역기구 회원국

(3) 「상표법 조약」의 체약국(締約國)

아. 정당한 권원이 없는 자가 다음의 어느 하나의 목적으로 국내에 널리 인식된 타인의 성명, 상호, 상표, 그 밖의 표지와 동일하거나 유사한 도메인이름을 등록·보유·이전 또는 사용하는 행위

(1) 상표 등 표지에 대하여 정당한 권원이 있는 자 또는 제3자에게 판매하거나 대여할 목적

(2) 정당한 권원이 있는 자의 도메인이름의 등록 및 사용을 방해할 목적

(3) 그 밖에 상업적 이익을 얻을 목적

자. 타인이 제작한 상품의 형태(형상·모양·색채·광택 또는 이들을 결합한 것을 말하며, 시제품 또는 상품소개서상의 형태를 포함한다. 이하 같다)를 모방한 상품을 양도·대여 또는 이를 위한 전시를 하거나 수입·수출하는 행위. 다만, 다음의 어느 하나에 해당하는 행위는 제외한다.

(1) 상품의 시제품 제작 등 상품의 형태가 갖추어진 날부터 3년이 지난 상품의 형태를 모방한 상품을 양도·대여 또는 이를 위한 전시를 하거나 수입·수출하는 행위

(2) 타인이 제작한 상품과 동종의 상품(동종의 상품이 없는 경우에는 그 상품과 기능 및 효용이 동일하거나 유사한 상품을 말한다)이 통상적으로 가지는 형태를 모방한 상품을 양도·대여 또는 이를 위한 전시를 하거나 수입·수출하는 행위

차. 사업제안, 입찰, 공모 등 거래교섭 또는 거래과정에서 경제적 가치를 가지는 타인의 기술적 또는 영업상의 아이디어가 포함된 정보를 그 제공목적에 위반하여 자신 또는 제3자의 영업상 이익을 위하여 부정하게 사용하거나 타인에게 제공하여 사용하게 하는 행위. 다만, 아이디어를 제공받은 자가 제공받을 당시 이미 그 아이디어를 알고 있었거나 그 아이디어가 동종 업계에서 널리 알려진 경우에는 그러하지 아니하다.

카. 데이터(「데이터 산업진흥 및 이용촉진에 관한 기본법」 제2조제1호에 따른 데이터 중 업(業)으로서 특정인 또는 특정 다수에게 제공되는 것으로, 전자적 방법으로 상당량 축적·관리되고 있으며, 비밀로서 관리되고 있지 아니한 기술상 또는 영업상의 정보를 말한다. 이하 같다)를 부정하게 사용하는 행위로서 다음의 어느 하나에 해당하는 행위

    1) 접근권한이 없는 자가 절취·기망·부정접속 또는 그 밖의 부정한 수단으로 데이터를 취득하거나 그 취득한 데이터를 사용·공개하는 행위

    2) 데이터 보유자와의 계약관계 등에 따라 데이터에 접근권한이 있는 자가 부정한 이익을 얻거나 데이터 보유자에게 손해를 입힐 목적으로 그 데이터를 사용·공개하거나 제3자에게 제공하는 행위

    3) 1) 또는 2)가 개입된 사실을 알고 데이터를 취득하거나 그 취득한 데이터를 사용·공개하는 행위

    4) 정당한 권한 없이 데이터의 보호를 위하여 적용한 기술적 보호조치를 회피·제거 또는 변경(이하 "무력화"라 한다)하는 것을 주된 목적으로 하는 기술·서비스·장치 또는 그 장치의 부품을 제공·수입·수출·제조·양도·대여 또는 전송하거나 이를 양도·대여하기 위하여 전시하는 행위. 다만, 기술적 보호조치의 연구·개발을 위하여 기술적 보호조치를 무력화하는 장치 또는 그 부품을 제조하는 경우에는 그러하지 아니다.

타. 국내에 널리 인식되고 경제적 가치를 가지는 타인의 성명, 초상, 음성, 서명 등 그 타인을 식별할 수 있는 표지를 공정한 상거래 관행이나 경쟁질서에 반하는 방법으로 자신의 영업을 위하여 무단으로 사용함으로써 타인의 경제적 이익을 침해하는 행위

파. 그 밖에 타인의 상당한 투자나 노력으로 만들어진 성과 등을 공정한 상거래 관행이나 경쟁질서에 반하는 방법으로 자신의 영업을 위하여 무단으로 사용함으로써 타인의 경제적 이익을 침해하는 행위

# 행위의 유형

　부정경쟁방지법 제2조 제1호는 부정경쟁행위를 규정하고 있으며, 상품주체 혼동 행위, 영업주체 혼동 행위, 상표 희석 행위, 원산지 오인 야기 행위, 생산지 오인 야기 행위, 품질 등 오인 야기 행위, 대리인의 상표 무단 사용 행위, 도메인이름으로서의 주지상표 무단 사용 행위, 상품 형태의 모방 행위가 기존의 상표 관련 부정경쟁행위라고 할 수 있다.

---

**판례**

■ **대법원 2017. 11. 9. 선고 2014다49180 판결** – 부정경쟁방지 및 영업비밀보호에 관한 법률 제2조 제1호 (다)목의 입법 취지와 입법 과정에 비추어 볼 때, 위 규정에서 사용하고 있는 '국내에 널리 인식된'이라는 용어는 국내 전역 또는 일정한 지역 범위 안에서 수요자들 사이에 알려지게 된 **'주지의 정도'를 넘어 관계 거래자 외에 일반 공중의 대부분에까지 널리 알려지게 된 이른바 '저명의 정도'에 이른 것**을 의미한다. 경쟁자가 상당한 노력과 투자에 의하여 구축한 성과물을 상도덕이나 공정한 경쟁질서에 반하여 자신의 영업을 위하여 무단으로 이용함으로써 경쟁자의 노력과 투자에 편승하여 부당하게 이익을 얻고 경쟁자의 법률상 보호할 가치가 있는 이익을 침해하는 행위는 **부정한 경쟁행위**로서 민법상 불법행위에 해당한다.

■ **대법원 2016. 10. 27. 선고 2015다240454 판결** - 부정경쟁방지 및 영업비밀보호에 관한 법률 제2조 제1호 (자)목은 타인이 제작한 상품의 형태를 모방한 상품을 양도·대여하는 등의 행위를 부정경쟁행위의 한 유형으로 규정하고 있다. 이는 타인이 개발한 상품의 형태를 모방하여 실질적으로 동일하다고 볼 수 있을 정도의 상품을 만들어 냄으로써 경쟁상 불공정한 이익을 얻는 것을 막기 위한 것으로서, 여기에 규정된 모방의 대상으로서의 '**상품의 형태**'는 일반적으로 상품 자체의 형상·모양·색채·광택 또는 이들을 결합한 전체적 외관을 말한다. 그러므로 위 규정에 의한 보호대상인 상품의 형태를 갖추었다고 하려면, 수요자가 상품의 외관 자체로 특정 상품임을 인식할 수 있는 형태적 특이성이 있을 뿐 아니라 정형화된 것이어야 한다. 사회통념으로 볼 때 상품들 사이에 **일관된 정형성이 없다면 비록 상품의 형태를 구성하는 아이디어나 착상 또는 특징적 모양이나 기능 등의 동일성이 있더라도 이를 '상품의 형태'를 모방한 부정경쟁행위의 보호대상에 해당한다고 할 수 없다.** 투명한 컵 또는 콘에 담긴 소프트 아이스크림 위에 **벌집채꿀(벌집 그대로의 상태인 꿀)을 올린 모습**을 한 갑 주식회사의 제품이 부정경쟁방지 및 영업비밀보호에 관한 법률 제2조 제1호 (자)목에 의한 보호대상인지 문제 된 사안에서, 갑 회사의 제품은 **개별 제품마다 상품형태가 달라져서 일정한 상품형태를 항상 가지고 있다고 보기 어려워 위 규정에 의한 보호대상이 될 수 없다.**

■ **대법원 1997. 12. 12. 선고 96도2650 판결** - 국내에 널리 인식된 타인의 영업임을 표시하는 표지는 국내의 전역 또는 일정한 범위 내에서 거래자 또는 수요자들이 그것을 통하여 **특정의 영업을 다른 영업으로부터 구별하여 널리 인식하는 경우**를 말하는 것으로서, 단순히 영업내용을 서술적으로 표현하거나 통상의 의미로 사용하는 일상용어 등은 포함하지 않으나, 그러한 경우라도 그것이 **오랫동안 사용됨으로써 거래자 또는 수요자들이 어떤 특정의 영업을 표시하는 것으로 널리 인식하게 된 경우**에는 위 법이 보호하는 영업상의 표지에 해당한다고 할 것이며, 또 위 법이 규정하는 혼동의 의미에는 단지 **영업의 주체가 동일한 것으로 오인될 경우뿐만 아니라 두 영업자의 시설이나 활동 사이에 영업상·조직상·재정상 또는 계약상 어떤 관계가 있는 것으로 오인될 경우도 포함**된다. 부동산 관련 정보를 제공하는 잡지인 '주간 부동산뱅크'의 제호를 부동산소개업소의 상호로 사용하여 '부동산뱅크 공인중개사'라고 표기하고 '체인지정점'이라고 부기한 것은 부정경쟁방지법 제2조 제1호 (나)목에 해당한다.

■ **대법원 1996. 9. 6. 선고 96도139 판결** - 캐릭터가 상품화되어 부정경쟁방지법 제2조 제1호 가목에 규정된 국내에 널리 인식된 타인의 상품임을 표시한 표지가 되기 위하여는 캐릭터 자체가 국내에 널리 알려져 있는 것만으로는 부족하고, 그 캐릭터에 대한 상품화 사업이 이루어지고 이에 대한 지속적인 선전, 광고 및 품질관리 등으로 그 캐릭터가 이를 상품화할 수 있는 권리를 가진 자의 상품표지이거나 위 상품화권자와 그로부터 상품화 계약에 따라 캐릭터사용허락을 받은 사용권자 및 재사용권자 등 그 캐릭터에 관한 **상품화 사업을 영위하는 집단(group)의 상품표지로서 수요자들에게 널리 인식되어 있을 것을** 요한다. '미키마우스' 캐릭터가 '더 월트디즈니 컴퍼니' 또는 그로부터 미키마우스 캐릭터의 사용을 허락받은 사람이 제조, 판매하는 상품의 표지로서 국내에 널리 인식되었다고 인정하기에 부족하고 달리 이를 인정할 만한 증거가 없어, 부정경쟁방지법 **제2조 제1호 가목에 해당하지 않는다.**

또한, 부정경쟁방지법은 차목의 아이디어 탈취 행위, 카목의 데이터 부정사용 행위, 타목의 퍼블리시티권 무단 사용 행위, 파목의 개인의 성과에 대한 무단 사용 행위를 부정경쟁행위로 규정하고 있다.

판례

■ **대법원 2022. 10. 14. 선고 2020다268807 판결** - 제2조 제1호 (파)목은 그 보호대상인 **'성과 등'의 유형에 제한을 두고 있지 않으므로,** 유형물뿐만 아니라 무형물도 이에 포함되고, 종래 지식재산권법에 따라 보호받기 어려웠던 **새로운 형태의 결과물도 포함될 수 있다.** '성과 등'을 판단할 때에는 결과물이 갖게 된 명성이나 경제적 가치, 결과물에 화체된 고객흡인력, 해당 사업 분야에서 결과물이 차지하는 비중과 경쟁력 등을 종합적으로 고려해야 한다. 또한 이러한 성과 등이 **'상당한 투자나 노력으로 만들어진 것'**인지는 권리자가 투입한 투자나 노력의 내용과 정도를 그 성과 등이 속한 산업분야의 관행이나 실태에 비추어 구체적·개별적으로 판단하되, **성과 등을 무단으로 사용함으로써 침해된 경제적 이익이 누구나 자유롭게 이용할 수 있는 이른바 공공영역(public domain)에 속하지 않는다고 평가할 수 있어야 한다.** 나아가 (파)목이 정하는 **'공정한 상거래 관행이나 경쟁질서에 반하는 방법으로 자신의 영업을 위하여 무단으로 사용'**한 경우에 해당하기 위해서는 권리자와 침해

자가 경쟁관계에 있거나 가까운 장래에 경쟁관계에 놓일 가능성이 있는지, 권리자가 주장하는 성과 등이 포함된 산업분야의 상거래 관행이나 경쟁질서의 내용 및 그 내용이 공정한지, 위와 같은 성과 등이 침해자의 상품이나 서비스에 의해 시장에서 대체될 수 있는지, 수요자나 거래자들에게 성과 등이 어느 정도 알려졌는지, 수요자나 거래자들의 혼동가능성이 있는지 등을 종합적으로 고려해야 한다.

- **대법원 2020. 7. 23. 선고 2020다220607 판결** - 부정경쟁방지법 제2조 제1호 (차)목에서 '경제적 가치를 가지는 기술적 또는 영업상의 아이디어가 포함된 정보'에 해당하는지 여부는 아이디어 정보의 보유자가 정보의 사용을 통해 경쟁자에 대하여 경쟁상의 이익을 얻을 수 있거나 또는 정보의 취득이나 개발을 위해 상당한 비용이나 노력이 필요한 경우인지 등에 따라 구체적·개별적으로 판단해야 한다. '거래교섭 또는 거래과정에서 제공받은 아이디어 정보를 그 제공목적에 위반하여 부정하게 사용하는 등의 행위'에 해당하기 위해서는 거래교섭 또는 거래과정의 구체적인 내용과 성격, 아이디어 정보의 제공이 이루어진 동기와 경위, 아이디어 정보의 제공으로 달성하려는 목적, 아이디어 정보 제공에 대한 정당한 대가의 지급 여부 등을 종합적으로 고려하여, 아이디어 정보 사용 등의 행위가 아이디어 정보 제공자와의 거래교섭 또는 거래과정에서 발생한 신뢰관계 등에 위배된다고 평가할 수 있어야 한다. 한편 아이디어 정보 제공이 위 (차)목의 시행일 전에 이루어졌어도 위 (차)목의 부정경쟁행위에 해당하는 행위가 그 시행일 이후에 계속되고 있다면 위 (차)목이 적용될 수 있다.
- **대법원 2020. 7. 9. 선고 2017다217847 판결** - 에르메스의 켈리 백 및 버킨 백과 유사한 가방에 눈알 모양을 포함시켜 판매한 경우, 성과물 도용행위로 부정경쟁행위에 해당한다(다만, 출처 혼동 우려가 없어 가목에는 해당하지 않는다).
- **대법원 2020. 3. 26. 선고 2016다276467 판결** - 골프장 골프코스는 상당한 투자나 노력으로 만들어진 성과에 해당한다.
- **대법원 2020. 3. 26.자 2019마6525 결정** - 방탄소년단 구성원들의 사진을 수록한 부록과 사진이 포함된 포토카드를 제작하여 판매하는 행위는 채권자의 성과 등을 무단으로 사용하는 행위에 해당한다.

# 침해와 구제

　부정경쟁행위로 인해 자신의 영업상의 이익이 침해되거나 침해될 우려가 있는 자는 부정경쟁행위를 한 자나 하려는 자에 대하여 법원에 그 행위의 금지 또는 예방을 청구할 수 있다. 또한, 고의 또는 과실에 의하여 부정경쟁행위를 한 경우, 영업상 이익이 침해되어 손해를 입은 자는 손해배상을 청구할 수도 있다. 그 외에 부정경쟁행위 등으로 실추된 신용의 회복 등을 청구할 수 있으며, 특허청장은 부정경쟁행위를 조사하고, 위반행위가 있는 경우 시정을 권고할 수 있다.

> **판례**
>
> ■ **대법원 2022. 4. 28. 선고 2021다310873 판결** - 부정경쟁행위에 따른 손해액으로 추정하는 '**침해자가 받은 이익**'은 침해자가 침해행위로 얻게 된 것으로 그 내용에 특별한 제한이 없으므로, 부정경쟁행위의 모습에 따라 여러 가지 방식으로 산정될 수 있고, 반드시 **침해품의 판매를 통해 얻은 이익에만 한정되지 않는다**. 타인의 성과 등을 무단으로 사용함으로써 적법하게 사용한 경우에 비해 완제품 제조비용을 절감한 경우, **비용 절감으로 인한 이익을 '침해자가 받은 이익'으로 볼 수 있다**. 부정경쟁행위로 영업상의 이익을 침해당한 자가 실제로 입은 손해가 위 조항에 따른 추정액에 미치지 못하는 경우, **추정이 뒤집어질 수 있으며, 추정을 뒤집기 위한 사유와 범위에 관한 주장·증명책임은 침해자가 진다**.

# 제8장
# 저작권법

# I

# 저작권법의 목적 및 정의 규정

## 1  저작권법의 목적

저작권법은 저작자의 권리와 이에 인접하는 권리를 보호하고 저작물의 공정한 이용을 도모함으로써 문화 및 관련 산업의 향상발전에 이바지함을 목적으로 한다. 이는 다른 지식재산법과 유사하게, 저작권의 보호와 이용(제한)의 균형을 통해 산업발전이라는 궁극적 목적을 이루는 것이 저작권법의 목적이라 할 수 있다. 따라서 저작권의 보호는 목적을 위한 수단이다.

### 미국의 저작권법 목적과 원칙

- **목적 - 미국**에서는 저작권법의 궁극적 목적을 **유용한 기술의 촉진**이고, **시민들이 저작물로부터 배우도록 하는 것**이다. 따라서 **저작권은 저작자가 아니라 소비자들에게 직접적으로 부여되는 권리**이며, 저작권법은 ① **배움의 촉진**, ② **공중 접근의 제공**, ③ **공유재산의 보호 3원칙을 발전시켜야 한다**.
- **원칙 - (자율성)** 저작권 목적과 관련한 **원칙** 중 하나는 **자율성(Autonomy)**이 있으며, 이는 언제, 어떻게, 어떠한 환경에서 **저작물을 소비할 것인지를 선택할 때의 자유**를 나타낸다. **소비자와 저작권자의 자율성은 서로 역의 관계를 갖고 있어**, 소비자와 저

작권자 사이의 **상호작용을 초래**한다. 소비자들은 가능한 많은 자율성을 획득하려 하고, **새로운 매체들(VCR, P2P)은 이러한 자율성의 획득을 가능하게 한다**. 하지만 저작권자들도 자신들의 이익을 보호하기 위해 가능한 많은 자율성을 유지하려 하며, **소비자들에게 자율성을 부여하는 혁신을 저해하도록 하고, 소비자들의 행위를 기존 비즈니스 모델로 제한**하려 한다. 특히, **디지털 기술은 소비자 자율성을 향상시키거나 제한하기 위해 사용**될 수 있기에, 소비자와 저작권자 사이의 관계에서 그 **복잡성이 증가**될 수밖에 없다. 따라서 자율성에 대한 실질적 판단에 있어서는 **소비자와 저작권자의 자율성을 균형있게 고려해야만 하며, 디지털 환경 전에 보호를 받을 수 있었던 것이 디지털 환경 후에도 보호를 받을수 있도록 하여야** 한다.

- **(소비자 주의)** 저작권 목적과 관련한 또 다른 원칙은 **소비자 주의(Consumerism)** 가 있다. 소비자 주의는 **능동적 소비자 주의와 수동적 소비자 주의가 있으며, 능동적 소비자 주의는 긍정적인 형태와 부정적인 형태로 나누어진다. 긍정적 능동적 소비자 주의는 사회가 능동적 소비자 주의를 통해 가장 큰 가치를 받게 되는 저작권 규정의 본래 의도**이다. 긍정적 능동적 소비자 주의는 소비자들이 바라는 사용을 했을 때 일어나며, **계속적 저작(subsequent authorship), 창작적 자기표현, 논평(commentary), 패러디 등의 형태**를 취한다. 이는 **최초 판매 원칙과 아이디어/표현 이분법과 같은 저작권의 범위에 가해져 있는 여러 제한으로부터 분명**하다. **디지털 기술은 긍정적 능동적 소비자 주의에 대한 잠재력을 확대**한다. **부정적 능동적 소비자 주의**는 소비자들에 의한 바람직하지 않은, 즉 사회에 이로움보다는 **해로움을 야기하는 사용들로 구성되며, 침해와 부정한 모습 두 가지 형태**로 나타난다. **침해**는 기존의 저작물을 복제할 뿐이어서 새로운 저작물을 창작하도록 하는 저작권법의 정신에 어긋나고, 새로운 저작물을 만들어야 하는 자원을 저작권 집행에 그 비용을 소모하도록 하며, 책임과 저작권 보호를 확장하는 새로운 법을 야기함으로써 공중에게 피해를 준다. **부정한 모습**은 소비자들에게 침해만큼 해로울 수 있으며, 저작물을 보호하기 위한 **기술을 우회**하는 것 등이 이에 해당한다. 이러한 침해와 부정한 모습은 혁신적 기술의 개발자들이 저작물에서 소비자 자율성을 향상시키는 것을 좀 더 어렵게 만들고 있다. **수동적 소비자 주의**는 소비자들이 **저작권자가 의도한 방법, 즉 보통의 물건으로서 저작물을 사용하는 것과 관련**된다. 소비자가 책을 읽고, 영화를 보고, 음악을 들을 뿐 소비자는 더 이상의 어떤 것도 하지 않으며, 새로운 저작물도 창작되지 않는다. 수동적 소비자들은 합리적인 비용으로 여러 저작물에 접근하는데만 중점을 두기 때문에, **침해를 하거나 공정이용을 활용하지 않으며, 경쟁적 저**

작물을 만들지도 않는다. 수동적 소비자 주의는 **저작권자들의 이익을 극대화**하기 때문에 저작권자들에게 완벽하며, 그리하여 저작권자가 가장 선호하지만, **수동적 소비자 주의는 저작권의 기본적 원리와 역행**한다. 또한, **수동적 소비자들은 혁신적 매체들을 만들지 않기 때문에, 저작권자들은 혁신에 의한 위협으로부터 기존 비즈니스 모델을 확고하게 자리 잡을 수 있게 한다.**

# 2 정의 규정

 저작권법

**제2조(정의)** 이 법에서 사용하는 용어의 뜻은 다음과 같다.

1. "저작물"은 인간의 사상 또는 감정을 표현한 창작물을 말한다.

2. "저작자"는 저작물을 창작한 자를 말한다.

3. "공연"은 저작물 또는 실연(實演)·음반·방송을 상연·연주·가창·구연·낭독·상영·재생 그 밖의 방법으로 공중에게 공개하는 것을 말하며, 동일인의 점유에 속하는 연결된 장소 안에서 이루어지는 송신(전송은 제외한다)을 포함한다.

4. "실연자"는 저작물을 연기·무용·연주·가창·구연·낭독 그 밖의 예능적 방법으로 표현하거나 저작물이 아닌 것을 이와 유사한 방법으로 표현하는 실연을 하는 자를 말하며, 실연을 지휘, 연출 또는 감독하는 자를 포함한다.

5. "음반"은 음(음성·음향을 말한다. 이하 같다)이 유형물에 고정된 것(음을 디지털화한 것을 포함한다)을 말한다. 다만, 음이 영상과 함께 고정된 것은 제외한다.

6. "음반제작자"는 음반을 최초로 제작하는 데 있어 전체적으로 기획하고 책임을 지는 자를 말한다.

7. "공중송신"은 저작물, 실연·음반·방송 또는 데이터베이스(이하 "저작물등"이라 한다)를 공중이 수신하거나 접근하게 할 목적으로 무선 또는 유선통신의 방법에 의하여 송신하거나 이용에 제공하는 것을 말한다.

8. "방송"은 공중송신 중 공중이 동시에 수신하게 할 목적으로 음·영상 또는 음과 영상 등을 송신하는 것을 말한다.

8의2. "암호화된 방송 신호"란 방송사업자나 방송사업자의 동의를 받은 자가 정당한 권한 없이 방송(유선 및 위성 통신의 방법에 의한 방송으로 한정한다)을 수신하는 것을 방지하거나 억제하기 위하여 전자적으로 암호화한 방송 신호를 말한다.

9. "방송사업자"는 방송을 업으로 하는 자를 말한다.

10. "전송(傳送)"은 공중송신 중 공중의 구성원이 개별적으로 선택한 시간과 장소에서 접근할 수 있도록 저작물등을 이용에 제공하는 것을 말하며, 그에 따라 이루어지는 송신을 포함한다.

11. "디지털음성송신"은 공중송신 중 공중으로 하여금 동시에 수신하게 할 목적으로 공중의 구성원의 요청에 의하여 개시되는 디지털 방식의 음의 송신을 말하며, 전송은 제외한다.

12. "디지털음성송신사업자"는 디지털음성송신을 업으로 하는 자를 말한다.

13. "영상저작물"은 연속적인 영상(음의 수반여부는 가리지 아니한다)이 수록된 창작물로서 그 영상을 기계 또는 전자장치에 의하여 재생하여 볼 수 있거나 보고 들을 수 있는 것을 말한다.

14. "영상제작자"는 영상저작물의 제작에 있어 그 전체를 기획하고 책임을 지는 자를 말한다.

15. "응용미술저작물"은 물품에 동일한 형상으로 복제될 수 있는 미술저작물로서 그 이용된 물품과 구분되어 독자성을 인정할 수 있는 것을 말하며, 디자인 등을 포함한다.

16. "컴퓨터프로그램저작물"은 특정한 결과를 얻기 위하여 컴퓨터 등 정보처리능력을 가진 장치(이하 "컴퓨터"라 한다) 내에서 직접 또는 간접으로 사용되는 일련의 지시·명령으로 표현된 창작물을 말한다.

17. "편집물"은 저작물이나 부호·문자·음·영상 그 밖의 형태의 자료(이하 "소재"라 한다)의 집합물을 말하며, 데이터베이스를 포함한다.

18. "편집저작물"은 편집물로서 그 소재의 선택·배열 또는 구성에 창작성이 있는 것을 말한다.

19. "데이터베이스"는 소재를 체계적으로 배열 또는 구성한 편집물로서 개별적으로 그 소재에 접근하거나 그 소재를 검색할 수 있도록 한 것을 말한다.

20. "데이터베이스제작자"는 데이터베이스의 제작 또는 그 소재의 갱신·검증 또는 보충(이하 "갱신등"이라 한다)에 인적 또는 물적으로 상당한 투자를 한 자를 말한다.

21. "공동저작물"은 2명 이상이 공동으로 창작한 저작물로서 각자의 이바지한 부분을 분리하여 이용할 수 없는 것을 말한다.

22. "복제"는 인쇄·사진촬영·복사·녹음·녹화 그 밖의 방법으로 일시적 또는 영구적으로 유형물에 고정하거나 다시 제작하는 것을 말하며, 건축물의 경우에는 그 건축을 위한 모형 또는 설계도서에 따라 이를 시공하는 것을 포함한다.

23. "배포"는 저작물등의 원본 또는 그 복제물을 공중에게 대가를 받거나 받지 아니하고 양도 또는 대여하는 것을 말한다.

24. "발행"은 저작물 또는 음반을 공중의 수요를 충족시키기 위하여 복제·배포하는 것을 말한다.

25. "공표"는 저작물을 공연, 공중송신 또는 전시 그 밖의 방법으로 공중에게 공개하는 경우와 저작물을 발행하는 경우를 말한다.

26. "저작권신탁관리업"은 저작재산권자, 배타적발행권자, 출판권자, 저작인접권자 또는 데이터베이스제작자의 권리를 가진 자를 위하여 그 권리를 신탁받아 이를 지속적으로 관리하는 업을 말하며, 저작물등의 이용과 관련하여 포괄적으로 대리하는 경우를 포함한다.

27. "저작권대리중개업"은 저작재산권자, 배타적발행권자, 출판권자, 저작인접권자 또는 데이터베이스제작자의 권리를 가진 자를 위하여 그 권리의 이용에 관한 대리 또는 중개행위를 하는 업을 말한다.

28. "기술적 보호조치"란 다음 각 목의 어느 하나에 해당하는 조치를 말한다.

　　가. 저작권, 그 밖에 이 법에 따라 보호되는 권리의 행사와 관련하여 이 법에 따라 보호되는 저작물등에 대한 접근을 효과적으로 방지하거나 억제하기 위하여 그 권리자나 권리자의 동의를 받은 자가 적용하는 기술적 조치

　　나. 저작권, 그 밖에 이 법에 따라 보호되는 권리에 대한 침해 행위를 효과적으로 방지하거나 억제하기 위하여 그 권리자나 권리자의 동의를 받은 자가 적용하는 기술적 조치

29. "권리관리정보"는 다음 각 목의 어느 하나에 해당하는 정보나 그 정보를 나타내는 숫자 또는 부호로서 각 정보가 저작권, 그 밖에 이 법에 따라 보호되는 권리에 의하여 보호되는 저작물등의 원본이나 그 복제물에 붙여지거나 그 공연·실행 또는 공중송신에 수반되는 것을 말한다.

　　가. 저작물등을 식별하기 위한 정보

　　나. 저작권, 그 밖에 이 법에 따라 보호되는 권리를 가진 자를 식별하기 위한 정보

　　다. 저작물등의 이용 방법 및 조건에 관한 정보

30. "온라인서비스제공자"란 다음 각 목의 어느 하나에 해당하는 자를 말한다.

　　가. 이용자가 선택한 저작물등을 그 내용의 수정 없이 이용자가 지정한 지점 사이에서 정보통신망(「정보통신망 이용촉진 및 정보보호 등에 관한 법률」 제2조 제1항제1호의 정보통신망을 말한다. 이하 같다)을 통하여 전달하기 위하여 송신하거나 경로를 지정하거나 연결을 제공하는 자

나. 이용자들이 정보통신망에 접속하거나 정보통신망을 통하여 저작물등을 복제·전송할 수 있도록 서비스를 제공하거나 그를 위한 설비를 제공 또는 운영하는 자

31. "업무상저작물"은 법인·단체 그 밖의 사용자(이하 "법인등"이라 한다)의 기획하에 법인등의 업무에 종사하는 자가 업무상 작성하는 저작물을 말한다.

32. "공중"은 불특정 다수인(특정 다수인을 포함한다)을 말한다.

33. "인증"은 저작물등의 이용허락 등을 위하여 정당한 권리자임을 증명하는 것을 말한다.

34. "프로그램코드역분석"은 독립적으로 창작된 컴퓨터프로그램저작물과 다른 컴퓨터프로그램과의 호환에 필요한 정보를 얻기 위하여 컴퓨터프로그램저작물코드를 복제 또는 변환하는 것을 말한다.

35. "라벨"이란 그 복제물이 정당한 권한에 따라 제작된 것임을 나타내기 위하여 저작물등의 유형적 복제물·포장 또는 문서에 부착·동봉 또는 첨부되거나 그러한 목적으로 고안된 표지를 말한다.

36. "영화상영관등"이란 영화상영관, 시사회장, 그 밖에 공중에게 영상저작물을 상영하는 장소로서 상영자에 의하여 입장이 통제되는 장소를 말한다

# 저작물

## 1 의의

저작물은 인간의 사상 또는 감정을 표현한 창작물이다. 첫째, 저작물은 인간이 만든 것이어야 하므로, 인간이 아니라 동물이나 인공지능(Artificial Intelligence, AI)이 작성한 것은 저작물이 될 수 없다. 따라서 코끼리가 그린 그림이나 인공지능이 만든 그림이나 노래는 저작물이 될 수 없다. 둘째, 저작물은 사상이나 감정인데, 이는 저작물에 정신적 내용이 표현되어 있으면 족하고, 철학적이거나 숭고한 것을 요구하지 않는다. 셋째, 저작물은 표현 부분이다. 표현은 아이디어 수준이 아닌 외부에서 이해할 수 있도록 구체적인 객관화가 되어 있어야 하지만, 유체물에 반드시 고정될 필요는 없다. 넷째, 저작물은 창작물이어야 한다. 저작권법상의 창작성은 특허법에서의 신규성과 달리 상대적 창작성이기 때문에, 남의 것을 베끼지 않았다면 동일한 저작물을 창작한 경우 이에 대한 보호가 가능하다. 또한, 최소한도의 창작성이고, 학문적 가치나 예술적 가치의 정도는 문제 되지 않는다.

■ **대법원 2005. 1. 27. 선고 2002도965 판결** - 누가 하더라도 같거나 비슷할 수밖에 없는 표현, 즉 저작물 작성자의 창조적 개성이 드러나지 않는 표현을 담고 있는 것은 **창작성이 있는 저작물이라고 할 수 없다.**

■ **대법원 1995. 11. 14. 선고 94도2238 판결** - 창작성이란 완전한 의미의 독창성을 말하는 것은 아니며 단지 어떠한 작품이 남의 것을 **단순히 모방한 것이 아니고 작자 자신의 독자적인 사상 또는 감정의 표현을 담고 있음을 의미할 뿐이어서** 이러한 요건을 충족하기 위하여는 단지 저작물에 그 **저작자 나름대로의 정신적 노력의 소산으로서의 특성이 부여되어 있고 다른 저작자의 기존의 작품과 구별할 수 있을 정도이면 충분**하다.

■ **대법원 1994. 8. 12. 선고 93다9460 판결** - 1961년판 성경은 1952년판 **성경의 오역을 원문에 맞도록 수정하여 그 의미내용을 바꾸고 표현을 변경한 것**으로서, 그 범위 내에서 이차적(2次的) 저작물의 창작성을 논함에 있어 저작자인 피고의 정신적 노작(勞作)의 소산인 사상이나 생각의 독창성이 표현되어 있다고 못 볼 바 아니므로, 1961년판 성경은 1952년판 성경과 동일한 것이라고 보기 어렵고 **별개로 저작권 보호대상이 된다.**

■ **서울민사지방법원 1995. 1. 18.자 94카합9052 결정** - 주멜로디를 그대로 둔 채 코러스를 부가한 이른바 **"코러스 편곡"**의 경우에도 창작성이 있는지 여부에 따라 2차적저작권의 일종인 편곡 저작권이 될 수 있을 것이다.

■ **Feist Pub., Inc. v. Rural Telephone Service Co., 499 U.S. 340 (1991)** - 전화번호부의 인명편이 창작성이 있는가와 관련하여, 연방대법원은 독자적으로 작성되었기만 하면**(이마의 땀 이론)** 창작성을 인정하던 종래의 입장에서 벗어나, **창작성이 인정되기 위하여서는 독자적 작성에 더하여 최소한의 독창성을 필요로 한다**고 하였으며, 다만 이 때 요구되는 creativity는 극히 낮은 수준의 것이라도 문제**가 없으며, 대부분의 작품들은 이 요건을 충족할 것이라고** 하였다. 하지만 인명편의 white page가 아닌 **yellow page에 대해서는 보호가 인정**된다.

## 2 보호범위

저작권법은 저작물의 아이디어 부분과 표현 부분을 분리하며, 표현 부분만을 보호한다. 이를 아이디어·표현 이분법(idea expression dichotomy)이라 한다. 예로써, 선박 제조 방법에 대한 논문을 쓴 경우, 해당 논문의 글 부분은 표현이기 때문에, 이를 복제하거나 이용하기 위해서는 저작권자의 동의를 얻어야 한다. 하지만 선박 제조 방법은 아이디어에 불과하기에, 그에 따라 선박을 제조하기 위해서는 저작권자의 동의가 필요하지 않다. 화풍 그 자체, 게임 방법, 소설이나 시의 모티브 등도 아이디어에 불과하여 저작권법에 의한 보호가 인정되지 않는다.

### 🛡️ 미국의 저작권법 대상

■ 미국 저작권법 제102조(b)는 "저작물의 **아이디어, 절차, 공정, 체계, 조작 방법, 개념, 원칙 또는 발견에 대하여는**, 그것이 어떠한 형식에 의하여 기술, 설명, 예시되거나 저작물에 포함되더라도 **저작권의 보호가 미치지 않는다**"고 규정한다.

---

### 판례

■ **대법원 1996. 6. 14. 선고 96다6264 판결** – 신청인은 '**두리두리**'라는 **한글 교육교재**를 피신청인들은 '**신기한 한글나라**'라는 **한글 교육교재**를 각각 제작하여 판매하고 있다. 신청인의 위 한글 교육교재는 그 소재인 글자교육 카드의 선택 또는 배열이 **창작성이 있다고 할 수 없어**, 이를 **편집저작물로 볼 수 없고**, 신청인의 위 한글 교육교재가 채택하고 있는 순차적 교육방식은 **아이디어에 불과하여 저작물로서 보호받을 수 없다.**

■ **대법원 1993. 6. 8. 선고 93다3073 판결** – 저작권의 보호대상은 아이디어가 아닌 **표현**에 해당하고, **저작자의 독창성이 나타난 개인적인 부분**에 한하므로 저작권의 침해 여부를 가리기 위하여 두 저작물 사이에 **실질적인 유사성이 있는가의 여부를 판단함**에 있어서도 **표현에 해당하고 독창적인 부분만을 가지고 대비하여야** 할 것이다. 피고가 사용하고 있는 키-레터스를 이용한 **희랍어의 분석방법**은 비록 그것이 독창적이라 하더라도 **어문법적인 원리나 법칙에 해당**하므로 저작권의 보호대상인 표현의 영역에 속하는 것이 아니라 보호대상이 아닌 **아이디어의 영역에 속하므로** 그 이론을 이용하더라도 **구체적인 표현까지 베끼지 않는 한 저작권의 침해로 되지는 아니할 것인바**, 원고의 저서와 피고의 강의록의 내용으로 보아 원고가 피고의 **표현형식을 그대로 베꼈다고는 인정되지 아니하므로 이 부분도 저작권의 침해가 된다고 할 수 없다.**

더 나아가, 저작권법은 융합의 법리(Merger Doctrine), 필수장면이론(scènes à faire), 클리셰(cliché)에 해당하는 경우 저작권으로서 보호되지 않는다. 이는 타인도 해당 표현들을 사용해야 할 필요성이 높기에, 한 사람에게 독점시킬 수 없기 때문이다. 융합의 법리는 아이디어를 표현하는 방법이 제한되어 누가 하더라도 그렇게 될 수밖에 없는 경우로서 아이디어와 표현이 융합하는 것이며, 필수장면이론은 특정 표현을 사용하는 데 일반적인 것으로 되었거나 불가결한 것으로 된 경우를 말하며, 클리셰는 진부한이라는 뜻에서 알 수 있듯이 해당 장르에서 일반적으로 사용되는 것들을 의미한다. 영화 속에서 뱀이 우글거리는 동굴 안의 보물상자, 횃불, 새떼, 술집 장면 등(레이더스), 말을 타는 여주인공(애마부인), 사랑이 뭐길래 드라마와 여우와 솜사탕 드라마 사건, 아이유의 분홍신 사건 등이 예에 해당한다. 이 외에도 저작자가 창작을 할 당시에는 그 작품에 내재된 아이디어를 표현하는 방법이 많이 있었는데, 나중에 가서 그 방법이 여러 가지 현실적인 여건상 제한되는 사실상의 표준(de facto standards)의 경우에도 저작권의 보호가 제한된다. 이에는 QWERTY 키보드 자판, 사용자 인터페이스(워드 메뉴, 윈도우 화면의 아이콘, 키보드나 마우스) 등이 있다.

## 3 저작물의 예시

저작권법은 저작물의 유형에 따른 저작물의 예시 규정을 두고 있으며, 이는 예시일 뿐이어서 다른 유형의 저작물도 충분히 가능하다.

### (1) 어문저작물

소설, 시, 논문, 강연, 연설, 각본 등과 같이 언어나 문자에 의하여 표현된 저작물을 말한다. 단순한 표어, 슬로건, 캐치프레이즈, 서적의 제호 등은 저작물성이 인정되기 어렵다. 컴퓨터프로그램은 TRIPs나 WCT는 어문저작물로 보나, 우리는 별도의 저작물로 본다. 타인의 작품을 그대로 낭독하여 구연하는 경우에는 실연에 해당한다.

■ **대법원 1997. 11. 25. 선고 97도2227 판결** - 대입 본고사 입시문제가 역사적인 사실이나 자연과학적인 원리에 대한 인식의 정도나 외국어의 해독능력 등을 묻는 것이고, 또 교과서, 참고서 기타 교재의 일정한 부분을 발췌하거나 변형하여 구성된 측면이 있다고 하더라도, 출제위원들이 우수한 인재를 선발하기 위하여 정신적인 노력과 고심 끝에 남의 것을 베끼지 아니하고 문제를 출제하였고 그 출제한 문제의 질문의 표현이나 제시된 여러 개의 답안의 표현에 최소한도의 창작성이 인정된다면, 이를 저작권법에 의하여 **보호되는 저작물**로 보는데 아무런 지장이 없다.

■ **서울고등법원 2006. 11. 14.자 2006라503 결정** - 대사 **"나 여기 있고 너 거기 있어"**는 일상생활에서 흔히 쓰이는 표현으로 저작권법에 의한 보호를 받을 수 있는 **창작성 있는 표현이 아니다.**

■ **서울남부지방법원 2013. 5. 9. 선고 2012고정4449 판결** - 일반적으로 트윗글은 140자 이내라는 제한이 있고, 신변 잡기적인 일상적 표현도 많으며, 문제 된 이 사건 트윗글 중에도 문구가 짧고 의미가 단순한 것이 있기는 하다. 그러나 그러한 트윗글조차도 짧은 글귀 속에서 삶의 본질을 꿰뚫는 촌철살인의 표현이나 시대와 현실을 풍자하고 약자들의 아픔을 해학으로 풀어내는 독창적인 표현형식이 포함되어 있는 것이 대부분이고, 각 글귀마다 특유의 함축적이면서도 역설적인 문제가 사용되어 그의 개성을 드러내기에 충분한 사실을 인정할 수 있다. 따라서 **트윗글은 전체적으로 사상 또는 감정이 표현된 글로서 저작물이라 보는 것이 옳다.**

■ **서울지방법원 2000. 3. 29. 선고 99카합3667호 판결** - 피신청인의 강의가 신청인의 교재를 기본교재로 채택하고 있는 사실은 인정되나, 피신청인이 신청인의 교재 자체를 구술하고 있다고 보기는 어렵고, 오히려 피신청인의 강의는 그 나름대로의 창작에 의한 구술 저작물의 일종으로 파악하여야 할 것이며, 비록 그 **강의 중에 신청인의 교재의 일부 내용이 거론되는 일이 있다 하더라도 이는 정당하고 합리적인 범위 내에서의 인용의 정도에 불과하다.**

■ **서울지방법원 1995. 6. 23. 선고 94카합9230 판결** - 단순한 문안 인사나 사실의 통지에 불과한 **편지**는 저작권의 보호대상이 아니지만, 학자·예술가가 학문상의 의견이나 예술적 견해를 쓴 편지뿐 아니라 자신의 생활을 서술하면서 **자신의 사상이나 감정을 표현한 편지**는 저작권의 보호대상이 되고, 그 경우 **편지 자체의 소유권은 수신인에게 있지만 편지의 저작권은 통상 편지를 쓴 발신인에게 남아 있게 된다.**

## (2) 음악저작물

음악저작물은 음에 의해 표현된 저작물을 말하며, 가요, 오페라, 교향곡, 민요 등이 포함된다. 음악저작물의 창작성은 음악의 3요소인 리듬, 가락, 화성에 의해 판단될 수 있다. 악곡과 가사가 함께 있는 경우에는 음악저작물과 어문저작물 양자에 해당한다. 저작물로서 보호되기 위해 고정되어 있을 필요는 없기에, 악보를 수반하지 않는 즉흥연주 등도 음악저작물이 된다. 악보에도 저작권이 존재하며, 이를 무단 복제하는 것은 저작권 침해를 형성한다.

## (3) 연극저작물

연극 및 무용·무언극 그 밖의 연극저작물은 저작권법에 의해 보호된다. 연극은 극이나 무용의 줄거리, 무대배경, 의상, 조명 등이 종합적으로 보호된다. 각본 등은 어문저작물에 속한다. 즉흥 연기나 즉흥무용도 저작물로 성립할 수 있다. 무용저작물은 스톡홀름 개정협약이 국내에 위임하고 있으며, 고정화를 요건으로 하고 있지 않으나 유사한 동작을 입증하는 데 어려움이 있다. 스포츠 경기는 구체적 사안에서 개별적으로 판단한다.

> **판례**
>
> ■ 대법원 2005. 10. 4.자 2004마639 결정 – 뮤지컬 '사랑은 비를 타고'는 복수의 저작자들에 의하여 외관상 하나의 저작물이 작성된 경우이기는 하지만, 그 창작에 관여한 복수의 저작자들 **각자의 이바지한 부분이 분리되어 이용될 수도 있다**는 점에서 **공동저작물이 아닌 단독저작물의 결합에 불과한 결합저작물로 봄이 상당하다.**

## (4) 미술저작물

회화·서예·조각·판화·공예·응용미술저작물 등은 미술저작물의 일종이다. 만화, 삽화, 엽기 토끼 등의 캐릭터도 미술저작물에 포함된다. 특히, 응용미술저작물은 물품에 동일한 형상으로 복제될 수 있는 미술저작물로서 그 이용된 물품과 구분되어 독자성을 인정할 수 있는 것(분리가능성)을 말한다. 이에는 디자인 등이 포함되고, 밥통 옆의 그림 등이 이에 해당한다. 스케치도 저작자의 창작적 개성이 충분히 표현된 경우에는 미술저작물에 해당한다. 하지만 서체는 저작권법에 의한 저작물로 인정되지 않는다.

## 타이프 페이스(글자체)의 보호

## (5) 건축저작물

건축물·건축을 위한 모형 및 설계도서 등은 건축저작물로서 보호된다. 건축물의 경우에는 그 건축을 위한 모형 또는 설계도서에 따라 이를 시공하는 것도 복제에 해당한다.

■ **서울고등법원 2004. 9. 22.자 2004라312 결정** - 설계도서도 건축저작물의 일종으로서 그 표현에 있어 창작성(originality)을 구비할 경우에는 저작권법에 의한 보호를 받을 수 있으나, 이러한 건축저작물은 기본적으로 기능적 저작물로서 이에 기초한 건축물의 편의성, 실용성 및 효율성 등의 기능적 가치에 중점을 둘 수밖에 없으며, 이 사건 **아파트 설계도와 같은 경우에는 그 기능을 구현하는 표현방법에 있어 다양성이 제한되어 있는 관계로**, 이른바 "**합체의 원칙(merger doctrine)**"에 의하여 현실적으로 저작권적 보호가 인정되는 부분은 극히 제한될 수밖에 없다.

## (6) 사진저작물

사진저작물은 인물이나 물체의 형상을 사진기로 찍어 만든 창작물을 의미하며, 대상의 각도, 햇빛의 조절, 배경, 현상방법 등에 의하여 창작성이 인정된다. 증명사진이나 홍보책자에 실린 제품 사진은 창작성이 없어 보호되지 않는다. 또한, 모발이식수술 치료 전후의 환자 사진은 창작성이 없으나, 불법행위로 인정된 바 있다. 일반적으로 연예인 파파라치 사진과 같이 우연히 포착한 사진 등은 저작물로 인정되기 어렵다.

### 미국 파파라치 사건

■ **BWP Media USA, Inc. v. Gossip Cop Media, LLC, 113 U.S.P.Q.2d 1585 (S.D.N.Y. 2015)** - 뉴욕 남부 지방법원은 파파라치 사진 속 유명인의 이미지를 사용하면서 제3의 보도 매체에 게재된 기사의 사실관계를 논평할 뿐 **사진에 대해서는 어떠한 논평이나 보도를 하지 않은 경우 변형성이 인정되지 않으므로 공정 이용이 아니라고 판결**하였다.

## (7) 영상저작물

영상저작물은 연속적인 영상(음의 수반여부는 가리지 아니한다)이 수록된 창작물로서 그 영상을 기계 또는 전자장치에 의하여 재생하여 볼 수 있거나 보고 들을 수 있는 것을 말한다. 여러 개의 유명한 그림들을 있는 그대로 비디오로 연속적으로 촬영한 것에 지나지 않는 것이나, 사진들의 기계적인 병렬 그리고 자연적인 사실의 경과를 재현하는 것은 창작성이 없다. 연극의 녹화는 복제에 해당하고, 스포츠 경기를 영상으로 편집하여 제작하는 것은 창작성이 있다. 영상저작물은 그 제작에 참여하는 자가 다수인 점 등을 고려하여, 저작권법에 특례 규정을 두고 있다. 먼저, 저작재산권자가 저작물의 영상화를 다른 사람에게 허락한 경우 특약이 없는 때에는 각색, 공개상영, 방송, 전송, 복제·배포, 번역물의 이용을 포함하여 허락한 것으로 추정한다. 또한, 저작재산권자는 영상화를 허락한 날부터 5년이 경과하면 다른 영상저작물로 영상화하는 것을 허락할 수 있다. 다음으로, 영상제작자와 영상저작물의 제작에 협력할 것을 약정한 자가 그 영상저작물에 대하여 저작권을 취득한 경우 특약이 없는 한 그 영상저작물의 이용을 위하여 필요한 권리는 영상제작자가 이를 양도받은 것으로 추정한다. 여기에는 실연자의 권리도 양도 받은 것으로 추정한다. 하지만 영상저작물의 제작에 사용되는 소설·각본·미술저작물 또는 음악저작물 등의 저작재산권은 영향을 받지 않는다.

## (8) 도형저작물

지도·도표·설계도·약도·모형 그 밖의 도형도 저작물로서 보호된다. 하지만 지도상에 표현되는 자연적 현상과 인문적 현상은 사실 그 자체이기 때문에 저작권의 보호대상이 아니고, 지도의 창작성 유무 판단은 위 사실들을 새로운 방식으로 표현하였는지 여부와 그 표현된 내용의 취사 선택에 창작성이 있는지 여부가 기준이 된다. 또한, 지도는 미리 약속된 기호를 사용하여야 하는 등 상당한 제한이 있을 수밖에 없어 동일한 지역인 경우에는 그 내용 자체가 어느 정도 유사성을 가질 수밖에 없다.

---

**판례**

■ **대법원 2011. 2. 10. 선고 2009도291 판결** - **지도**는 지표상의 산맥·하천 등의 자연적 현상과 도로·도시·건물 등의 인문적 현상을 일정한 축적으로 약속된 특정한 기호를 사용하여 객관적으로 표현한 것으로서, 지도상에 표현되는 자연적 현상과 인문적 현상은 **사실 그 자체일 뿐 저작권의 보호대상은 아니라고 할 것이므로, 지도의 창작성 유무를 판단할 때에는** 지도의 내용이 되는 자연적 현상과 인문적 현상을 종래와 **다른 새로운 방식으로 표현하였는지, 그 표현된 내용의 취사선택에 창작성이 있는지** 등이 판단의 기준이 되고, **편집물의 경우에는** 일정한 방침 혹은 목적을 가지고 소재를 수집·분류·선택하고 배열하는 등의 작성행위에 편집저작물로서 **보호를 받을 가치가 있을 정도의 창작성이 인정되어야** 한다.

■ **대법원 2003. 10. 9. 선고 2001다50586 판결** - 저작자의 지도책들에 있는 표현방식과 그 표현된 내용의 취사선택이 이전에 국내 및 일본에서 발행되었던 지도책들이 채택하였던 **표현방식과 그 표현된 내용의 취사선택에 있어 동일·유사하거나 국내외에서 보편적으로 통용되는 기호의 형태를 약간 변형시킨 것에 불과하여 창작성을 인정할 수 없다.**

■ **서울중앙지방법원 2009. 5. 15. 선고 2008가합36201 판결** - 3D 형태의 지도는 실제 건물의 모습을 기초로 이를 그대로 묘사한 것에 불과하여 독자적인 **창작성을 인정할 수 없으며, 3D 형태로 지도를 제작하는 방법은 아이디어에 불과**하다.

■ **서울중앙지방법원 2005. 8. 11. 선고 2005가단2610 판결** - 지표상의 자연적, 인문적 현상을 사실 그대로 표현하는 지도가 아니라 **일정한 목적 아래 특정 부분을 왜곡하거나 과장 또는 축소하는 방법으로 개성적으로 표현한 지도는 보다 쉽게 창작성을 인정받을 수 있다.**

## (9) 컴퓨터프로그램 저작물

컴퓨터프로그램 저작물은 특정한 결과를 얻기 위하여 컴퓨터 등 정보처리능력을 가진 장치 내에서 직접 또는 간접으로 사용되는 일련의 지시·명령으로 표현된 창작물을 말한다. 저작권법은 일반 저작물과는 다른 프로그램의 보호를 정하기 위해 프로그램에 관한 특례를 규정하고 있다. 여기서 프로그램을 표현하는 수단으로서 문자·기호 및 그 체계인 프로그램 언어, 특정한 프로그램에서 프로그램 언어의 용법에 관한 특별한 약속인 규약, 프로그램에서 지시·명령의 조합방법인 해법은 보호대상에서 제외하고 있다. 이 외에도 프로그램의 저작재산권 제한, 프로그램코드 역분석, 정당한 이용자에 의한 보존을 위한 복제, 프로그램의 임치에 관해 규정하고 있다.

## 4 저작물의 분류

저작권법은 앞에서 본 것처럼 저작물의 유형에 따른 저작물의 예시를 보여주고 있지만, 이 외에도 저작물은 아래와 같이 분류될 수 있다.

| 저작자 명의 | 실명, 이명, 무명 저작물 |
|---|---|
| 성립순서 | 원저작물, 2차적저작물 |
| 공표의 유무 | 공표 저작물, 미공표 저작물 |
| 저작자의 수 | 단독저작물, 공동저작물 |
| 저작물의 결합방법 | 공동저작물, 결합저작물 |
| 계속성의 유무 | 일회적 저작물, 계속적 저작물 |
| 기능 | 문예적 저작물, 기능적 저작물 |

## 5 특수한 저작물

### (1) 2차적저작물 - 제5조

원저작물을 번역·편곡·변형·각색·영상제작 그 밖의 방법으로 작성한 창작물을 2차적저작물이라 하며, 이는 독자적인 저작물로서 보호된다. 2차적저작물이 성립하기 위해서는 의거성(실질적 유사성)과 창작성 두 요건이 필요하다. 즉, 원저작물에 의거하여 작성되어야만 하기에, 의거성이 없으면 별개의 저작물일 뿐이며, 원저작물에 창작성이 부가되지 않으면 복제에 불과할 뿐이다. 또한, 2차적저작물을 작성하기 위해서는 원저작자의 동의를 얻어야 한다. 2차적저작물의 보호는 원저작물의 저작자의 권리에 영향을 미치지 아니한다. 따라서 2차적저작물을 이용하려는 자는 2차적저작물의 저작권자와 원저작권자의 허락을 모두 얻어야 한다. 하지만 원저작물의 저작권자에게 동의를 받지 않고 2차적저작물을 작성한 자도 비록 2차적저작물작성권을 침해하나, 2차적저작물을 무단으로 이용한 자에 대해 권리를 행사할 수 있다.

---

**판례**

- **대법원 2013. 8. 22. 선고 2011도3599 판결** - 어문저작물인 원저작물을 기초로 하여 이를 요약한 **요약물**이 원저작물과 실질적인 유사성이 없는 별개의 독립적인 새로운 저작물이 된 경우에는 원저작물 저작권자의 2차적저작물작성권을 침해한 것으로 되지는 아니하는데, 여기서 요약물이 원저작물과 **실질적인 유사성이 있는지**는, 요약물이 원저작물의 기본으로 되는 개요, 구조, 주된 구성 등을 그대로 유지하고 있는지 여부, 요약물이 원저작물을 이루는 문장들 중 일부만을 선택하여 발췌한 것이거나 발췌한 문장들의 표현을 단순히 단축한 정도에 불과한지 여부, 원저작물과 비교한 요약물의 상대적인 분량, 요약물의 원저작물에 대한 대체가능성 여부 등을 **종합적으로** 고려하여 판단해야 한다.
- **대법원 2009. 5. 28. 선고 2007다354 판결** - 2차적저작물이 되기 위해서는 단순히 사상, 주제나 소재가 같거나 비슷한 것만으로는 부족하고, 두 저작물 간에 **실질적 유사성, 즉 사건의 구성 및 전개과정과 등장인물의 교차 등에 공통점이 있어야** 한다.

■ 대법원 2007. 3. 29. 선고 2005다44138 판결 – 번역 저작물의 창작성은 원저작물을 언어체계가 다른 나라의 언어로 표현하기 위한 적절한 어휘와 구문의 선택 및 배열, 문장의 장단 및 서술의 순서, 원저작물에 대한 충실도, 문체, 어조 및 어감의 조절 등 **번역자의 창의와 정신적 노력이 깃들은 부분에 있는 것**이고, 번역저작권의 침해 여부를 가리기 위하여 번역 저작물과 대상 저작물 사이에 실질적 유사성이 있는가를 판단함에 있어서는 번역 저작물의 **창작적인 표현에 해당하는 것만을 가지고 대비**하여야 한다.

■ 대법원 2006. 2. 10. 선고 2003다41555 판결 – 아날로그 방식으로 녹음된 음반을 **디지털 샘플링**의 기법을 이용하여 디지털화한 것이 2차적저작물로 인정되기 위해서는 단지 아날로그 방식의 음반을 부호화하면서 잡음을 제거하는 등으로 **실제 연주에 가깝게 하였다는 정도로는 부족**하고 이를 재구성하거나 새로운 내용을 **첨삭하는 등의 방법으로 독자적인 표현을 부가**하여야만 한다.

■ 대법원 2004. 7. 8. 선고 2004다18736 판결 – 원고들이 속칭 "영자송"이라는 구전가요와 그의 아류로 여겨지는 다른 구전가요를 기초로 작성한 가요 "여자야"는 두 구전가요의 **리듬, 가락, 화성에 사소한 변형을 가하는 데 그치지 않고** 두 구전가요를 자연스럽게 연결될 수 있도록 적절히 배치하고 여기에 디스코 풍의 경쾌한 템포를 적용함과 아울러 전주 및 간주 부분을 새로 추가함으로써 **사회통념상 그 기초로 한 구전가요들과는 구분되는 새로운 저작물로서 2차적저작물에 해당**한다.

■ 대법원 2002. 1. 25. 선고 99도863 판결 – 대중가요 184곡을 컴퓨터를 이용하여 연주할 수 있도록 **컴퓨터용 음악으로 편곡**하였는데, 그러한 편곡을 위하여는 컴퓨터음악과 관련 컴퓨터프로그램에 대한 높은 수준의 이해는 물론 시간적으로도 상당한 노력이 요구되고, 편곡자의 독특한 방법과 취향이 그 편곡된 컴퓨터음악에 반영되어 편곡의 차별성과 독창성이 인정되므로 피해자가 **편곡한 위 184곡은 원곡을 단순히 컴퓨터 음악용 곡으로 기술적으로 변환한 정도를 넘어 고도의 창작적 노력이 개입되어 작성된 것**으로 저작권법에 의하여 보호될 가치가 있는 2차적저작물이다.

■ 서울민사지방법원 1990. 9. 20. 선고 89가합62247 판결 – 피고의 이 사건 영화와 소설은 원고의 이건 **무용극(행복은 성적순이 아니잖아요)**과 실질적 구성면에 있어 **현저한 차이가 있어 그들 사이에 원저작물과 2차적저작물의 관계를 인정할 만한 실질적 유사성이 없다.**

## (2) 편집저작물

편집물은 저작물이나 부호·문자·음·영상 그 밖의 형태의 자료의 집합물을 말하며, 데이터베이스를 포함한다. 편집저작물은 편집물로서 그 소재의 선택·배열 또는 구성에 창작성이 있는 것을 말한다. 예로써, 백과사전, 문학전집, 신문 등과 같은 것은 편집저작물로서 보호되나, 영어단어집이나 전화번호부 등은 창작성이 없어 보호되지 않는다. 소재 자체에 대한 창작성은 요구하지 않으며, 공개된 저작물이나 각각으로는 보호되지 않는 저작물(법령, 판례) 및 데이터에 의하여 구성되어도 무방하다. 편집저작물은 독자적인 저작물로서 보호되지만, 그 보호는 그 편집저작물의 구성 부분이 되는 소재의 저작권에는 영향을 미치지 않는다. 저작권자는 편집저작물 전체에 대해서는 저작권을 가지지만 개개의 저작물에 대해서는 저작권을 취득하지 않는다. 따라서 편집저작물의 일부를 복제하는 경우에는 편집저작권이 아닌 개개 저작권만 문제 된다.

---

### 판례

■ **대법원 2003. 11. 28. 선고 2001다9359 판결** - 일지 형태의 **법조수첩**은 그 수첩을 이용하는 자가 법조 유관기관 및 단체에 관한 사항과 소송 등 업무처리에 필요한 사항 등을 손쉽게 찾아볼 수 있다고 보이기는 하지만, 유용한 **기능 그 자체는 창작적인 표현형식이 아니므로**, 위 수첩에 이러한 기능이 있다고 하여 곧바로 편집저작물에 요구되는 최소한의 창작성이 있다고 할 수는 없는 것이고, 위 수첩에 나타난 조직과 기능별 자료 배치 및 법률 사무에 필요한 **참고 자료의 나열 정도는 그와 같은 종류의 자료의 편집에서 통상적으로 행해지는 편집 방법**이며, 그러한 **자료의 배열에 편집자의 개성이 나타나 있지도 아니하므로** 위 일지 형태의 법조수첩은 그 소재의 선택 또는 배열에 창작성이 있는 **편집저작물이라고 할 수 없다.**

■ **대법원 1996. 12. 6. 선고 96도2440 판결** - **한국입찰경매정보지**는 법원 게시판에 공고되거나 일간신문에 게재된 내용을 토대로 경매사건번호, 소재지, 종별, 면적, 최저경매가로 구분하여 수록하고 이에 덧붙여 피해자 직원들이 직접 열람한 경매기록이나 등기부등본을 통하여 알게 된 목적물의 주요 현황, 준공 일자, 입주자, 임차금, 입주일 등의 임대차 관계, 감정평가액 및 경매결과, 등기부상의 권리관계 등을 구독자가 알아보기 쉽게 필요한 부분만을 발췌, 요약하여 수록한 것으로, 이러한 한국입찰경매정보지는 그 소재의 선택이나 배열에 창작성이 있어 독자적인 저작물로서 보호되는 편집저작물에 해당한다.

■ 서울중앙지방법원 2006. 12. 14. 선고 2005가합101661 판결 - 레이아웃이나 메뉴 구성, 콘텐츠구성 등은 아이디어에 불과하거나 동종 업종의 다른 업체의 웹사이트에서도 유사한 형태로 구성되어 있는 것이라고 하여 레이아웃의 **창작성을 부정**하였다.

■ 서울지방법원 2003. 8. 19. 선고 2003카합1713 판결 - 인터넷 홈페이지도 그 구성형식, 소재의 선택이나 배열에 있어서 **창작성이 있는 경우**에는 편집저작물에 해당한다.

## 6 보호받지 못하는 저작물 - 제7조

 저작권법

**제7조(보호받지 못하는 저작물)** 다음 각 호의 어느 하나에 해당하는 것은 이 법에 의한 보호를 받지 못한다.

1. 헌법·법률·조약·명령·조례 및 규칙
2. 국가 또는 지방자치단체의 고시·공고·훈령 그 밖에 이와 유사한 것
3. 법원의 판결·결정·명령 및 심판이나 행정심판절차 그 밖에 이와 유사한 절차에 의한 의결·결정 등
4. 국가 또는 지방자치단체가 작성한 것으로서 제1호부터 제3호까지에 규정된 것의 편집물 또는 번역물
5. 사실의 전달에 불과한 시사보도

저작권법은 저작물로서의 요건을 갖추고 있다고 하더라도 제7조에 해당하는 경우에는 공공정책의 목적상 저작권법에 의한 보호를 인정하지 않는다. 하지만 저작물의 내용이 공서양속에 위반되는 경우(포르노 영화)에는 형사상 처벌은 별론으로 하고, 저작권으로 보호되는 데에는 문제가 없다.

■ **대법원 2006. 9. 14. 선고 2004도5350 판결** – 피고인이 **일간신문**을 제작하는 과정
에서 복제한 연합뉴스사의 기사 및 사진 중에는 단순한 사실의 전달에 불과한 시
사보도의 수준을 넘어선 것도 일부 포함되어 있기는 하나, 상당수의 기사 및 사진
은 정치계나 경제계의 동향, 연예·스포츠 소식을 비롯하여 각종 사건이나 사고,
수사나 재판상황, 판결내용, 기상정보 등 여러 가지 **사실이나 정보들을 언론매체의
정형적이고 간결한 문체와 표현형식을 통하여 있는 그대로 전달하는 정도에 그치는**
것임을 알 수 있어, 설사 피고인이 이러한 기사 및 사진을 그대로 복제하여 일간지
에 게재하였다고 하더라도 이를 **저작재산권자의 복제권을 침해하는 행위로서 저작
권법 위반죄를 구성한다고 볼 수는 없다.**

# 저작자

## 1 저작자의 정의와 추정

저작자란 저작물을 창작한 자를 말한다. 단순히 창작의 힌트나 테마를 제공한 자, 저작자의 조수, 의뢰자는 저작자가 아니며, 저작물의 창작에 기여한 정도에 따라 저작자가 될 수 있다. 저작권법은 저작자가 누구인지 분명하지 않은 경우를 대비해 저작자 등의 추정 규정을 두고 있다. 저작물의 원본이나 그 복제물에 저작자로서의 실명 또는 이명으로서 널리 알려진 것이 일반적인 방법으로 표시된 자나 저작물을 공연 또는 공중송신하는 경우에 저작자로서의 실명 또는 저작자의 널리 알려진 이명으로서 표시된 자는 저작자로서 해당 저작물에 대한 저작권을 가지는 것으로 추정한다. 대작의 경우에는 저작명의인이 저작자로 추정되지만, 대작자가 자기의 저작물을 입증하면 그 추정이 번복되어 저작자가 될 수 있다. 저작자의 표시가 없는 저작물의 경우에는 발행자·공연자 또는 공표자로 표시된 자가 저작권을 가지는 것으로 추정한다. 저작자는 원시적으로 저작권자가 된다.

## 2 특수한 경우

### (1) 업무상저작물

📖 **저작권법**

> **제9조(업무상저작물의 저작자)** 법인등의 명의로 공표되는 업무상저작물의 저작자는 계약 또는 근무규칙 등에 다른 정함이 없는 때에는 그 법인등이 된다. 다만, 컴퓨터프로그램저작물의 경우 공표될 것을 요하지 아니한다.

저작물의 창작은 사실행위이기 때문에, 원칙적으로 저작자는 자연인만이 될 수 있다. 그러나 저작권법은 현대 사회에서 법인 등에 의한 저작물 창작이 다수 이루어지고 있고, 법률관계를 명확히 하기 위해 일정한 조건을 전제로 하여 법인 등에게 저작자로서의 지위를 인정한다. 업무상저작물이 되기 위해서는 ① 법인·단체 그 밖의 사용자가 저작물의 작성을 기획하였고, ② 저작물이 법인 등의 업무에 종사하는 자에 의하여 작성되었고, ③ 업무상 작성되었고, ④ 법인 등의 명의로 공표되었고, ⑤ 계약 또는 근무규칙 등에 다른 정함이 없는 경우여야 한다.

---

**판례**

■ **서울중앙지방법원 2006. 10. 18. 선고 2005가합73377 판결** - 공립고등학교 교사들이 출제한 **교내 중간·기말 고사 시험문제**가 당해 **고등학교의 기획**하에 소속 **교사들이 업무상 작성한 것**이고, 문제지에 **학교 명칭만이 기재**되고 출제자 표시는 되어 있지 않으며, 특정 다수인인 위 학교의 해당 학년 학생들에게 배포되고 회수되지 않았으므로, 이는 당해 고등학교의 명의로 공표된 **단체명의 저작물**로서 저작권법 제9조에 의하여 그 저작권이 위 학교의 설립주체인 **지방자치단체에 귀속**한다.

---

### (2) 공동저작물

공동저작물은 2인 이상이 공동으로 창작한 저작물로서 각자의 이바지한 부분을 분리하여 이용할 수 없는 것을 말한다. 이 경우, 공동저작물의 저작자는 공동하여 창작한 자 전원이 된다. 만화 스토리 작가와 만화가가 만든 만화는 공동저작물이다. 공동저작물이 되기 위해서는 저작자 간에 하나의 저작물을 창작한다는 공동 인식 내지는 의사가 존재해야 한다. 공동의사가 존재하지 않는 경우에는 2차적저작물이 될 뿐이다. 반면, 2인 이상이 공동으로 창작한 저작물이지만 각자의 이바지한 부분을 분리하여 이용할 수 있는 것을 결합저작물이라 하며, 음악저작물의 곡과 가사가 이에 해당한다.

> **판례**
>
> ■ **대법원 2014. 12. 11. 선고 2012도16066 판결** - 2인 이상이 공동창작의 의사를 가지고 창작적인 표현형식 자체에 공동의 기여를 함으로써 각자의 이바지한 부분을 분리하여 이용할 수 없는 단일한 저작물을 창작한 경우 이들은 그 저작물의 공동저작자가 된다고 할 것이다. 여기서 **공동창작의 의사는 법적으로 공동저작자가 되려는 의사를 뜻하는 것이 아니라, 공동의 창작행위에 의하여 각자의 이바지한 부분을 분리하여 이용할 수 없는 단일한 저작물을 만들어 내려는 의사를 뜻하는 것**이라고 보아야 한다.
>
> ■ **대법원 2008. 12. 30. 선고 2007가합5940 판결** - 만화작품의 완성이라는 공동창작의 의사를 가지고 있었던 점, 원고의 만화 스토리는 피고에게만 제공된 점, 이 사건 만화는 원고의 만화 스토리와 피고의 그림, 장면 설정, 배치 등이 결합하여 만들어지는 저작물인 점 등에 비추어 보면 이 사건 **만화**는 피고가 원고의 스토리를 변형, 각색 등의 방법으로 작성한 2차적저작물이라기보다는 원고가 창작하여 제공한 **만화 스토리와 피고의 독자적인 그림 등이 유기적으로 어우러져 창작된 원고와 피고의 공동저작물**이라고 봄이 상당하다.
>
> ■ **대법원 2005. 10. 4.자 2004마639 결정** - 뮤지컬은 창작에 관여한 복수의 저작자에 의하여 **외관상 하나의 저작물이 작성된 경우**이기는 하나, 그 창작에 관여한 복수의 저작자들 각자의 이바지한 부분이 분리되어 이용될 수도 있다는 점에서 **단독저작물의 결합에 불과한 이른바 결합저작물**이라고 봄이 상당하다.

## (3) 외국인 저작물

외국인의 저작물은 대한민국이 가입 또는 체결한 조약에 따라 보호된다. 또한, 대한민국 내에 상시 거주하는 외국인(무국적자 및 대한민국 내에 주된 사무소가 있는 외국

법인을 포함)의 저작물과 맨 처음 대한민국 내에서 공표된 외국인의 저작물(외국에서 공표된 날로부터 30일 이내에 대한민국 내에서 공표된 저작물을 포함)도 우리 저작권법에 의해 보호된다. 하지만 상호주의 원칙상 외국의 저작물이라도 그 외국에서 대한민국 국민의 저작물을 보호하지 아니하는 경우에는 그에 상응하게 보호를 제한할 수 있다. 그리고 외국인의 저작물이라도 그 외국에서 보호기간이 만료된 경우에는 우리법상 보호기간을 인정하지 않는다. 월북작가나 재북자가의 저작물도 우리 저작권법에 의해 보호된다.

# 저작권

## 저작권법

> **제10조(저작권)** ① 저작자는 제11조부터 제13조까지에 따른 권리(이하 "저작인격권"
> 이라 한다)와 제16조부터 제22조까지에 따른 권리(이하 "저작재산권"이라 한다)를 가
> 진다.
> ② 저작권은 저작물을 창작한 때부터 발생하며 어떠한 절차나 형식의 이행을 필요로
> 하지 아니한다.

## 1 저작권의 발생과 법적 성격

저작권은 저작물을 창작한 때부터 발생하며, 특정 절차나 형식의 이행을 요구
하지 않는다. 이는 베른협약의 무방식주의에 따른 것이다. 이러한 무방식주의는
누가 저작자인지 또는 저작권자인지를 알 수 없는 고아저작물을 많이 양산하고,
저작권의 파악을 어렵게 한다. 저작권은 인간의 정신에서 기원되었다는 점에서
지식재산권의 일종이며, 타 지식재산권과 같이 독점배타적인 성질을 갖는다. 또
한, 저작권은 일정 기간만 존속할 수 있는 유한한 권리이며, 인격권과 재산권으로
서의 성질을 모두 갖는다. 하지만 특허, 디자인, 상표 등과 달리 그 발생이 무방식
주의를 취하고 있어, 존속에 유지료 등의 납부가 요구되지 않으며, 창작성의 정도
를 높이 요구하지 않는 반면, 존속기간이 상당히 길고, 속지성이 완화되어 있다.

## 2 저작권의 유형

### (1) 저작인격권

저작인격권은 저작자가 저작물에 대해 갖는 인격적 이익의 보호이며, 그 성질상 일신전속권이어서 승계가 불가능하다. 저작권법은 저작인격권으로서 공표권, 성명표시권, 동일성유지권을 인정하고 있으며, 이와 더불어 저작자 사후의 인격적 이익의 보호와 공동저작물의 저작인격권에 관해 규정하고 있다.

#### 1) 공표권 - 제11조

🛡 **저작권법**

> **제11조(공표권)** ① 저작자는 그의 저작물을 공표하거나 공표하지 아니할 것을 결정할 권리를 가진다.
> ② 저작자가 공표되지 아니한 저작물의 저작재산권을 제45조에 따른 양도, 제46조에 따른 이용허락, 제57조에 따른 배타적발행권의 설정 또는 제63조에 따른 출판권의 설정을 한 경우에는 그 상대방에게 저작물의 공표를 동의한 것으로 추정한다.
> ③ 저작자가 공표되지 아니한 미술저작물 · 건축저작물 또는 사진저작물(이하 "미술저작물등"이라 한다)의 원본을 양도한 경우에는 그 상대방에게 저작물의 원본의 전시방식에 의한 공표를 동의한 것으로 추정한다.
> ④ 원저작자의 동의를 얻어 작성된 2차적저작물 또는 편집저작물이 공표된 경우에는 그 원저작물도 공표된 것으로 본다.
> ⑤ 공표하지 아니한 저작물을 저작자가 제31조의 도서관등에 기증한 경우 별도의 의사를 표시하지 아니하면 기증한 때에 공표에 동의한 것으로 추정한다.

저작자는 그의 저작물을 공표할 것인가 공표하지 아니할 것인가를 결정할 수 있는 권리를 가진다. 여기서의 공표는 저작물을 공연, 공중송신 또는 전시 그 밖의 방법으로 공중에게 공개하는 경우와 저작물을 발행하는 경우를 말한다. 여기서 공표 여부 결정에는 공개 여부, 공개 방법과 공개 시기도 포함되는 것으로 본다. 저작자와 저작권자 그리고 저작물소유자가 분리되어 공표권이 문제되는 경우를 위하여 저작권법은 공표권을 제한하는 규정을 두고 있다. 먼저, 저작자가 공표되지 아니한 저작물의 저작재산권을 양도, 이용허락, 배타적발행권의 설정 또는 출판권의 설정을 한 경우에는 그 상대방에게 저작물의 공표를 동의한 것으로 추정한다. 저작자가 공표되지 아니한 미술저작물·건축저작물 또는 사진저작물의 원본을 양도한 경우에는 그 상대방에게 저작물의 원본의 전시방식에 의한 공표를 동의한 것으로 추정한다. 원저작자의 동의를 얻어 작성된 2차적저작물 또는 편집저작물이 공표된 경우에는 그 원저작물도 공표된 것으로 본다. 공표하지 아니한 저작물을 저작자가 도서관 등에 기증한 경우 별도의 의사를 표시하지 않는 한 기증한 때에 공표에 동의한 것으로 추정한다.

---

**판례**

■ 대법원 2000. 6. 14.자 99마7466 결정 - 저작권법 제11조 제2항에는 저작자가 미공표저작물의 저작재산권을 양도하거나 저작물의 이용허락을 한 경우에는 그 상대방에게 저작물의 공표를 동의한 것으로 추정한다고 규정하고 있어, **저작자가 일단 저작물의 공표에 동의하였거나 동의한 것으로 추정되는 이상 비록 그 저작물이 완전히 공표되지 않았다 하더라도 그 동의를 철회할 수는 없다.**

---

## 2) 성명표시권 - 제12조

**저작권법**

---

**제12조(성명표시권)** ① 저작자는 저작물의 원본이나 그 복제물에 또는 저작물의 공표 매체에 그의 실명 또는 이명을 표시할 권리를 가진다.
② 저작물을 이용하는 자는 그 저작자의 특별한 의사표시가 없는 때에는 저작자가 그의 실명 또는 이명을 표시한 바에 따라 이를 표시하여야 한다. 다만, 저작물의 성질이나 그 이용의 목적 및 형태 등에 비추어 부득이하다고 인정되는 경우에는 그러하지 아니하다.

---

저작자는 저작물의 원본이나 그 복제물에 또는 저작물의 공표 매체에 그의 실명 또는 이명을 표시할 권리를 가진다. 저작물을 이용하는 자는 그 저작자의 특별한 의사표시가 없는 때에는 저작자가 그의 실명 또는 이명을 표시한 바에 따라 이

를 표시하여야 한다. 하지만 저작물의 성질이나 그 이용의 목적 및 형태 등에 비추어 부득이하다고 인정되는 경우에는 그러하지 아니하다. 저작물 이용의 목적 및 태양에 비추어 저작자가 창작자인 것을 주장하는 이익을 해칠 염려가 없고, 성명표시의 생략이 공정한 관행에 합치하는 경우에는 동의 없이 생략할 수 있다. 호텔의 로비나 백화점의 배경음악, TV연속극에 삽입된 가요곡은 방영 후 자막에서 가능하다. 저작물의 성질이나 이용의 목적 및 태양(다수의 저작자를 일일이 다 표시할 수 없어서 일부 저작자를 누락한 경우인지 등), 성명표시 의무를 준수하지 못한 사유(성명표시를 의도적으로 누락한 경우인지, 타인의 성명을 참칭한 경우인지, 단순 누락인지 등)을 종합적으로 고려하되, 저작자와 이용자의 이익을 비교 형량하는 방법으로 해석 운용해야 한다. 성명표시권 생략의 특약을 하는 경우 그 유효성이 인정된다.

---

**판례**

■ **대법원 1991. 8. 27. 선고 89도702 판결** - 피고인은 **32곡의 가요를 수집한** 다음 저작권자들의 승낙 없이 작곡자의 성명을 기재하지 않고 노동과 노래라는 제목의 책자로 100부가량 인쇄하여 배포한 사례에서 **성명표시권 침해를 인정**하였다.

■ **대법원 1989. 10. 24. 선고 88다카29269 판결** - 초등학교 6학년 원고(윤정아)가 쓴 산문 중 제목을 고치고 지은이를 3학년 4반 황정아라고 새로이 써넣었으며, 내용 중 일부 문구를 수정하여 인쇄 배포한 사건에서 저작자의 동의나 승낙 없이 그 **성명을 표시하지 않았거나 가공의 이름을 표시하여 그 저작물을 무단 복제하는 것은 귀속권(성명표시권) 침해**한다. 나아가 설사 가공의 이름인 황정아로 표시한 이유가 **교육정책상의 목적**에 있었다 하더라도 그러한 사정만으로는 저작자에게 전속되는 창작자임을 주장할 수 있는 귀속권을 침해하는 정당한 사유가 되지 않는다.

■ **서울남부지방법원 2014. 1. 23. 선고 2013노122 판결** - 드라마에서 A의 단독 극본을 A, B, C 공동저작인 것으로 엔딩 크레딧에 표시하여 공표한 것은 잘못된 성명표시로 성명표시권 침해이다.

■ **서울서부지방법원 2006. 3. 17. 선고 2004가합4676 판결** - 2차적저작물인 **개편된 노래 가사를 발표함에 있어 원저작물인 노래 가사의 작사자를 표시하지 않았다는 사정만으로는 원저작자의 저작인격권인 성명표시권을 침해하였다고 할 수 없다.**

## 3) 동일성유지권 - 제13조

**저작권법**

> **제13조(동일성유지권)** ① 저작자는 그의 저작물의 내용·형식 및 제호의 동일성을 유지할 권리를 가진다.
> ② 저작자는 다음 각 호의 어느 하나에 해당하는 변경에 대하여는 이의(異議)할 수 없다. 다만, 본질적인 내용의 변경은 그러하지 아니하다.
>
> 1. 제25조의 규정에 따라 저작물을 이용하는 경우에 학교교육 목적을 위하여 부득이하다고 인정되는 범위 안에서의 표현의 변경
> 2. 건축물의 증축·개축 그 밖의 변형
> 3. 특정한 컴퓨터 외에는 이용할 수 없는 프로그램을 다른 컴퓨터에 이용할 수 있도록 하기 위하여 필요한 범위에서의 변경
> 4. 프로그램을 특정한 컴퓨터에 보다 효과적으로 이용할 수 있도록 하기 위하여 필요한 범위에서의 변경
> 5. 그 밖에 저작물의 성질이나 그 이용의 목적 및 형태 등에 비추어 부득이하다고 인정되는 범위 안에서의 변경

저작자는 그의 저작물의 내용·형식 및 제호의 동일성을 유지할 권리를 가진다. 다만, 본질적인 내용의 변경이 아니라면 다음의 경우에는 저작자의 동의 없이 변경할 수 있다: ① 학교교육 목적상 부득이하다고 인정되는 범위 안에서의 표현의 변경, ② 건축물의 증축·개축 그 밖의 변형, ③ 특정한 컴퓨터 외에는 이용할 수 없는 프로그램을 다른 컴퓨터에 이용할 수 있도록 하기 위하여 필요한 범위에서의 변경, ④ 프로그램을 특정한 컴퓨터에 보다 효과적으로 이용할 수 있도록 하기 위하여 필요한 범위에서의 변경, ⑤ 그 밖에 저작물의 성질이나 그 이용의 목적 및 형태 등에 비추어 부득이하다고 인정되는 범위 안에서의 변경. 영화의 단축, 편집, 컬러화, 문학작품에서의 구두점이나 느낌표의 추가나 삭제, 그림소유자가 나체그림에 색을 칠하는 것 등은 동일성유지권을 침해하는 것이다. 반면, 공모전에서의 도안(롯데월드의 로티)을 공모전 주최가 수정하는 경우 동일성유지권을 묵시적으로 포기한 것으로 인정한 사건도 있다. 저작물의 파괴가 동일성유지권 침해로 인정되는지의 문제가 있으나, 우리는 아직 침해로 보고 있지는 않다.

■ Castillo vs. Cohen et al., 950 F.3d 155 (2d Cir. 2020) - 롱 아일랜드 시티(Long Island City)에 위치한 5Pointz Aerosol Art Center는 대형 창고 건물들로 이루어진 노후화된 공업단지로, 5Pointz의 소유자였던 피고는 그라피티 예술가들에게 건물 외벽의 무상 이용을 허락하였다. 그리하여, 5Pointz는 전 세계 그라피티 예술가들의 창작 및 전시 공간이자 관광 명소로서 국제적인 명성을 쌓기 시작하였다. 하지만 2013년 10월 피고의 5Pointz 철거 및 재건축 개발 계획안이 뉴욕 시의회의 승인을 얻었고, 이에 그라피티 창작 예술가들은 철거 중단을 위한 가처분 신청을 하였으나, 뉴욕 동부 지방법원은 이를 받아들이지 않았다. 그 이후 **그라피티는 철거를 위한 조치의 일환으로 흰색 페인트로 회칠해진 후 철거**되었다. 이에, 그라피티 예술가들이 49점의 5Pointz 그라피티에 대하여 뉴욕 동부지방법원에 **동일성유지권 침해 소송을 제기**하였다. 그라피티가 그려진 건물의 소유자가 저작자의 동의 없이 **그라피티를 철거한 행위는 시각예술가의 권리에 관한 법률(Visual Artists Rights Act, VARA)상 동일성유지권 침해**라고 판시하면서 670만 달러의 손해배상액을 인정하였다.

판례

■ 대법원 2010. 8. 25.자 2008마1541 결정(인터넷 포털이 제공하는 광고를 임의로 대체하는 광고 서비스 문제) - 피신청인이 개발한 프로그램은 신청인이 운영하는 포털 사이트에서 광고를 검색하면 나타나는 화면의 여백을 찾아내어, 신청인이 제공하는 광고와 함께 피신청인이 선택한 광고가 삽입되어 노출되도록 하는 방식(**삽입광고 방식**), 포털이 제공하는 광고 대신 피신청인이 선택한 광고로 덮어쓰는 방식(**대체광고 방식**), 포털의 검색창하단과 포털이 제공하는 키워드 광고 사이에 피신청인이 제공하는 키워드 광고를 삽입하는 방식(**키워드 광고 방식**) 등 세 가지 방식으로 작동한다. 대법원은 신청인이 사용자의 컴퓨터로 보낸 검색 결과의 HTML 파일은 그 내용이 화면에 나타나기 위하여 일시적으로 램상으로 복제되게 되는데, 피신청인의 HTML 코드 역시 올라오지만, 그것이 신청인의 **HTML 코드에 삽입되어 신청인의 HTML 코드 자체를 변경시킨다는 점은 이를 소명할 자료가 부족하므로, 피신청인의 프로그램에 의한 광고행위로 인해 신청인의 HTML 코드에 대한 동일성유지권이 침해되었다고 볼 수 없다.**

- **서울고등법원 2012. 11. 29. 선고 2012나31842 판결** - 역의 벽화를 철거한 사건에서 작가가 국가를 상대로 손해배상청구의 소를 제기하였으며, 1심 법원은 원고 패소판결을 하였고, 항소심은 원고 일부승소판결을 하였으나 **동일성유지권 침해는 인정하지 않았다.** 다만, "국민에 대하여 예술의 자유를 보장하여야 할 뿐 아니라 적극적으로 예술을 보호하고 장려할 책무를 부담하는 국가가 물품관리법 시행령의 관련 규정을 위반하여 이 사건 **벽화를 폐기하였고** 그 절차가 공론의 장을 충분히 거쳤다고 볼 수도 없으며 원고는 작품의 보존에 대하여 상당한 이익을 가지고 있음에도 원고에게 알리지도 않고 소각한 피고의 이 사건 벽화 폐기 행위는 원고의 인격권을 침해하는 불법행위를 구성한다"고 판결하였다.
- **서울고등법원 2008. 9. 23. 선고 2007나70720 판결** - 샘플링 기법에서 여러 개의 악곡을 각각 작은 악절로 나누어 다시 결합하는 것처럼 원래 악곡의 본질적 특성을 직접 감득할 수 있는 때에는 침해가 성립할 수 있다. 원곡이 3분 내지 5분 정도 됨에도 인터넷 이용자에게 약 1분 내지 1분 30초 정도로 미리 듣기 서비스와 원고 의사에 반하여 부분적으로 발췌하여 전송하는 휴대폰 벨소리 서비스는 침해에 해당한다(대법원 2015. 4. 9. 선고 2011다101148 판결 - 변경 없는 일부 이용은 침해가 아니라는 반대 판결).
- **서울고등법원 1994. 9. 27. 선고 92나35846 판결** - 강연자가 연술한 내용 중 23분에 해당하는 중요 부분의 내용을 방송사가 임의로 삭제, 수정하여 40분간만 방송함으로써 동일성유지권 등의 침해가 문제로 된 사안에서, 방송사는 **강연의 중요 부분의 내용을 임의로 삭제, 수정하여 방송함으로써** 강연자와의 출연계약을 적극적으로 침해함과 동시에 강연자의 동일성유지권을 침해한 것이므로 손해를 전보할 의무가 있다. 방송사가 갖는 **편성권이 제3자인 출연자의 저작권을 임의로 침해할 수 있는 근거가 된다고 할 수 없다.**
- **서울중앙지방법원 2007. 7. 23. 선고** - 원곡(올챙이송)에는 미로 되어 있는 8분음표 하나를 라로 바꾼 사건에서 음표 하나가 바뀐 동요 손발 체조는 가사가 있는 부분이 12마디밖에 되지 않는 **아주 짧은 곡일 뿐 아니라, 음 하나만 바뀐다고 해도 곡 전체 분위기에 상당한 영향을 미칠 수 있는 점을 고려할 때 침해라고 판단하였다.**

## 4) 저작자의 사후적 인격의 보호

### 📖 저작권법

> **제14조(저작인격권의 일신전속성)** ① 저작인격권은 저작자 일신에 전속한다.
> ② 저작자의 사망 후에 그의 저작물을 이용하는 자는 저작자가 생존하였더라면 그 저작인격권의 침해가 될 행위를 하여서는 아니 된다. 다만, 그 행위의 성질 및 정도에 비추어 사회통념상 그 저작자의 명예를 훼손하는 것이 아니라고 인정되는 경우에는 그러하지 아니하다.

저작인격권은 일신전속의 권리이기 때문에 상속이 되지 않으며, 따라서 저작인격권은 저작자가 사망하게 되면 소멸된다. 그런데 저작권법은 저작자 사후에 저작자의 명예를 보호할 필요가 있음을 인정하면서, 저작자의 사후적 인격에 대한 보호를 별도로 규정하고 있다. 따라서 저작자의 사망 후에 그의 저작물을 이용하는 자는 저작자가 생존하였더라면 그 저작인격권의 침해가 될 행위를 하여서는 아니 된다. 저작자의 사후적 인격이 침해된 경우, 유족이나 유언집행자는 침해금지청구와 명예회복 등의 청구를 할 수 있다.

## 5) 공동저작물의 저작인격권

공동저작물의 저작인격권은 저작자 전원의 합의에 의하지 아니하고는 이를 행사할 수 없다. 이 경우 각 저작자는 신의에 반하여 합의의 성립을 방해할 수 없다. 공동저작물의 저작자는 그들 중에서 저작인격권을 대표하여 행사할 수 있는 자를 정할 수 있다.

## (2) 저작재산권

저작권은 여러 권리의 집합으로 구성되어 있어, 권리의 다발이라고 불린다. 저작권법은 저작물의 이용형태에 따라 복제권, 공연권, 공중송신권, 전시권, 배포권, 대여권, 2차적저작물작성권을 인정하고 있다. 저작재산권은 저작인격권과는 달리 승계가 가능하다.

## 1) 복제권 - 제16조

저작자는 그의 저작물을 복제할 권리를 가진다. 여기서 복제는 인쇄, 사진촬영, 복사, 녹음, 녹화 그 밖의 방법으로 일시적 또는 영구적으로 유형물에 고정하거나 다시 제작하는 것을 말하며, 건축물의 경우에는 그 건축을 위한 모형 또는 설계도서에 따라 이를 시공하는 것을 포함한다. 논문 등의 복사나 인쇄, 그림의 모사나 사진 촬영, 강연이나 음악의 녹음, 디지털 자료의 저장이나 다운로드, 캐릭터의 상품화 등이 복제에 해당한다. 한미 FTA의 이행을 위하여, 저작권법은 일시적 복제를 도입(저작권법 제2조 제22호)하기도 하였다. 인터넷의 발전은 저작물 이용 방식을 소유에서 이용(스트리밍 등)으로 변화시켰고, 이러한 유통 환경의 변화는 일시적 복제를 도입하도록 하였다. 불법으로 업로드된 영화, 음악, 웹툰 등을 보거나 듣는 과정에서 이용자들의 컴퓨터에 일시적으로 복제가 되기 때문에 저작권법을 위반한 것이 된다. 다만, 일시적 복제는 디지털 저작물을 사용하고자 할 경우 반드시 일어나는 현상으로 현재의 기술로는 피할 수 없어, 저작권법 제35조의2 규정을 신설하여, 저작물의 이용이 저작권을 침해하는 경우가 아닌 한, 컴퓨터에서 저작물을 이용하는 경우에는 원활하고 효율적인 정보처리를 위하여 필요하다고 인정되는 범위 안에서 그 저작물을 그 컴퓨터에 일시적으로 복제할 수 있도록 하고 있다.

> **판례**
>
> ■ **대법원 2009. 11. 26. 선고 2008다77405 판결** - 인터넷에서 이용자들이 접속하고자 하는 웹페이지로의 이동을 쉽게 해 주는 기술을 의미하는 **인터넷 링크**는 링크하고자 하는 **저작물의 웹 위치 정보 내지 경로를 나타낸 것에 불과**하여, 이는 유형물에 고정하거나 유형물로 다시 제작하는 것이 아니므로 **복제에 해당하지 않는다.**

## 2) 공연권 - 제17조

저작자는 그의 저작물을 공연할 권리를 가진다. 공연은 저작물 또는 실연·음반·방송을 상연·연주·가창·구연·낭독·상영·재생 그 밖의 방법으로 공중에게 공개하는 것을 말하며, 동일인의 점유에 속하는 연결된 장소 안에서 이루어지는 송신(전송을 제외)을 포함한다. 이는 모텔에서 비디오물을 방영하여 투숙객들이 동시에 수신하게 할 목적으로 방영하는 것은 공연에 해당하지만, 주문형 비디오 (Video On Demand, VOD)와 같이 원하는 시간에 원하는 프로그램을 선별하여 시청하게 한다면 전송에 해당한다. 사내 방송이나 교내 방송은 모두 공연에 해당한다. 다만, 공연에 해당하기 위해서는 동일인의 점유와 연결된 장소라는 요건을 충족해야 하기 때문에 동일 건물에 여러 점포가 입주한 경우 입주자가 각 건물의 일부씩을 점유하고 있다면 그것은 방송이 된다. 따라서 백화점에서는 공연이고, 복합상가 건물에서는 방송이다. 시판되는 음반에 실린 음악저작물에 대하여 이미 복제 사용료가 지급되었다고 하여도 그 녹음물을 재생하여 일반 공중에게 공개하는 것은 별도의 공연에 해당한다.

### 3) 공중송신권 - 제18조

저작자는 그의 저작물을 공중송신할 권리를 가진다. 공중송신은 저작물, 실연·음반·방송 또는 데이터베이스를 공중이 수신하거나 접근하게 할 목적으로 무선 또는 유선통신의 방법에 의하여 송신하거나 이용에 제공하는 것을 말한다. 공중송신에는 방송, 전송, 디지털음성송신, 그 밖의 공중에 대한 송신행위를 포함한다. 방송(지상파 방송, 케이블 방송, 위성 방송)은 공중송신 중 공중이 동시에 수신하게 할 목적으로 음·영상 또는 음과 영상 등을 송신하는 것을 말하며, 전송(주문형 서비스, 인터넷 다시보기)은 공중송신 중 공중의 구성원이 개별적으로 선택한 시간과 장소에서 접근할 수 있도록 저작물 등을 이용에 제공하는 것을 말하며, 그에 따라 이루어지는 송신을 포함한다. 디지털음성송신(웹캐스팅, 인터넷 방송)은 공중송신 중 공중으로 하여금 동시에 수신하게 할 목적으로 공중의 구성원의 요청에 의하여 개시되는 디지털 방식의 음의 송신을 말하며, 전송을 제외한다.

| 이용형태 | 특징 | | | 비고 |
|---|---|---|---|---|
| | 동시성 | 쌍방향성 | 주문형 | |
| 방송 | ○ | × | × | |
| 전송 | × | ○ | ○ | |
| 디지털 음성송신 | ○ | ○ | × | 음성, 음향에 한정 |

### 4) 전시권 – 제19조

저작자는 미술저작물 등의 원본이나 그 복제물을 전시할 권리를 가진다. 전시에는 미술저작물 등을 직접적으로 보여주는 직접전시와 필름이나 영상 등의 장치에 의하여 복제물을 보여주는 간접전시가 모두 포함된다. 인터넷에서 미술저작물 등을 보여주는 인터넷 전시는 저작권법상 전시가 아니라 전송에 의해 규율된다. 저작물이 양도되어 저작권자와 소유자가 다른 경우 소유자는 해당 저작물을 자유롭게 전시할 수 있지만, 일반 공중에게 항시 개방된 장소에 전시하기 위해서는 저작권자의 허락을 얻어야 한다.

### 5) 배포권 – 제20조

저작자는 저작물의 원본이나 그 복제물을 배포할 권리를 가진다. 배포란 저작물 등의 원본 또는 그 복제물을 공중에게 대가를 받거나 받지 아니하고 양도 또는 대여하는 것을 말한다. 최초판매의 원칙상 저작물의 원본이나 그 복제물이 해당 저작재산권자의 허락을 받아 판매 등의 방법으로 거래에 제공된 경우에는 권리가 소진되어 더 이상 배포권이 존재하지 않는다.

> ■ **서울중앙지방법원 2008. 8. 5.자 2008카합968 결정** - 저작권법상 배포는 저작물의 원작
> 품 또는 그 복제물을 유형물의 형태로 일반 공중에게 양도 또는 대여하는 것을 말하는
> 것이므로, 이용자들이 저작권자로부터 이용허락을 받지 않은 영화 파일을 웹스토리지에
> 업로드한 다음 이를 공유로 설정하여 다른 사람들로 하여금 다운로드하도록 하더라도,
> 이러한 행위가 배포에 해당한다고는 할 수 없다.
>
> ■ **서울지방법원 2003. 9. 30.자 2003카합2114 결정** - 음악 청취 사이트에서 이용자
> 들이 선택한 곡에 해당하는 컴퓨터 압축파일을 스트리밍 방식에 의하여 이용자의
> 컴퓨터에 전송하고 실시간으로 재생되도록 하는 것이 저작물의 원작품이나 그 복제
> 물을 일반공중에게 양도 또는 대여하는 것에 해당한다고 볼 수 없다.

### 6) 대여권 - 제21조

최초판매 원칙에도 불구하고, 저작자는 상업적 목적으로 공표된 음반이나 상
업적 목적으로 공표된 프로그램을 영리를 목적으로 대여할 권리를 가진다. 따라
서 상업적 목적의 음반이나 프로그램에 대해서는 최초판매의 원칙이 적용되지 않
아 영리적 목적으로 대여하기 위해서는 저작권자의 동의를 얻어야 한다.

### 7) 2차적저작물작성권 - 제22조

저작자는 그의 저작물을 원저작물로 하는 2차적저작물을 작성하여 이용할 권
리를 가진다.

## 3 저작재산권의 이용

### (1) 저작재산권의 양도

🛡️ **저작권법**

> **제45조(저작재산권의 양도)** ① 저작재산권은 전부 또는 일부를 양도할 수 있다.

② 저작재산권의 전부를 양도하는 경우에 특약이 없는 때에는 제22조에 따른 2차적 저작물을 작성하여 이용할 권리는 포함되지 아니한 것으로 추정한다. 다만, 프로그램의 경우 특약이 없으면 2차적저작물작성권도 함께 양도된 것으로 추정한다.

저작재산권은 전부 또는 일부를 양도할 수 있다. 저작재산권의 일부 양도는 시간적, 장소적, 내용적 제한을 포함한다. 특정 언어에 의한 번역권만 양도하는 것도 가능하다. 저작재산권의 양도에는 특별한 방식이 요구되지 않는다. 저작재산권의 전부를 양도하는 경우에 특약이 없는 때에는 2차적저작물을 작성하여 이용할 권리는 포함되지 아니한 것으로 추정한다. 다만, 프로그램의 경우에는 반대로 특약이 없는 한 2차적저작물작성권도 함께 양도된 것으로 추정한다. 장래 발생할 저작재산권의 양도는 계약자유의 원칙상 유효하나, 장차 저작할 모든 저작물의 저작재산권을 일괄적으로 양도하는 것은 무효이다.

## (2) 저작재산권의 이용허락

저작재산권자는 다른 사람에게 그 저작물의 이용을 허락할 수 있으며, 이용허락을 받은 자는 이용 방법 및 조건의 범위 안에서 그 저작물을 이용할 수 있다. 허락에 의하여 저작물을 이용할 수 있는 권리는 저작재산권자의 동의 없이 제3자에게 이를 양도할 수 없다. 이용허락의 범위를 넘어선 이용 행위가 채무불이행인지 침해인지 문제된다. 저작권의 본질적인 내용에 관계되는 것은 침해이고, 비본질적 내용에 관계되는 방법 및 조건은 단순한 채무불이행의 책임만 질 수 있으나, 획일적이지는 않다.

판례

■ **대법원 2007. 1. 25. 선고 2005다11626 판결** – "이용허락의 목적이 된 저작권법이 보호하는 재산권의 침해가 발생하는 경우에 그 권리자가 **스스로 침해정지청구권을 행사하지 아니하는 때에는 독점적인 이용권자로서는 이를 대위하여 행사하지 아니하면 달리 자신의 권리를 보전할 방법이 없을 뿐만 아니라**, 저작권법이 보호하는 이용허락의 대상이 되는 권리들은 일신전속적인 권리도 아니므로 **독점적인 이용권자는 자신의 권리를 보전하기 위하여 필요한 범위 내에서 권리자를 대위하여 저작권법 제91조에 기한 침해정지청구권을 행사할 수 있다**"고 하여 독점적 이용권자의 침해정지청구권 대위행사를 인정하였다.

## (3) 계약의 해석

저작권 관련 계약에서 저작권의 양도인지 이용허락인지 불분명한 경우에는 해석이 필요하다. 해석의 원칙은 저작자에게 유리하게 추정하고, 계약문안 작성자에게 불리하게 추정한다. 그리고 산업상의 거래 관행이나 용례, 계약 당시의 당사자의 지식, 계약 후의 당사자의 행동 등 부수적인 정황증거들을 활용할 수 있다.

### 🛡 매절

- **매절의 정의** – 매절은 제작사가 창작자에게 일정 금액만 지불하면 저작물 이용에 대한 모든 수익과 파생시장 수익까지 모두 제작사가 가져가고 창작자에게 추가적인 대가가 지급되지 않는 형태를 뜻한다.
- **구체적 사례** – 서울고등법원 2020. 1. 21. 선고 2019나2007820 판결(구름빵 사건): 당시 신인작가로 입지가 좁았던 백 작가는 '저작인격권을 제외한 지적재산권 등 일체의 권리를 한솔교육에 양도한다'는 내용의 2차 저작물 양도조항이 포함된 출판계약을 맺었다. 이에 따라 백 작가는 한 차례 지원금을 포함해 총 1850만 원을 지급받았을 뿐 '구름빵'으로 인한 부가수익을 거의 얻지 못한 것으로 파악됐다. "2차적저작물작성권 등 창작자의 일체 권리를 출판사에 양도하는 취지의 계약조항은 불공정해 무효"라는 백 작가의 주장을 기각했다. 재판부는 계약 당시 출판사도 작품의 위험부담을 일정 떠안았다며 이를 일방적 불공정거래 조항으로 볼 수 없다고 판단했다.
- **저작권법 개정안**
  - **제1안**: 계약내용이 불명확할 경우 **저작권자에게 유리한 방식으로 해석할 것**, **장래 창작물 등에 대한 포괄적 양도 금지**, 저작권 계약으로 창작자가 받은 대가가 저작물 이용자가 얻은 수익에 비해 정당하지 않은 경우 **저작권자가 정당한 보상 요구 가능** 등의 내용이 담겼다.
  - **제2안**: 저작권신탁관리업자가 **관리하는 저작물 등의 목록을 지체 없이 공개**하도록 하고, 저작권 신탁관리업자에게 저작권을 신탁한 경우 **등록 없이도 저작재산권의 양도·처분제한, 배타적발행권·출판권의 설정·이전·변경·소멸 등에 대해 제3자 대항력을 갖도록** 한다.

- **대법원 2006. 7. 13. 선고 2004다10756 판결** – 저작권자가 자신의 저작재산권 중 복제, 배포권의 처분권한까지 음반제작자에게 부여하였다거나 음반제작자로 하여 금 저작인접물인 음반 이외에 저작물에 대하여서까지 이용허락을 할 수 있는 권한 내지 저작물의 이용권을 제3자에게 양도할 수 있는 권한을 부여하였다는 등의 **특별한 사정이 인정되지 않는 한**, 음반제작자에 의하여 제작된 원반 등 저작인접물에 수록된 내용 중 일부씩을 발췌하여 이른바 '**편집앨범**'을 제작하고자 하는 자는 해 당 음반제작자의 저작인접물에 대한 이용허락 이외에 저작권자로부터도 음악저작 물에 대한 이용허락을 얻어야 한다.

- **대법원 1996. 7. 30. 선고 95다29130 판결** – 새로운 매체가 등장한 경우 이용허락 된 매체의 범위에 새로운 매체까지 포함되는 것으로 볼 것이냐에 대하여, 계약 전 후의 여러 가지 사정과 특히 CD 음반이 LP 음반과 소비, 사용 기능에 있어 유사하 여 LP 음반 시장을 대체, 잠식하는 성격이 강한 점 등을 종합하여 볼 때 이 사건 계 약에는 새로운 매체인 CD 음반에 대한 이용허락까지도 포함되어 있는 것이라고 봄 이 상당하다.

- **대법원 1985. 5. 28.자 84다카2514 결정** – 원고들이 피고 방송사로부터 대가를 받 고 그들이 저작한 **극본을 피고에게 제공**하였다 하더라도, 다른 특별한 사정이 없는 한 이는 저작권자인 원고들이 피고 방송사에게 저작물인 위 **극본의 이용권을 설정 해 준 데 불과할 뿐**, 이로써 원고들의 극본에 대한 저작권을 상실시키기로 한 것이 라고는 볼 수 없으므로 위 극본 저작자인 원고들은 위 **극본에 대한 저작권을 그대 로 보유**한다. 원고들이 피고 방송사에게 **원고들로부터 별도의 동의를 받지 않고** 위 극본을 토대로 제작된 녹화작품을 VTR 테이프로 이용하는 것까지를 승낙하였다고 볼 수는 없다.

- **서울고등법원 2002. 7. 24. 선고 2001나5755 판결** – 문학잡지가 제정한 문학상 수 상작품들을 당사자 간의 특별한 약정이 없는 상태에서 그 문학잡지가 출간하는 **수 상작품집에 계속하여 수록하는 행위의 적법성 여부**가 다투어졌는데, 수상자들의 문 학잡지사에 대한 출판허락은 이 사건 저작물에 대한 출판권 설정계약이나 저작권 또는 복제, 배포권의 양도라고 보기는 어렵고, 다만 **수상자들에게 수여한 상금에 이용대가가 포함되어 있는 저작권법 제46조가 규정하는 저작물 이용허락이라고 봄 이 상당하다**고 하여 저작권 침해를 인정하였다.

## (4) 저작재산권의 질권 설정

저작재산권에 대한 질권 설정도 가능하다. 저작재산권을 목적으로 하는 질권은 그 저작재산권의 양도 또는 그 저작물의 이용에 따라 저작재산권자가 받을 금전 그 밖의 물건에 대하여도 행사할 수 있다. 다만, 이들의 지급 또는 인도전에 이를 압류하여야 한다. 질권의 목적으로 된 저작재산권은 설정행위에 특약이 없는 한 저작재산권자가 이를 행사한다.

## (5) 공동저작물의 저작재산권의 행사

공동저작물의 저작재산권은 그 저작재산권자 전원의 합의에 의하지 아니하고는 이를 행사할 수 없으며, 다른 저작재산권자의 동의가 없으면 그 지분을 양도하거나 질권의 목적으로 할 수 없다. 이 경우 각 저작재산권자는 신의에 반하여 합의의 성립을 방해하거나 동의를 거부할 수 없다. 공동저작물의 이용에 따른 이익은 공동저작자 간에 특약이 없는 때에는 그 저작물의 창작에 이바지한 정도에 따라 각자에게 배분된다. 이 경우 각자의 이바지한 정도가 명확하지 아니한 때에는 균등한 것으로 추정한다. 공동저작물의 저작재산권자는 그 공동저작물에 대한 자신의 지분을 포기할 수 있으며, 포기하거나 상속인 없이 사망한 경우에 그 지분은 다른 저작재산권자에게 그 지분의 비율에 따라 배분된다.

## (6) 저작재산권의 소멸

저작재산권은 상속인 없이 사망한 경우나 법인 또는 단체가 해산되어 국가에 귀속되는 경우 소멸한다. 포기에 의해 소멸도 가능하나, 질권이 설정되어 있던가 배타적발행권을 설정한 경우에는 임의적으로 포기할 수 없다. 지분권도 소멸할 수 있다. 또한, 보호기간의 만료로도 소멸된다.

## 4 저작재산권의 보호기간

일반적인 저작권의 보호기간은 창작한 때부터 발생하여 저작자의 생존기간과 사후 70년까지 존속한다. 저작재산권의 보호기간을 계산하는 경우에는 저작자가 사망하거나 저작물을 창작 또는 공표한 다음 해 1월 1일부터 기산한다. 따라서 2000년 중 어느 날에 사망하였다면, 그 날이 어느 날이든 그 다음 해 2001년 1월 1일부터 기산하여 70년이 되는 2070년 12월 31일에 저작재산권이 소멸하게 된다. 공동저작물의 저작재산권은 맨 마지막으로 사망한 저작자가 사망한 후 70년간 존속한다. 무명 또는 널리 알려지지 아니한 이명이 표시된 저작물의 저작재산권은 공표된 때부터 70년간 존속한다. 업무상저작물과 영상저작물도 공표한 때부터 70년간 존속한다. 계속적 간행물의 공표시기는 매책·매호 또는 매회 등의 공표 시로 하고, 일부분씩 순차적으로 공표하여 완성하는 저작물의 경우에는 최종 부분의 공표 시로 한다.

## 5 저작권의 등록과 인증

저작권법은 무방식주의를 취하기 때문에, 등록이 요구되지 않으나, 권리 발생 이외에 저작자와 저작권자의 이익을 보호하기 위한 등록제도를 마련하고 있다. 저작권법상 등록에는 저작자 관련 등록, 저작물 관련 등록, 공표 관련 등록, 저작재산권의 변동 등에 관한 등록, 기타 등록이 존재한다. 저작권법의 등록은 3가지 효력이 발생한다. 첫 번째 효력은 추정력이다. 저작자로 성명이 등록된 자는 저작자로 추정되고, 창작연월일이 등록되면 등록된 연월일에 창작된 것으로 추정되며, 최초의 공표연월일이 등록되면 등록된 연월일에 맨 처음 공표가 있었던 것으로 추정된다. 등록의 두 번째 효력은 보호기간의 연장이다. 무명·이명저작물에 대하여 실명을 등록하면 공표 시 기산주의에서 사망 시 기산주의로 되어 보호기간이 연장된다. 등록의 세 번째 효력은 저작재산권의 양도나 처분제한 등을 등록하면 제3자에게 대항할 수 있는 효력이 발생한다.

저작권 인증은 인증기관이 저작물 등의 권리자임을 확인하고 인증서를 발급하여, 우리 저작물에 대한 권리관계 확인을 통해 해외에서의 거래 안전을 지원하고 합법적인 유통환경 조성에 기여하고자 만들어졌다. 저작권 인증에는 권리의 인증과 이용허락 인증이 있으며, 대한민국 국민이 창작한 저작물, 저작인접물(실연·음반·방송) 및 데이터베이스에 대해 인증을 처리한다. 인증 정보는 저작권 인증 시스템에서 공개적으로 열람 가능하며, 발급받은 인증서의 사용은 해당 해외 권리 지역 내에서 사용하기 위한 목적으로만 제한된다.

## 6 저작권위탁관리

저작권위탁관리는 저작권신탁관리업과 저작권대리중개업을 말하며, 저작권신탁관리업을 하고자 하는 자는 문화체육관광부 장관의 허가를 받아야 하고, 저작권대리중개업을 하고자 하는 자는 문화체육관광부 장관에게 신고해야 한다. 저작권위탁관리업자는 권리의 대리, 이용의 알선 등을 함으로써 저작권자는 저작물의 이용을 일일이 허락하는 번거로움을 덜어 주고, 이용자에게는 그 저작물의 이용허락을 용이하게 받을 수 있도록 한다. 저작권신탁관리의 법적 성질은 신탁법상 신탁에 해당하고(대법원 2012. 7. 12. 선고 2010다1272 판결), 신탁은 권리의 종국적인 이전을 수반하여 신탁행위 등으로 달리 정함이 없는 한(신탁법 제31조) 신탁자가 수탁자의 행위에 원칙적으로 관여할 수 없다. 신탁자는 포괄적 대리를 포함하여 소송 등 일체의 행위를 할 수 있다.

| [신탁관리단체] | |
|---|---|
| KCISA 한국문화정보원 | 한국방송실연자권리협회 KOREA BROADCASTING PERFORMERS' RIGHTS ASSOCIATION |
| 한국방송작가협회 KOREA TV & RADIO WRITERS ASSOCIATION | KOLAA 한국문학예술저작권협회 Korea Literature, Academic works and Art Copyright Association |
| 한국시나리오작가협회 Korea Scenario Writers Association | 한국언론진흥재단 Korea Press Foundation |
| kfpa 한국영화제작가협회 | RIAK 한국음반산업협회 |

|  | 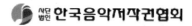 |
|---|---|

# 저작재산권의 제한

## 1 서설

저작권법은 저작재산권의 제한으로 공정이용(fair use)과 법정허락을 인정하고 있으며, 공정이용은 저작권자의 허락을 받지 않고 저작물을 자유롭게 이용할 수 있는 제도이며, 법정허락은 저작권자의 허락을 받을 수 없는 경우 문화체육부 장관의 승인을 얻은 후 저작물을 이용할 수 있게 하는 제도이다. 이러한 저작권의 제한은 저작권법의 목적에 따라 저작권자에게 피해가 되지 않는 한도에서 저작물을 적절하게 이용하도록 하여 공중의 이익과 저작권자의 이익 균형을 맞추기 위함이다.

## 2 공정이용

우리 저작권법은 공정이용의 경우를 구체적으로 열거하고 있으며, 여기에 더하여 공정이용을 판단할 수 있는 일반조항을 두고 있다. 일반조항은 3단계 테스트와 그를 판단하는 4가지 요소의 판단 기준을 함께 마련해 두고 있다. 공정이용의 경우에도 저작물을 이용하는 자는 그 출처를 명시해야 한다. 출처의 명시는 저작물의 이용 상황에 따라 합리적이라고 인정되는 방법으로 하여야 하며, 저작자의 실명 또는 이명이 표시된 저작물인 경우에는 그 실명 또는 이명을 명시하여야 한다. 또한, 저작재산권의 제한은 저작인격권에 영향을 미치지 않는다.

## (1) 재판 등에서의 복제 - 제23조

재판 또는 수사를 위하여 필요한 경우이거나 입법·행정의 목적을 위한 내부 자료로서 필요한 경우 저작물을 복제할 수 있다. 다만, 그 저작물의 종류와 복제의 부수 및 형태 등에 비추어 당해 저작재산권자의 이익을 부당하게 침해해서는 안 된다.

## (2) 정치적 연설 등의 이용 - 제24조

공개적으로 행한 정치적 연설 및 법정·국회 또는 지방의회에서 공개적으로 행한 진술은 어떠한 방법으로도 이용할 수 있다. 다만, 동일한 저작자의 연설이나 진술을 편집하여 이용하는 경우에는 그렇지 않다.

## (3) 공공저작물의 자유이용 - 제24조의2

국가 또는 지방자치단체가 업무상 작성하여 공표한 저작물이나 계약에 따라 저작재산권의 전부를 보유한 저작물은 허락 없이 이용할 수 있다. 다만, 저작물이 ① 국가안전보장에 관련되는 정보를 포함하는 경우, ② 개인의 사생활 또는 사업상 비밀에 해당하는 경우, ③ 다른 법률에 따라 공개가 제한되는 정보를 포함하는 경우, ④ 한국저작권위원회에 등록된 저작물로서 국유재산 또는 공유재산으로 관리되는 경우에는 그렇지 않다. 다만, ④의 경우 공공저작물 중 자유로운 이용을 위하여 필요하다고 인정되는 경우에는 국가 또는 지방자치단체가 대통령령으로 정하는 바에 따라 사용하게 할 수 있다.

공공저작물 자유이용 허락 표시제도(Korea Open Government License)인 공공누리는 국가, 지방자치단체, 공공기관이 4가지 공공누리 유형마크를 통해 개방한 공공저작물 정보를 통합 제공하는 서비스이다. 저작물별로 적용된 유형별 이용 조건에 따라 저작권 침해의 부담 없이, 무료로 자유롭게 이용할 수 있다.

| 〈제1유형: 출처표시〉 | 〈제2유형: 출처표시+상업적 이용금지〉 |
|---|---|
| - 출처표시 | - 출처표시 |
| - 상업적, 비상업적 이용가능 | - 비상업적 이용만 가능 |
| - 변형 등 2차적저작물 작성 가능 | - 변형 등 2차적저작물 작성 가능 |
|  |  |

| 〈제3유형: 출처표시+변경금지〉 | 〈제4유형: 출처표시+상업적 이용금지+변경금지〉 |
|---|---|
| – 출처표시<br>– 상업적, 비상업적 이용가능<br>– 변형 등 2차적저작물 작성 금지<br> | – 출처표시<br>– 비상업적 이용만 가능<br>– 변형 등 2차적저작물 작성 금지<br> |

## (4) 학교교육 목적 등에의 이용 – 제25조

 저작권법

**제25조(학교교육 목적 등에의 이용)** ① 고등학교 및 이에 준하는 학교 이하의 학교의 교육 목적을 위하여 필요한 교과용도서에는 공표된 저작물을 게재할 수 있다.

② 교과용도서를 발행한 자는 교과용도서를 본래의 목적으로 이용하기 위하여 필요한 한도 내에서 제1항에 따라 교과용도서에 게재한 저작물을 복제·배포·공중송신할 수 있다.

③ 다음 각 호의 어느 하나에 해당하는 학교 또는 교육기관이 수업 목적으로 이용하는 경우에는 공표된 저작물의 일부분을 복제·배포·공연·전시 또는 공중송신(이하 이 조에서 "복제등"이라 한다)할 수 있다. 다만, 공표된 저작물의 성질이나 그 이용의 목적 및 형태 등에 비추어 해당 저작물의 전부를 복제등을 하는 것이 부득이한 경우에는 전부 복제등을 할 수 있다.

  1. 특별법에 따라 설립된 학교

  2. 「유아교육법」, 「초·중등교육법」 또는 「고등교육법」에 따른 학교

  3. 국가나 지방자치단체가 운영하는 교육기관

④ 국가나 지방자치단체에 소속되어 제3항 각 호의 학교 또는 교육기관의 수업을 지원하는 기관(이하 "수업지원기관"이라 한다)은 수업 지원을 위하여 필요한 경우에는 공표된 저작물의 일부분을 복제등을 할 수 있다. 다만, 공표된 저작물의 성질이나 그 이용의 목적 및 형태 등에 비추어 해당 저작물의 전부를 복제등을 하는 것이 부득이한 경우에는 전부 복제등을 할 수 있다.

⑤ 제3항 각 호의 학교 또는 교육기관에서 교육을 받는 자는 수업 목적을 위하여 필요하다고 인정되는 경우에는 제3항의 범위 내에서 공표된 저작물을 복제하거나 공중송신할 수 있다.

⑥ 제1항부터 제4항까지의 규정에 따라 공표된 저작물을 이용하려는 자는 문화체육관광부장관이 정하여 고시하는 기준에 따른 보상금을 해당 저작재산권자에게 지급하여야 한다. 다만, 고등학교 및 이에 준하는 학교 이하의 학교에서 복제등을 하는 경우에는 보상금을 지급하지 아니한다.

학교 교육 목적을 위해, 고등학교 및 이에 준하는 학교 이하의 학교의 교육 목적상 필요한 교과용도서에 공표된 저작물을 게재할 수 있고, 교과용도서를 발행한 자는 교과용도서를 본래의 목적으로 이용하기 위해 필요한 한도 내에서 교과용도서에 게재한 저작물을 복제·배포·공중송신할 수 있고, 학교나 교육기관은 수업 목적으로 공표된 저작물의 일부분을 복제·배포·공연·전시 또는 공중송신할 수 있고, 교육을 받는 자도 수업 목적을 위하여 필요한 경우 공표된 저작물을 복제하거나 공중송신할 수 있다. 다만, 공표된 저작물을 이용하려는 자(고등학교 및 이에 준하는 학교 이하의 학교는 제외)는 보상금을 저작재산권자에게 지급하여야 한다.

## (5) 시사보도를 위한 이용 - 제26조

방송·신문 그 밖의 방법에 의하여 시사보도를 하는 경우에 그 과정에서 보이거나 들리는 저작물은 보도를 위한 정당한 범위 안에서 복제·배포·공연 또는 공중송신할 수 있다. 예로써, 뉴스보도를 하는 과정에서 그림이나 조각 등이 화면에 보이거나 축제 행사 퍼레이드에서의 음악대 연주 행진곡이 들리는 경우에는 저작권이 제한된다.

## (6) 시사적인 기사 및 논설의 복제 등 - 제27조

정치·경제·사회·문화·종교에 관하여 신문 등의 진흥에 관한 법률 제2조의 규정에 따른 신문 및 인터넷신문 또는 뉴스통신진흥에 관한 법률 제2조의 규정에 따른 뉴스통신에 게재된 시사적인 기사나 논설은 다른 언론기관이 복제·배포 또는 방송할 수 있다. 다만, 이용을 금지하는 표시가 있는 경우에는 그러하지 아니하다.

## (7) 공표된 저작물의 인용 - 제28조

🛡 **저작권법**

> **제28조(공표된 저작물의 인용)** 공표된 저작물은 보도·비평·교육·연구 등을 위하여는 정당한 범위 안에서 공정한 관행에 합치되게 이를 인용할 수 있다.

정당한 범위는 인용되는 분량, 내용상의 주종, 인용의 목적을 고려한다. 미술사를 논하기 위해 미술저작물을 인용하는 행위는 공정한 관행이지만, 계속 사용하기 위해 감상본을 제작하는 것은 공정한 관행이 아니다. 영화에서 다른 영화의 일부를 삽입한 경우, 그 인용 부분이 110분의 상영시간 중 30초에 불과하다면 공정한 이용이라고 볼 수 있다. 여기서 인용은 반드시 비영리적인 이용이어야만 하는 것은 아니지만 영리적인 목적을 위한 이용은 비영리적인 목적을 위한 이용의 경우에 비하여 그 허용되는 범위가 상당히 좁아진다.

---

**판례**

■ **대법원 2006. 2. 9. 선고 2005도7793 판결** - 피고인 회사의 검색사이트에 **썸네일 이미지**의 형태로 게시된 공소외인의 사진 작품들은 피고인 회사가 공소외인의 허락을 받지 아니하고 공소외인의 사진 작품을 이미지 검색의 이미지로 사용하였다고 하더라도 **이러한 사용은 정당한 범위 안에서 공정한 관행에 합치되게 사용한 것**으로 봄이 상당하다.

■ **대법원 1997. 11. 25. 선고 97도2227 판결** - 반드시 비영리적인 이용이어야만 교육을 위한 것으로 인정될 수 있는 것은 아니지만, **영리적인 교육목적을 위한 이용은 비영리적 교육목적을 위한 이용의 경우에 비하여 자유이용이 허용되는 범위가 상당히 좁아진다.**

■ **대법원 1990. 10. 23. 선고 90다카8845 판결** - 피고의 잡지에 게재된 원고의 사진이 칼라로 된 양질의 사진으로서 그 크기나 배치가 전체적으로 3면의 기사 중 **비평 기사보다는 사진이 절대적 비중을 차지하는 화보형식으로 구성되어 있어서, 보도의 목적이라기보다는 감상용으로 인용되었다고 보이므로** 보도를 위한 정당한 범위 안에서 이용되었다고 볼 수 없다.

■ **서울남부지방법원 2010. 2. 18. 선고 2009가합18800 판결** - 네티즌이 자신의 5살 난 딸이 한 가수의 노래를 따라 흥얼거린 모습을 UCC로 **제작하여 블로그에 동영**상을 올린 사건에서, 이 사건 게시물이 실제로 **피인용저작물인 이 사건 저작물의 시장가치에 악영향을 미치거나 시장수요를 대체할 정도에 이르렀다고 볼 만한 여지가 없고,** 오히려 이 사건 저작물의 인지도를 높이는 방향으로 기여한다고 볼 수도 있는 점 등을 종합하면 ... **정당한 범위 안에서 공정한 관행에 합치되게 인용한 것으**로 판단된다.

- 서울지방법원 2003. 3. 29. 선고 99카합3667호 판결 – 회계원리라는 교재를 기본 교재로하여 학원 수강생들을 대상으로 하는 강의가 그 교재에 대한 **저작권을 침해** 한다는 이유로 금지청구를 하였다가 기각되었다(반면, 서울중앙지방법원 2008. 1. 14.자 2007카합3701 결정 – 동영상 강의에 영어교과서 지문을 그대로 이용하는 것은 저작권법 제28조가 적용될 수 없다. 또한, 서울중앙지방법원 2011. 9. 14.자 2011카합683 결정 – 특정 출판사의 국어 교과서와 문제집을 기본교재로 동영상 강의를 제작하여 서비스한 사례에서 **강사들은 교과서 및 문제집의 내용을 그대로 판서, 영사하거나 낭독하면서 그 내용을 나름의 요령과 방식으로 설명한 경우, 2차 적저작물로 판단**하였다).
- **서울민사지방법원 1994. 8. 23.자 94카합6795 결정** – 인용하고 있는 부분이 각 대 학교 본고사 문제의 전부 또는 그 대부분이고, 서적을 발행함에 있어서 나머지 부 분과의 관계에서 위 본고사 문제를 **꼭 인용할 필요가 있다고** 보이지 않을 뿐만 아 니라, 동 서적 출판에 의하여 시장수요가 상당부분 대체될 가능성이 있는 점 등에 비추어 보면, 이 사건 **대학교 본고사 문제의 인용은 정당한 범위 내에 있다거나 공 정한 관행에 합치된다고 보기 어렵다.**

## 패러디(Parody)

패러디는 "문학, 음악 등의 작품에 **다른 사람이 먼저 만들어 놓은 어떤 특징적인 부분을 모방해서 자신의 작품에 집어넣는 기법**을 의미"한다. 패러디는 한편으로 **타인의 저작물 을 필연적으로 이용**하기 때문에 **동일성유지권 및 2차적저작물작성권 침해와 관련**될 수 있 으며, 다른 한편으로는 **공정이용에 해당**할 수 있다. 그 경계를 판단하기 위해 공정이용 요소들이 고려된다. 그런데, **미국에서는 패러디가 되기 위해서는 원작 자체를 비평하거나 논평(Direct Parody)하는 것이 아닌 사회를 풍자하기 위한 도구(Vehicle Parody)로서 사 용하는 것은 패러디로 인정받을 수 없다**고 한다. '컴배콤'은 컴백홈을 음치 가수가 개사하여 뮤직비디오를 만든 것인데, 단순히 웃음을 자아낼 뿐 비평적 내용을 부가해 새로운 가치를 창출하지 못하여 **침해로 판단**되었다. 춘향전 소설의 영화는 시장적 경쟁관계가 인정되 어 2차적저작물로 인정되지만, **패러디한 외설 춘향전은 시장적 경쟁관계에 있지 않아 별 개 독립 저작물**이다.

링크는 인터넷 이용자가 특정 사이트에 접속하는 방법으로, **외부 링크(홈페이지로 연결)**, 내부 링크(내부 페이지로 연결), 프레임 링크(화면의 프레임 내에 링크 페이지의 콘텐츠를 표시), 이미지 링크(링크 페이지의 화상 이미지를 자동 표시)와 같은 유형들이 존재한다. 링크는 본래 웹페이지를 복제나 송신하지 않고, **경로를 나타내는 것뿐**이어서 **침해에 해당하지 않는다.** 심층링크(deeplink) 또는 직접링크(direct link)는 웹사이트의 서버에 저장된 저작물의 인터넷 주소와 하이퍼텍스트 태그 정보를 복사하여 이용자가 이를 자신의 블로그 게시물 등에 붙여주고 여기를 클릭함으로써 웹사이트 서버에 저장된 저작물을 직접 보거나 들을 수 있게 하는 것으로서, 인터넷에서 링크하고자 하는 저작물의 웹 위치 정보 내지 경로를 나타낸 것에 불과하여, **복제 및 전송에 해당하지 않는다**(대법원 2009. 11. 26. 선고 2008다77405 판결). 인터넷 링크를 하는 행위는 저작권법상 복제, 전시 또는 2차적저작물작성에 해당하지 않으며, 이러한 법리는 **모바일 애플리케이션에서 인터넷 링크와 유사하게 제3자가 관리·운영하는 모바일 웹페이지로 이동하도록 연결하는 경우에도 마찬가지이다**(대법원 2016. 5. 26. 선고 2015도16701 판결). 한편, 링크를 제공하는 행위가 저작권 침해에 대한 **방조책임**이 되는지가 문제된다. 형법상 **방조행위는 정범의 실행을 용이하게 하는 직접·간접의 모든 행위를 가리키는 것인**데, 링크를 하는 행위 자체는 위와 같이 인터넷에서 링크하고자 하는 웹페이지 등의 위치 정보나 경로를 나타낸 것에 불과하여, 인터넷 이용자가 링크 부분을 클릭함으로써 저작권자로부터 이용허락을 받지 아니한 저작물을 게시하거나 인터넷 이용자에게 그러한 저작물을 송신하는 등의 방법으로 저작권자의 복제권이나 공중송신권을 침해하는 웹페이지 등에 직접 연결된다고 하더라도 그 **침해행위의 실행 자체를 용이하게 한다고 할 수는 없으므로, 이러한 링크 행위만으로는 위와 같은 저작재산권 침해행위의 방조행위에 해당한다고 볼 수 없다**(대법원 2015. 3. 12. 선고 2012도13748 판결). 그런데 이러한 판결에 대해 최근 대법원은 링크 행위자가 ① 정범이 공중송신권을 침해한다는 사실을 **충분히 인식**하면서 ② 그러한 침해 게시물 등에 연결되는 링크를 인터넷 사이트에 **영리적·계속적으로 게시**하는 등으로 공중의 구성원이 개별적으로 선택한 시간과 장소에서 침해 게시물에 쉽게 접근할 수 있도록 하는 정도의 링크 행위를 한 경우에는 **공중송신권 침해의 방조범이 성립한다**고 판단하였다. 다만, 대법원은 링크 행위에 대해 **방조책임을 인정하는 데 매우 신중해야 함을 강조**하였다. 링크는 인터넷 공간의 정보를 연결하고 공유하는 핵심적인 수단으로, 링크를 자유롭게 허용함으로써 표현의 자유를 보장하고 정보의 자유로운 유통을 촉진할 필요가 있는데, **방조책임을 쉽게 인**

정할 경우 자칫 시민들이 인터넷 공간에서 링크 설정을 통해 자유롭게 정보를 교환하고 공유하는 일상적인 인터넷 이용 행위를 위축시킬 수 있다는 것이다(대법원 2021. 9. 9. 선고 2017도19025 전원합의체 판결).

## (8) 영리를 목적으로 하지 아니하는 공연·방송 – 제29조

### 저작권법

> **제29조(영리를 목적으로 하지 아니하는 공연 · 방송)** ① 영리를 목적으로 하지 아니하고 청중이나 관중 또는 제3자로부터 어떤 명목으로든지 대가를 지급받지 아니하는 경우에는 공표된 저작물을 공연(상업용 음반 또는 상업적 목적으로 공표된 영상저작물을 재생하는 경우는 제외한다) 또는 방송할 수 있다. 다만, 실연자에게 일반적인 보수를 지급하는 경우에는 그러하지 아니하다.
>
> ② 청중이나 관중으로부터 해당 공연에 대한 대가를 지급받지 아니하는 경우에는 상업용 음반 또는 상업적 목적으로 공표된 영상저작물을 재생하여 공중에게 공연할 수 있다. 다만, 대통령령으로 정하는 경우에는 그러하지 아니하다.

제1항은 영리를 목적으로 하지 아니하고 청중이나 관중 또는 제3자로부터 어떤 명목으로든지 반대급부를 받지 아니하는 경우, 공표된 저작물을 공연 또는 방송할 수 있다. 도서관에서 무료 영화를 상영하거나, 대학에서의 연극, 비영리 목적의 공연 등이 이에 해당한다. 제2항의 경우에는 제1항과 달리 비영리 조건이 없고, 공연에 대한 반대급부를 받지 않으면, 상업용 음반 또는 상업적 목적으로 공표된 영상저작물을 재생하여 공중에게 공연만 할 수 있다. 다만, 대통령령이 정하는 경우, 즉 단란주점, 유흥주점, 음악감상소, 경마장, 골프장, 스키장, 백화점 등의 경우에는 저작권자의 허락을 얻어야 한다.

■ 서울고등법원 2010. 9. 9. 선고 2009나53224 판결(스타벅스 사건: 상업용 음반의 범위) - 판매용 음반은 반드시 일반 공중을 대상으로 판매될 것을 예정한 **시판용 음반에 국한된다고 할 수 없고**, 특정 대상 또는 범위를 한정하여 판매된 음반을 비롯하여 **어떠한 형태이든 판매를 통해 거래에 제공된 음반은 모두 이에 포함되며, 디지털 음원도** 하드디스크와 같은 저장 매체에 저장되는 방식으로 고정되면 **저작권법상 음반으로 볼 수 있다.**

## (9) 사적이용을 위한 복제 - 제30조

### 저작권법

**제30조(사적이용을 위한 복제)** 공표된 저작물을 영리를 목적으로 하지 아니하고 개인적으로 이용하거나 가정 및 이에 준하는 한정된 범위 안에서 이용하는 경우에는 그 이용자는 이를 복제할 수 있다. 다만, 공중의 사용에 제공하기 위하여 설치된 복사기기, 스캐너, 사진기 등 문화체육관광부령으로 정하는 복제기기에 의한 복제는 그러하지 아니하다.

공표된 저작물을 영리를 목적으로 하지 아니하고 개인적으로 이용하거나 가정 및 이에 준하는 한정된 범위 안에서 이용하는 경우 그 이용자는 이를 복제할 수 있다. 하지만 공중의 사용에 제공하기 위하여 설치된 복사기기에 의한 복제는 사적이용을 위한 복제로 인정하지 않는다. 이러한 사적복제 규정은 과거 복제기기의 성능이나 보급이 지금 같지 않았던 시절의 규정이다. 그리하여 인터넷에서의 저작물 다운로드가 사적이용을 위한 복제에 해당하는지 여부에 대해서는 지속적으로 논란이 되어 왔다. 하급심 법원에서 불법파일인 것을 미필적으로나마 알고 있었다면 다운로드 행위가 사적복제로 적법할 수 없다고 한 판결이 있으나, 현행법상 이러한 해석은 무리라는 비판들이 많다. 그리하여 최근 입법적 해결을 위한 방안들이 모색되고 있다.

■ **대법원 2007. 1. 25. 선고 2005다11626 판결(소리바다 가처분 이의소송)** - 피고의 소리바다 서비스는 이용자들의 개인 컴퓨터들이 서로 연결되어 직접 파일을 주고받는 **P2P 방식의 MP3 음악파일 공유서비스**이다. 이용자들의 음악파일 복제가 **사적복제에 해당하는지** 여부에 대하여 살펴보았다. 사적복제에 해당하여 복제가 허용되기 위해서는 **영리의 목적이 없어야 하고, 이용범위가 개인적 이용이나 가정 및 이에 준하는 한정된 범위**로 국한되어야 한다. 개인, 가정 또는 이에 준하는 한정된 범위 안에서의 이용에 해당하기 위하여는, 복제를 하는 이용자들이 다수집단이 아니어야 하고, 그 이용자들 서로 간에 어느 정도의 **긴밀한 인적결합이 존재**할 것이 요구된다고 할 것인바, 소리바다 서비스는 아이디, 비밀번호를 등록하면 누구라도 자유롭게 이용할 수 있는 점, 이용자가 MP3파일을 공유폴더에 저장하고 소리바다 서버에 접속하기만 하면 최대 5,000명에 이르는 다른 이용자들이 해당 파일에 접근하여 별다른 절차를 거침이 없이 자유로이 다운로드받을 수 있는 상태에 놓이는 점, 소리바다 프로그램의 기본설정에 의하면 다운로드 폴더는 공유폴더와 일치하도록 되어 있으므로 원칙적으로 다운로드 폴더로 다운로드된 MP3파일은 그 즉시 다른 이용자들이 다운로드 받을 수 있게 되는 점, 이용자들 사이에는 MP3파일을 공유한다는 공통의 목적 외에 별다른 인적 유대관계가 없고, 아이디만을 확인할 수 있을 뿐 아무런 개인적인 정보도 공유되고 있지 아니한 점, 이 사건 가처분 결정에 의해 소리바다 서비스가 중단되기 이전등록 회원의 수 및 접속규모가 막대한 점 등에 비추어 보면, **소리바다 이용자들의 이 사건 MP3파일 복제행위는 개인, 가정 또는 이에 준하는 한정된 범위에서의 이용이라고는 볼 수 없다** 할 것이므로, 채무자들의 사적이용을 위한 복제 항변은 더 살필 필요가 없이 이유 없다.

■ **서울중앙지방법원 2008. 8. 5.자 2008카합968 결정** - 인터넷 이용자들이 저작권자로부터 이용허락을 받지 않은 **영화 파일을 업로드하여 웹스토리지에 저장하거나 다운로드하여 개인용 하드디스크 또는 웹스토리지에 저장하는 행위는 저작권자의 복제권을 침해하는 것에 해당**하고, 해당 파일이 저작권을 침해하는 불법 파일인 경우 사적이용을 위한 복제에 해당한다고 볼 수 없다.

## (10) 도서관 등에서의 복제 등 - 제31조

도서관 등은 ① 조사·연구를 목적으로 하는 이용자의 요구에 따라 공표된 도서 등의 일부분의 복제물을 1인 1부에 한하여 제공하는 경우, ② 도서 등의 자체 보존을 위하여 필요한 경우, ③ 다른 도서관 등의 요구에 따라 절판 그 밖에 이에 준하는 사유로 구하기 어려운 도서 등의 복제물을 보존용으로 제공하는 경우에는 도서관 등에 보관된 도서 등을 사용하여 저작물을 복제할 수 있다. 다만, ①과 ③의 경우에는 디지털 형태로 복제할 수 없다. 또한, 도서관 등은 컴퓨터를 이용하여 이용자가 그 도서관 등의 안에서 또는 다른 도서관 등의 안에서 열람할 수 있도록 보관된 도서 등을 복제하거나 전송할 수 있다.

## (11) 시험문제로서의 복제 - 제32조

학교의 입학시험 그 밖에 학식 및 기능에 관한 시험 또는 검정을 위하여 필요한 경우에는 그 목적을 위하여 정당한 범위에서 공표된 저작물을 복제·배포할 수 있다. 다만, 영리를 목적으로 하는 경우에는 그러하지 아니하다. 시험의 특성상 사전에 허락을 받는 것이 곤란하기 때문에 만들어졌으며, 비영리에 한한다.

## (12) 시각·청각 장애인 등을 위한 복제 등 - 제33조, 제33조의2

공표된 저작물은 시각장애인 등을 위하여 점자로 복제·배포할 수 있으며, 누구든지 청각장애인 등을 위하여 공표된 저작물을 한국수어로 변환할 수 있고, 이러한 한국수어를 복제·배포·공연 또는 공중송신할 수 있다.

## (13) 방송사업자의 일시적 녹음·녹화 - 제34조

저작물을 방송할 권리를 가지는 방송사업자는 자신의 방송을 위하여 자체 수단으로 저작물을 일시적으로 녹음하거나 녹화할 수 있다. 하지만 이러한 녹음물 또는 녹화물은 녹음일 또는 녹화일로부터 1년을 초과하여 보존할 수 없다. 다만, 그 녹음물 또는 녹화물이 기록의 자료로서 대통령령이 정하는 장소에 보존되는 경우에는 그러하지 아니하다. 저작물을 생방송하지 않는 한 녹음이나 녹화가 필요하며, 저작물을 방송하는 것에 대한 사용료와 별도로 복제에 대한 사용료를 지급하도록 방송사업자에게 요구하는 것은 타당하지 않다.

## (14) 미술저작물 등의 전시 또는 복제 - 제35조

미술저작물 등의 원본의 소유자나 그의 동의를 얻은 자는 그 저작물을 원본에 의하여 전시할 수 있다. 다만, 가로·공원·건축물의 외벽 그 밖에 공중에게 개방된 장소에 항시 전시하는 경우에는 저작권자의 허락을 얻어야 한다. 개방된 장소에 항시 전시되어 있는 미술저작물 등은 어떠한 방법으로든지 이를 복제하여 이용할 수 있다. 하지만 건축물을 건축물로 복제하거나, 조각 또는 회화를 조각 또는 회화로 복제하거나, 개방된 장소 등에 항시 전시하기 위하여 복제하거나, 판매의 목적으로 복제하는 경우에는 그렇지 않다. 미술저작물 등의 전시를 하는 자 또는 미술저작물 등의 원본을 판매하고자 하는 자는 그 저작물의 해설이나 소개를 목적으로 하는 목록 형태의 책자에 이를 복제하여 배포할 수 있다. 또한, 위탁에 의한 초상화 또는 이와 유사한 사진저작물의 경우에는 위탁자의 동의가 없는 때에는 이를 이용할 수 없다.

## (15) 저작물 이용과정에서의 일시적 복제 - 제35조의2

컴퓨터에서 저작물을 이용하는 경우에는 원활하고 효율적인 정보처리를 위하여 필요하다고 인정되는 범위 안에서 그 저작물을 그 컴퓨터에 일시적으로 복제할 수 있다. 다만, 그 저작물의 이용이 저작권을 침해하는 경우에는 그렇지 않다. 일시적 저장의 발생이 기술적 측면에서 필수적으로 요청되는 경우에만 면책되고, 합법적 이용에 부수하는 일시적 저장만이 면책된다. DVD 시청을 위해 컴퓨터 램에 일시적 저장, 인터넷 검색에서 내용이 램에 저장되는 것들이 전형적인 예이다.

## (16) 부수적 복제 등 - 제35조의3

사진촬영, 녹음 또는 녹화를 하는 과정에서 보이거나 들리는 저작물이 촬영 등의 주된 대상에 부수적으로 포함되는 경우에는 이를 복제·배포·공연·전시 또는 공중송신할 수 있다. 다만, 그 이용된 저작물의 종류 및 용도, 이용의 목적 및 성격 등에 비추어 저작재산권자의 이익을 부당하게 해치는 경우에는 그러하지 아니하다. 본 규정은 콘텐츠 창작(1인 미디어 창작) 과정에서 부수적으로 저작물을 이용하는 경우에 적용될 수 있다. 미국에서는 영화 세븐에서의 범인이 등장하는 장면에서 사진저작물의 저작권 침해가 문제된 적이 있으나, 사소한 이용(de minimis)

을 인정하여 침해를 부정한 바 있다.

## (17) 문화시설에 의한 복제 등 - 제35조의4

국가나 지방자치단체가 운영하는 문화시설은 상당한 조사를 하였어도 공표된 저작물(외국인의 저작물 제외)의 저작재산권자나 그의 거소를 알 수 없는 경우 그 문화시설에 보관된 자료를 수집·정리·분석·보존하여 공중에게 제공하기 위한 목적(영리를 목적으로 하는 경우를 제외한다)으로 그 자료를 사용하여 저작물을 복제·배포·공연·전시 또는 공중송신할 수 있다. 저작재산권자는 문화시설의 이용에 대하여 해당 저작물의 이용을 중단할 것을 요구할 수 있으며, 요구를 받은 문화시설은 지체 없이 해당 저작물의 이용을 중단하여야 한다. 저작재산권자는 위의 이용에 대하여 보상금을 청구할 수 있으며, 문화시설은 저작재산권자와 협의한 보상금을 지급하여야 한다. 본 규정은 도서관, 박물관 등 문화시설이 자체 보관하고 있는 자료에 기반한 서비스를 통하여 문화·예술의 발전에 기여할 수 있으나, 대부분의 자료가 권리자 불명 저작물(Orphan works)에 해당하여 활용에 한계가 있어 만들어졌다.

## (18) 저작물의 공정한 이용 - 제35조의5

베른협약과 WTO/TRIPs 협정의 3단계 테스트는 복제권 제한의 기준으로 ① 일정한 특별한 경우에, ② 저작물의 통상적인 이용과 저촉되지 않고, ③ 권리자의 정당한 이익을 해치지 않을 것을 요구한다. 저작권법에 규정된 구체적 저작권 제한 외에 저작물의 통상적인 이용 방법과 충돌하지 아니하고 저작자의 정당한 이익을 부당하게 해치지 아니하는 경우에는 저작물을 이용할 수 있으며, 이에 해당하는지 여부를 판단할 때에는 ① 이용의 목적 및 성격, ② 저작물의 종류 및 용도, ③ 이용된 부분이 저작물 전체에서 차지하는 비중과 그 중요성, ④ 저작물의 이용이 그 저작물의 현재 시장 또는 가치나 잠재적인 시장 또는 가치에 미치는 영향을 고려하여야 한다.

■ Google LLC v. Oracle Am., Inc. 141 S. Ct. 1163 (2021) - 선언코드(각 작업의 이름과 위치를 제공하여 미리 작성된 작업을 이용할 수 있게 함)의 이용이 **공정한 가에 대하여, 이용의 목적과 특성은 변형적 이용을 이유로, 저작물의 성격은 기능적 저작물로, 이용된 부분의 양과 상당성은 선언코드의 목적이 작업 실행라인과 분리될 수 없어 전체로 고려해야 해서 그리고 시장에 대한 영향은 공공의 이익을 함께 고려함으로써 공정이용에 해당한다고 판결**하였다.

### 미국의 4 Factor Test

1. The **Purpose and Character** of Use
2. The **Nature** of the Copyrighted Work
3. The **Amount and Substantiality** of the Portion Taken, and
4. The **Effect** of the Use upon the **Potential Market** for or **Value** of the Work

## (19) 번역 등에 의한 이용 – 제36조

공공저작물의 자유이용, 학교교육 목적 등에의 이용, 비영리 공연·방송, 사적 이용을 위한 복제, 저작물의 공정한 이용의 경우에는 그 저작물을 번역·편곡 또는 개작하여 이용할 수 있다(제1항). 또한, 재판절차 등에서의 복제, 정치적 연설 등의 이용, 시사보도를 위한 이용, 시사적인 기사 및 논설의 복제 등, 공표된 저작물의 인용, 시험문제로서의 복제, 점자의 의한 복제, 청각장애인 등을 위한 복제 등의 경우에는 그 저작물을 번역하여 이용할 수 있다(제2항).

## (20) 프로그램 저작권의 제한 – 제37조의2

프로그램에 대하여는 재판절차 등에서의 복제, 학교교육 목적 등에의 이용, 사적 이용을 위한 복제, 시험문제로서의 복제의 제한을 적용하지 않는다. 이 외에도 컴퓨터의 유지·보수를 위하여 그 컴퓨터를 이용하는 과정에서 프로그램(정당하게 취득한 경우에 한함)을 일시적으로 복제할 수 있다. 또한, 정당한 권한에 의하여 프로그램을 이용하는 자 또는 그의 허락을 받은 자는 호환에 필요한 정보를 쉽게 얻을 수 없고 그 획득이 불가피한 경우에는 해당 프로그램의 호환에 필요한 부분에 한하여 프로그램의 저작재산권자의 허락을 받지 아니하고 프로그램코드 역분석을 할 수 있다. 더 나아가, 프로그램의 복제물을 정당한 권한에 의하여 소지·이용하는 자는 그 복제물의 멸실·훼손 또는 변질 등에 대비하기 위하여 필요한 범위에서 해당 복제물을 복제할 수 있다.

## 3 법정허락

저작물의 이용이 공중의 입장에서 필요불가결한 경우에 저작권자의 허락을 받지 못하였다고 하더라도 적정한 대가를 지급하거나 공탁하고 이용할 수 있도록 한 제도가 법정허락 또는 강제허락제도이다. 우리 저작권법은 3가지 유형의 법정허락을 인정하고 있다. 법정허락은 저작권의 성격을 배타적 권리에서 보상금청구권으로 사실상 변화시키는 효력이 있어, 보상금을 지급하지 않고 이용하면 교과용도서에 대한 보상금과 달리 저작권 침해가 된다.

### (1) 저작재산권자 불명인 저작물의 이용 - 제50조

누구든지 상당한 노력을 기울였어도 공표된 저작물(외국인의 저작물을 제외)의 저작재산권자나 그의 거소를 알 수 없어 그 저작물의 이용허락을 받을 수 없는 경우에는 문화체육관광부장관의 승인을 얻은 후 문화체육관광부장관이 정하는 기준에 의한 보상금을 공탁하고 이를 이용할 수 있다. 하지만 저작재산권자가 스스로 자신의 저작물에 대한 이용을 더 이상 하지 않겠다는 절판을 선언한 후에는 법정허락이 허용되지 않는다. 이에 따라 저작물을 이용하는 자는 그 뜻과 승인 연월일을 표시하여야 한다. 법정허락된 저작물이 다시 법정허락의 대상이 되는 때에는 상당한 노력의 절차를 생략할 수 있다. 문화체육관광부장관은 법정허락 내용을 정보통신망에 게시하여야 한다.

## (2) 공표된 저작물의 방송 - 제51조

공표된 저작물을 공익상 필요에 의하여 방송하고자 하는 방송사업자가 그 저작재산권자와 협의하였으나 협의가 성립되지 아니한 경우에는 문화체육관광부장관의 승인을 얻은 후 문화체육관광부장관이 정하는 기준에 의한 보상금을 당해 저작재산권자에게 지급하거나 공탁하고 이를 방송할 수 있다.

## (3) 상업용 음반의 제작 - 제52조

상업용 음반이 우리나라에서 처음으로 판매되어 3년이 경과한 경우 그 음반에 녹음된 저작물을 녹음하여 다른 상업용 음반을 제작하고자 하는 자가 그 저작재산권자와 협의하였으나 협의가 성립되지 아니하는 때에는 문화체육관광부장관의 승인을 얻은 후 문화체육관광부장관이 정하는 기준에 의한 보상금을 당해 저작재산권자에게 지급하거나 공탁하고 다른 상업용 음반을 제작할 수 있다. 이는 음반 제작자가 작곡가나 작사가의 전속계약을 통해서 장기간에 걸쳐 녹음권을 독점하는 것을 방지하여 음악의 유통을 촉진하고 음악 문화의 향상을 도모하기 위하여 만들어졌으며, 실연, 음반, 방송 등의 저작인접물 역시 법정허락의 대상이 된다.

## 4 저작권의 공유

CCL(Creative Commons License)은 자신의 창작물에 대하여 일정한 조건 하에 모든 이의 자유이용을 허락하는 내용의 라이선스이다. 이 외에도 보호기간이 만료된 저작물, 기증된 저작물, 자유이용허락표시가 있는 저작물, 공공저작물을 수집하여 저작물을 자유롭게 이용할 수 있는 공유마당이 있다.

# VI

# 기타 권리

## 1 저작인접권

### (1) 서설

저작인접권은 저작물의 직접적인 창작자는 아니지만, 저작물의 해석자 내지는 전달자로서 창작에 준하는 활동을 통해 저작물의 가치를 증진시킨다는 점에서 저작권법에 준하는 권리를 부여한다. 저작권과 저작인접권은 서로 별개여서 영향을 미치지 않는다. 저작인접권의 대상은 실연, 음반, 방송이며, 그 주체는 실연자, 음반제작자, 방송사업자가 된다.

### (2) 저작인접권의 유형

#### 1) 실연자의 권리

실연이란 저작물을 연기, 무용, 연주, 가창, 연술 그 밖의 예능적 방법으로 표현하는 것을 말한다. 실연자는 배우, 가수, 연주자, 실연을 지휘·연출 또는 감독하는 자이다. 대한민국 국민이 행한 실연, 조약에 의하여 보호되는 실연, 음반에 고정된 실연, 방송에 의하여 송신되는 실연만 보호된다. 실연자는 인격권으로서 성명표시권과 동일성유지권을 가지며, 재산권으로서 복제권, 배포권, 대여권, 공연권, 방송권, 전송권을 갖는다. 성명표시권은 실연의 성질이나 그 이용의 목적 및 형태 등에 비추어 부득이하다고 인정되는 경우에 제한되며, 동일성유지권은 실연의 성질이나 그 이용의 목적 및 형태 등에 비추어 부득이하다고 인정되는 경우에 제한된다. 또한, 배포권은 최초판매의 원칙에 의해 제한되며, 공연권은 그 실연이 방송되는 실연인 경우에는 제한되며, 방송권은 실연자의 허락을 받아 녹음된 실연에 대해 제한된다. 또한 실연자는 위 권리 외에 방송사업자와 디지털음성송신사업자, 상업용 음반을 사용하여 공연하는 자에 대하여 보상금청구권을 갖는다. 공동실연의 경우에는 선출된 대표자가 실연자의 권리를 행사하며, 독창자나 독주자가 함께 실연한 때에는 그들의 동의를 얻어야 한다.

### 2) 음반제작자의 권리

음반이란 음이 유형물에 고정된 것으로서 영상과 함께 고정된 것은 제외된다. 음을 음반에 맨 처음 고정한 자가 음반제작자이다. 대한민국 국민이 음반제작자인 경우, 대한민국에서 고정된 음반, 조약에 의하여 보호되는 음반만 보호된다. 음반제작자는 인격권을 갖지 않으며, 재산권으로서 복제권, 배포권, 대여권, 전송권을 갖는다. 더불어, 음반제작자는 실연자와 동일하게 방송사업자와 디지털음성송신사업자, 상업용 음반을 사용하여 공연하는 자에게 보상금을 청구할 수 있다.

> **판례**
>
> ■ **서울중앙지방법원 2006. 10. 10. 선고 2003가합66177 판결** - 가수 김광석이 이 사건 음반에 수록된 곡을 가창하는 외에도, 직접 이 사건 음반에 **수록될 곡을 선정하여 그 작사자, 작곡자로부터 이용허락을 받고**, 연주자와 작업실을 섭외하여 **녹음 작업을 진행**하며, 연주 악기별 연주와 자신의 가창을 트랙으로 나누어 녹음한 **멀티테이프를 제작**하고, 그 멀티테이프에 녹음된 음원 중 일부를 골라 가창과 연주의 음의 강약이나 소리의 조화를 꾀하는 **편집 과정을 통해 이 사건 음반의 마스터테이프를 제작**하는 등 이 사건 음반의 음원을 유형물에 고정하는 주된 작업을 직접 담당하였던 점 등에 비추어 보면 **가수 김광석을 음반제작자로 인정할 수 있다.**

### 3) 방송사업자의 권리

방송사업자는 방송을 업으로 하는 자를 말한다. 방송사업자도 음반제작자와 동일하게 인격권은 갖지 않으며, 재산권으로서 복제권, 동시중계방송권 그리고 공연권만을 갖는다.

> ■ **서울고등법원 2011. 7. 20. 선고 2010나97688 판결** - 난시청 지역에 대한 케이블
> TV의 지상파 동시 재송신 사건에서, 수십 년 동안 관행적으로 지속되어 오다가,
> 최근 동시중계방송권 침해로 지상파 방송이 소송을 제기한 것에 대하여 법원은 **케**
> **이블 방송사업자의 지상파 방송 동시재송신 행위는 저작권법상 동시중계방송에 해**
> **당한다.** 따라서 **케이블 TV의 동시재송신은 금지된다.**

### (3) 저작인접권의 발생과 보호

#### 1) 권리의 발생과 보호기간

저작인접권은 실연의 경우에는 실연을 한 때, 음반의 경우에는 그 음을 맨 처음 음반에 고정한 때, 방송의 경우에는 그 방송을 한 때부터 발생하며, 어떠한 절차나 형식의 이행을 필요로 하지 아니한다. 실연자의 존속기간은 그 실연을 한 때의 다음 해부터 기산하여 70년간(실연을 한 때부터 50년 이내에 실연이 고정된 음반이 발행된 경우에는 음반을 발행한 때), 음반의 경우에는 그 음반을 발행한 때의 다음 해부터 기산하여 70년간(음을 음반에 맨 처음 고정한 때의 다음 해부터 기산하여 50년이 경과한 때까지 음반을 발행하지 아니한 경우에는 음을 음반에 맨 처음 고정한 때), 방송의 경우에는 그 방송을 한 때의 다음 해부터 기산하여 50년간 존속한다.

#### 2) 저작인접권의 제한·양도·행사 등

저작인접권의 목적이 된 실연, 음반 또는 방송의 이용과 관련하여 저작권이 제한되는 경우에 준해 저작인접권이 제한된다. 디지털음성송신사업자는 실연이 녹음된 음반을 사용하여 송신하는 경우에는 자체의 수단으로 실연이 녹음된 음반을 일시적으로 복제할 수 있다. 저작인접권의 양도, 이용허락, 질권의 행사, 소멸, 배타적 발행권, 법정허락제도는 저작재산권의 규정들을 준용한다. 나아가, 저작권 등록의 규정도 저작인접권 또는 저작인접권 배타적발행권 등록에 관해 준용된다.

## 2 배타적발행권

배타적발행권은 저작물 이용자에게 저작물을 배타적으로 사용·수익할 수 있도록 설정한 권리이다. 모든 제3자에 대하여 배타적이고 독점적인 이용권을 주장할 수 있어, 제3자의 이용행위나 침해행위가 있을 경우 민·형사상 구제를 받을 수 있다. 저작물을 발행하거나 복제·전송할 권리를 가진 자는 그 저작물을 발행 등에 이용하고자 하는 자에 대하여 배타적 권리를 설정할 수 있다. 배타적발행권은 그 설정행위에 특약이 없는 때에는 맨 처음 발행 등을 한 날로부터 3년간 존속하며, 저작물의 영상화를 위하여 설정하는 경우에는 5년으로 한다. 배타적발행권도 재산적 권리이기 때문에 양도, 질권 설정도 가능하나, 저작재산권자의 동의를 요한다. 배타적발행권자가 의무를 위반한 경우 6월 이상의 기간을 정해 이행을 최고하고 그 기간 내에 이행하지 아니하는 때에는 배타적발행권의 소멸을 통고할 수 있으며, 배타적발행권자가 배타적발행권의 목적인 저작물을 발행 등의 방법으로 다시 이용하는 경우 저작자는 정당한 범위 안에서 그 저작물의 내용을 수정하거나 증감할 수 있다.

## 3 출판에 관한 특례

저작물을 복제·배포할 권리를 가진 자는 그 저작물을 인쇄 그 밖에 이와 유사한 방법으로 문서 또는 도화로 발행하고자 하는 자에 대하여 이를 출판할 권리를 설정할 수 있다. 출판을 할 수 있는 권리관계는 저작권양도계약, 출판권설정계약, 출판허락계약이 있다. 출판권자는 그 설정행위에서 정하는 바에 따라 그 출판권의 목적인 저작물을 원작 그대로 출판할 권리를 가진다. 출판권에는 배타적발행권의 규정들이 준용된다.

## 4 데이터베이스제작자의 보호

데이터베이스는 소재를 체계적으로 배열 또는 구성한 편집물로서 개별적으로 그 소재에 접근하거나 그 소재를 검색할 수 있도록 한 것으로, 창작성이 없는 경우가 많으며, 이 경우 저작권법상 보호될 수 없다. 데이터베이스제작자는 데이터베이스의 제작 또는 그 소재의 갱신, 검증 또는 보충에 인적 또는 물적으로 상당한 투자를 한 자를 말한다. 데이터베이스제작자는 그의 데이터베이스의 전부 또는 상당한 부분을 복제·배포·방송 또는 전송할 권리를 가진다. 데이터베이스제작자의 권리는 데이터베이스의 제작을 완료한 때부터 발생하며, 그 다음 해부터 기산하여 5년간 존속한다. 데이터베이스의 갱신 등을 위하여 인적 또는 물적으로 상당한 투자가 이루어진 경우에 당해 부분에 대한 데이터베이스제작자의 권리는 그 갱신 등을 한 때부터 발생하며, 그 다음 해부터 기산하여 5년간 존속한다. 데이터베이스제작자의 권리는 양도, 이용허락, 질권 등이 가능하며, 권리의 등록이나 법정허락도 가능하다.

# 저작권 침해와 구제

## 1 저작권 침해

### (1) 침해의 의의

저작권 침해란 정당한 권원 없이 타인의 저작물을 이용하여 타인의 권리를 해하는 것을 말한다. 여기서 정당한 권원은 저작권의 양수, 이용허락 등을 받은 경우, 저작권 제한 규정에 해당하여 자유롭게 저작물을 이용할 수 있는 경우, 저작권의 기간이 만료되어 공중의 재산(public domain)이 되는 경우 등을 말한다. 저작권 외에도 저작인접권, 배타적발행권, 출판권 등의 권리에도 정당한 권원 없이 이용하는 경우에는 침해가 성립한다.

### (2) 침해의 판단

저작권의 침해가 성립하기 위해서는 원고가 저작권을 갖고 있고, 피고가 부당한 이용을 하였어야 한다. 부당한 이용은 주관적 요건으로서 침해자의 저작물이 원고의 저작물에 의거하여 그것을 이용하였을 것(의거)과 객관적 요건으로서 침해자의 저작물이 원고의 저작물과 실질적 유사성을 가지고 있어야 한다. 먼저, 의거성은 자인하는 경우나 증언과 같은 직접적인 증거에 의해 입증될 수 있으나, 실제 사건에서 이와 같은 직접증거는 거의 존재하지 않는다. 따라서 대부분의 경우에는 침해를 추정할 수 있는 간접사실로서 저작권의 침해 여부를 판단하여야 한다. 간접사실에는 피고가 원고저작물을 도용할 수 있는 상당한 기회를 가졌다는 의미에서의 '접근'과 피고의 저작권 침해 가능성을 보여주는 저작물 간의 '실질적 유사성'이 있다. 접근은 원고의 저작물이 유명하다거나 피고가 저작물에 접근할 기회가 있었다거나 유사성이 현저하거나 공통의 오류가 존재하는 경우, 접근이 사실상 추정된다. 또한, 두 저작물이 실질적으로 유사하면, 저작권 침해의 가능성이 커진다. 다음으로, 실질적 유사성과 관련하여, 비교대상 저작물 사이에 동일성 내지 실질적인 유사성이 있어야 하는데, 이때 이러한 유사성의 비교는 창작적인 표현만을 가지고 하여야 한다.

---

**판례**

- **대법원 2011. 2. 10. 선고 2009도291 판결** - 대표적인 **기능적 저작물인 지도 및 그러한 지도를 포함한 여행안내 책자**에서 지도상에 표현되는 자연적 현상과 인문적 현상은 사실 그 자체일 뿐 저작권의 보호대상은 아니라고 할 것이므로, 지도의 창작성 유무를 판단할 때에는 지도의 내용이 되는 자연적 현상과 인문적 현상을 **종래와 다른 새로운 방식으로 표현하였는지, 그 표현된 내용의 취사선택에 창작성이 있는지** 등이 판단의 기준이 되고, 편집물의 경우에는 일정한 방침 혹은 목적을 가지고 소재를 수집·분류·선택하고 배열하는 등의 작성행위에 편집저작물로서 보호를 받을 가치가 있을 정도의 창작성이 인정되어야 한다.
- **대법원 2009. 1. 30. 선고 2008도29 판결** - 아파트 내부 평면도 및 배치도와 관련하여 **이미 존재하는 아파트 평면도 및 배치도 형식을 다소 변용한 것에 불과한 것**으로 보이는 점 등을 이유로 **침해를 부정**하였다.
- **대법원 2003. 10. 23. 선고 2002도446 판결** - 101마리 달마시안에서 디즈니의 정신적인 노력과 고심 끝에 만들어진 **달마시안 캐릭터**는 원래 자연계에 존재하지만, 만화주인공으로서만이 가질 수 있는 독특한 사랑스러움과 친숙함 등을 느낄 수 있도록 **캐릭터를 고안하여 저작권법에서 요구하는 창작성이 인정**된다.
- **서울고등법원 2012. 10. 18. 선고 2011나103375 판결** - 음악저작물은 일반적으로 리듬, 가락, 화성의 3가지 요소로 구성되고, 이 세 가지 요소들이 일정한 질서에 따라 선택·배열됨으로써 음악적 구조를 이루게 되는데, 이 사건 대비 부분은 **노래 부분과 리듬과 화성은 동일하나, 가락의 차이 때문에** 이 사건 노래 부분의 일부분을 이용하였다 하더라도 실질적 유사성이 없는 **전혀 별개의 독립적인 저작물이라 할 것이므로, 피고의 2차적저작물작성권 및 이용권, 저작인격권의 침해는 인정되지 않는다.**

■ 서울고등법원 1995. 10. 19. 선고 95나18736 판결 – 실질적 유사성에는 작품속의 근본적인 본질 또는 구조를 복제함으로써 전체로서 포괄적인 유사성이 인정되는 경우(이른바 **포괄적 비문자적 유사성**: comprehensive nonliteral similarity)와 작품 속의 특정한 행이나 절 또는 기타 세부적인 부분이 복제됨으로써 양 저작물 사이에 문장 대 문장으로 대칭되는 유사성이 인정되는 경우(이른바 **부분적 문자적 유사성**: fragmented literal similarity)가 있다고 할 것이며, 원고의 이 사건 소설 과 위 피고의 "연인"이라는 **연속극의 대본을 비교**해 보면, 원고의 이 사건 소설과 위 피고의 대본 사이에는 **소설과 대본이라는 표현형식, 그 주제 및 구성에 있어서는 전 체적인 개념과 느낌에 있어서 상당한 차이가 있음이 인정되나 그 구성요소 중 일부 사 건 및 대화와 어투에 있어서 원고의 이 사건 소설과 동일성이 인정되고, 부분적 문자적 유사성이 인정되는 이상**, 위 피고의 "연인"이라는 연속극의 대본의 일부는 원고의 이 사건 소설의 존재를 알고 이에 **의거하여 이루어진 것**으로서 비록 원고의 이 사건 소 설의 일부라고 할지라도 그 본질적인 부분과 실질적 유사성이 있고 이른바 통상적인 **아이디어(idea)의 영역을 넘어서 위 소설의 경험적, 구체적 표현을 무단이용하였다고** 보이므로 원고의 이 사건 소설의 **저작권을 침해**한 것이 된다고 할 것이다.

■ 서울중앙지방법원 2014. 3. 27. 선고 2013가합527718 판결 – 자연경관은 만인에 게 공유되는 창작의 소재로서 촬영자가 피사체에 어떠한 **변경을 가하는 것이 사실 상 불가능**하다는 점을 고려할 때 다양한 표현 가능성이 있다고 보기 어려우므로, 갑의 사진과 병회사의 사진이 **모두 같은 촬영 지점에서 풍경을 표현하고 있어 전체 적인 콘셉트 등이 유사하다고 하더라도 그 자체만으로는 저작권의 보호대상이 된다 고 보기 어렵고**, 양 사진이 각기 다른 계절과 시각에 촬영된 것으로 보이는 점 등에 비추어 이를 실질적으로 유사하다고 할 수 없다.

■ 서울중앙지방법원 2007. 1. 17. 선고 2005가합65093 판결 – 게임방식이나 규칙은 특정인에게 독점권이 있는 것이 아니라 **누구나 자유롭게 사용**하여 다양한 표현으 로 다양한 게임을 만들 수 있도록 하여야 한다.

■ 서울남부지방법원 2004. 3. 18. 선고 2002가합4017 판결 – 여우와 솜사탕 사건은 드라마 대본 사이의 저작권 침해 여부가 다투어진 사건인데, 양 대본에 등장하는 **남녀 주인공, 남자주인공 부모, 여자주인공 부모들의 성격이 유사한 점이 인정**되고, 이에 따라 양 대본 모두 남자주인공과 여자주인공의 갈등, 남녀 주인공의 어머니들 의 갈등 등 서로 상당 부분 대응되는 공통점이 있다고 한 후, 원고 대본에 등장하는 각각의 **어문적캐릭터는 저작권법의 보호를 받기 어려우나, 사건의 전개는 등장인물 들 각자의 캐릭터 상호간의 갈등의 표출과 그 해소 과정이라고 볼 수 있다는 점에서 그러한 캐릭터들의 조합은 저작권의 보호대상이 된다.**

■ 서울지방법원 2002. 9. 19.자 2002카합1989 결정 - 게임저작물의 구성요소 중 **게임의 규칙과 진행방식과 같은 부분은 아이디어에 해당**하여 보호범위 밖에 있음을 밝히고 있다(합체의 원칙).

## (3) 침해로 보는 행위

저작권법도 다른 지식재산법들과 유사하게 침해에 해당하지 않지만, 침해의 개연성이 높은 다음과 같은 행위들에 대해 침해로 보는 규정을 두고 있다: ① 수입 시에 대한민국 내에서 만들어졌더라면 저작권 그 밖에 이 법에 따라 보호되는 권리의 침해로 될 물건을 대한민국 내에서 배포할 목적으로 수입하는 행위, ② 저작권 그 밖에 이 법에 따라 보호되는 권리를 침해하는 행위에 의하여 만들어진 물건을 그 사실을 알고 배포할 목적으로 소지하는 행위, ③ 프로그램의 저작권을 침해하여 만들어진 프로그램의 복제물을 그 사실을 알면서 취득한 자가 이를 업무상 이용하는 행위. 또한, 저작자의 명예를 훼손하는 방법으로 저작물을 이용하는 행위도 저작인격권의 침해로 간주한다.

## (4) 기술적 보호조치의 무력화 금지 등

저작권법은 저작권 침해를 방지하기 위하여 설치한 기술적 보호조치를 무력화하는 것을 금지하는 규정(제104조의2), 저작물 등을 식별하기 위하여 사용되는 권리관리정보를 제거하거나 변경하는 것을 금지한다(제104조의3). 이 외에 암호화된 방송 신호를 무력화하거나(제104조의4), 라벨을 위조하거나(제104조의5), 영상저작물을 영화상영관 등에서 녹화하거나(제104조의6), 방송 전 신호를 송신하는 것을 금지하는 규정(제104조의7)을 두고 있다.

## (5) 온라인서비스제공자의 책임

오늘날 대부분의 저작권 침해는 온라인상에서 발생하고 있고, 그 침해에 대하여 직접 침해하는 개인에게 책임을 부과하는 것은 효율적인 면에서 문제가 많아, 그 책임을 온라인서비스제공자 등에게 지우려 하고 있다. 우리 법원은 P2P로 인해 발생한 저작권 침해 사례에서, 온라인서비스제공자 등에게 방조책임을 근거로

하여 저작권 침해에 대한 책임을 물은 바 있다. 온라인서비스제공자의 책임은 간편하게 책임을 물릴 수 있다는 점에서 책임의 범위가 확대될 수 있는 개연성이 컸고, 이에 대한 적절한 조절이 필요하였다. 그리하여, 저작권법은 이러한 조절 방법의 하나로서 온라인서비스제공자의 책임을 제한하는 규정을 마련하였다.

온라인서비스제공자는 인터넷 접속서비스, 캐싱 서비스, 저장서비스, 정보검색도구 서비스를 제공하는 행위자에게 책임을 면제한다. 또한, 조치를 취하는 것이 기술적으로 불가능한 경우에는 다른 사람에 의한 저작물 등의 복제·전송으로 인한 저작권, 그 밖에 이 법에 따라 보호되는 권리의 침해에 대하여 책임을 지지 아니한다. 그리고 책임 제한과 관련하여 온라인서비스제공자는 자신의 서비스 안에서 침해행위가 일어나는지를 모니터링하거나 그 침해행위에 관하여 적극적으로 조사할 의무를 지지 아니한다. 저작권법은 또한 온라인서비스제공자에게 고지 및 게시 중단(notice and takedown) 절차를 마련하여 온라인서비스제공자의 책임을 면제하기도 한다.

### 판례

■ **대법원 2007. 1. 25. 선고 2005다11626 판결** - 저작권법이 보호하는 **복제권의 침해를 방조하는 행위**란 타인의 복제권 **침해를 용이하게 해주는 직접·간접의 모든 행위**를 가리키는 것으로서 복제권 침해행위를 **미필적으로만 인식하는 방조도 가능함은 물론 과실에 의한 방조도 가능하다**고 할 것인바, 과실에 의한 방조의 경우에 있어 과실의 내용은 복제권 침해행위에 도움을 주지 않아야 할 **주의의무가 있음을 전제로 하여 그 의무를 위반하는 것**을 말하고, 위와 같은 침해의 방조행위에 있어 방조자는 실제 **복제권 침해행위가 실행되는 일시나 장소, 복제의 객체 등을 구체적으로 인식할 필요가 없으며,** 실제 **복제행위를 실행하는 자가 누구인지 확정적으로 인식할 필요도 없다.** '소리바다' 서비스 제공자는 **방조책임을 부담**한다.
■ **서울고등법원 2007. 10. 10.자 2006라1245 결정** - P2P 서비스에 있어서 저작권 등의 보호를 위한 **기술적 조치가 반드시 소극적 필터링 방식이어야 한다고는 보기 어려운 데다**(실제로 **적극적 필터링 방식**(권리자들로부터 이용허락을 받은 음원의 파일에 대하여만 파일공유를 허용하는 방식)에 의한 저작권 등 침해방지 조치를 취하고 있는 **P2P 서비스가 이미 상용화되어 있다**), 저작인접권 등을 침해하는 파일공유 행위가 서비스제공자의 관여 없이 이용자들 사이에 이루어진다

는 사정을 고려하여 저작권법에서 정하고 있는 바와 같이 일정한 요건하에 P2P 서비스제공자들의 책임을 감면해 주는 것은 별론으로 하고, P2P 서비스에 있어서 저작인접권 등 법에서 정하는 권리에 대한 보호의 정도를 달리할 것은 아니므로, **P2P 서비스에 있어서는 개념 논리적으로 저작권 등의 보호를 위한 기술적 조치로는 '소극적 필터링 방식'을 전제로 한다고 볼 수 없다.**

■ **서울중앙지방법원 2009. 7. 17. 선고 2009가합9022 판결** - 파일공유기능을 제공하는 모든 형태의 시스템의 운영자들이 획일적으로 이용자들의 저작권 침해행위에 대한 방조책임을 부담한다고 할 수는 없고, 위 운영자가 서비스를 제공하는 과정에서 이용자들의 파일공유 및 교환 행위에 관여할 수 있는지의 여부와 그 방식 및 정도, 저작권의 침해행위에 대한 운영자의 인식 여부와 그에 따른 시스템에서의 권리보호조치의 내용과 그 정책, 시스템이 파일공유 기능 외에 이용자들의 저작권 침해행위를 용이하게 할 수 있는 다른 기능을 제공하고 있는지의 여부, 위 운영자가 이용자들의 저작권 침해행위로부터 이익을 얻을 목적이 있거나 향후 이익을 얻을 가능성의 정도 등 구체적 사정을 살펴 보아, 위 **운영자가 이용자들의 파일공유 등으로 인한 저작권 침해행위를 미필적으로 나마 인식하고 있으면서도 이를 용이하게 할 수 있도록 도와주거나, 이러한 침해행위에 도움을 주지 않아야 할 주의의무가 있음에도 이를 위반하는 경우라고 평가되는 경우에만 방조책임이 인정된다고** 할 것이다.

■ **서울지방법원 1999. 12. 3. 선고 98가합111554 판결** - 대학교 홈페이지의 자료실에 멀티미디어 저작도구인 칵테일98이라는 프로그램을 업로드하였다. 일반적으로 불법행위책임에 있어서 그 책임은 당해 침해행위의 직접적인 귀속자가 부담하는 **것일 뿐 이로 인한 책임을 제3자에게 물을 수 없음이 원칙**이라 할 것이고, 다만 교사·방조에 의한 공동불법행위책임이나 사용자책임의 법리에서와 같이 침해행위를 직접적으로 행하지 아니한 제3자라 하더라도 **침해행위 또는 침해행위자와의 관련성이 있는 것으로 평가되는 경우에 한하여 예외적으로 그 제3자를 상대로 그 책임을 물을 수 있다** 할 것이다. ① 게시판은 **개방**되어 있으며, ② **사전에 저작권침해 사실의 존재를 인식할 수 없었으며,** ③ 게시판의 설치목적이 영리성의 추구가 아니며, ④ **게시판을 폐쇄하였다**는 점 등 제반 사정을 종합하여 보면, 피고가 위 자료실게시판을 설치, 운영함에 있어서 불법복제물의 등록여부를 수시로 확인하고 통제하여야 할 구체적인 주의의무가 발생하였다거나 나아가 침해행위의 직접적인 행위자가 아닌 제3자로서 이 사건 게시물의 등록 및 존속에 관하여 피고에게 그 책임을 부담시켜야 할 특별한 사정이 존재한다고 보기도 어렵다 할 것이다.

■ **미국에서 저작권 침해의 간접책임**

- **대위책임**(Vicarious Liability): Shapiro Case(판매대), 요건(Right and Ability to Supervise / Direct Financial Interest)
- **기여책임**(Contributory Liability): Gershwin Case(콘서트 기획자), 요건 (Knowledge / Material Contribution)
- 초기에는 **위의 2가지 유형에 의해 간접책임이 제한적으로 해석**되었다.
- **Sony** Corporation of America v. Universal City Studios, Inc. 사건: **간접책임 확대의 제한, Actual Knowledge** v. Constructive Knowledge, **Substantial Noninfringing Uses**, Fair Use by Time-Shifting

■ **간접책임의 확대**

- Fonovisa, Inc. v. Cherry Auction, Inc.: **벼룩시장**
- A&M Records, Inc. v. Napster, Inc.: **P2P에 의한 저작권 침해**
- Sony Rule의 회피: **P2P Legal Trilogy**: Napster, Aimster, Grokster Cases

■ **간접책임의 보완**

- Metro-Goldwyn-Mayer Studios, Inc. v. Grokster, Ltd.: 간접책임의 한계(항소심), **Inducing Liability의 도입, Sony Rule의 유지**
- 간접책임의 원칙: **특허법 원칙의 적용**(Inducing Liability, Contributory Liability, Sony Rule)
- **적용의 타당성**: 저작권법의 목적(Constitution Art. I, § 8, cl. 8)
- **법적 성질**: regulating the shape of market competition
- **효용성**: Balanced, Reasonable, Excellent, Fault-based Liability
- **DMCA 규정**: 1998년에 제정된 미국의 디지털 밀레니엄 저작권법(DMCA)은 인터넷서비스제공자를 저작권 침해의 책임으로부터 보호해 주기 위해, **일정한 요건 아래 책임을 면제받을 수 있는 조항을 두고 있다.**

## 2 침해의 구제

### (1) 민사적 구제

저작권 그 밖에 이 법에 따라 보호되는 권리를 가진 자는 그 권리를 침해하는 자에 대하여 침해의 정지를 청구할 수 있으며, 그 권리를 침해할 우려가 있는 자에 대하여 침해의 예방 또는 손해배상의 담보를 청구할 수 있다. 또한, 저작권자 등은 침해의 정지 등을 청구하는 경우, 침해행위에 의하여 만들어진 물건의 폐기나 그 밖의 필요한 조치를 청구할 수 있다. 저작권자 등은 손해배상을 청구할 수 있으며, 저작권법은 법정손해배상을 도입하여, 고의 또는 과실로 권리를 침해한 자에 대하여 사실심의 변론이 종결되기 전에는 실제 손해액이나 제125조 또는 제126조에 따라 정하여지는 손해액을 갈음하여 침해된 각 저작물 등마다 1천만 원(영리를 목적으로 고의로 권리를 침해한 경우에는 5천만 원) 이하의 범위에서 상당한 금액의 배상을 청구할 수 있다.

> **판례**
>
> ■ **서울중앙지방법원 2005. 7. 22. 선고 2005나3518 판결** - 사진 13장에 대하여 저작권 침해가 인정되었고, 손해배상책임도 인정되었다. 원고는 사진 1장당 통상 **150만 원의 사용료**를 받을 수 있음을 전제로, 피고의 위와 같은 저작권 침해행위로 인하여 **총 1,950만 원(사진 1장당 150만 원 × 13장)**의 재산상 손해를 입었다고 주장하고 있다. 원고는 인터넷 홈페이지에 사진 1장당 사용가격으로 150만 원이라고 게시해 놓았고, 실제로 150만 원에 대여한 사실이 있지만, 이것으로는 사진 1장당 150만원의 사용료를 인정할 수는 없다. 앞서 본 기초사실에 이 사건 변론 전체의 취지에 의하여 인정되는 사실을 참작하면, **피고의 저작권 침해행위로 인한 원고의 손해액은 최대한 130만 원(사진 1장당 10만 원 × 13장)이라고 봄이 상당**하다. 또한, 원고는 피고의 위와 같은 저작권 침해행위로 인하여 정신적 고통을 받았으므로, 피고는 원고에게 위자료를 지급할 의무가 있다고 주장하나, 일반적으로 타인의 저작권침해행위로 인하여 저작재산권이 침해된 경우 그 **재산적 손해의 배상에 의하여 정신적 고통도 회복된다고 보아야** 하고, 재산적 손해의 배상만으로는 회복할 수 없는 정신적 손해가 발생한 경우에 한하여 위자료를 청구할 수 있다 할 것인데, 위와 같은 **재산적 손해의 배상만으로 회복될 수 없는 정신적 손해가 발생하였다는 점을 인정할 만한 아무런 증거가 없으므로, 원고의 이 부분 주장은 이유 없다.**

■ **서울남부지방법원 2004. 3. 18. 선고 2002가합4017 판결(여우와 솜사탕)** - 이 사건 2 드라마와 같은 **60분물 주말드라마를 집필할 경우 극본료로 회당 금 19,000,000 원** 정도를 받을 수 있었음을 알 수 있는데, 이 금액은 원고가 직접 작품을 집필했을 경우의 금액으로서, 그와 같은 **리메이크 작품은 원작을 이용하는 부분에다 새롭게 창작한 부분이 가미되어야 하고, 또한 상당한 시간과 노력이 실제 투여되어야 작품이 완성된다는 점**, 이 사건 2 대본 및 드라마가 이 사건 1 대본에 의거하면서도 구체적인 줄거리의 전개 과정, 등장인물 상호관계의 구도에 있어서 적지 않은 새로운 부분이 추가되어 있을 뿐만 아니라 이 사건 2 대본 및 드라마만에 독특한 부분이 상당 정도 인정되는 점 등을 종합하면 **원작사용에 대한 부분은 원고가 직접 작품을 집필할 경우 받을 수 있는 금액의 3분의 1 정도로 평가함**이 상당하고, 특별한 사정이 없는 한 위 원작사용에 대한 금액 정도가 원고가 타인에게 이 사건 1 대본의 사용허락을 하고 사용대가로 지급받았을 객관적 금액이 된다고 봄이 상당하다. 따라서 원고가 피고들의 위 저작권 침해로 입은 재산적 손해는 이 사건 2 대본 및 드라마의 **1회부터 38회까지분에 해당하는 금 240,666,666원(=19,000,000원 X 1/3 X 38회)**이 된다고 할 것이다.

## (2) 형사적 구제

저작권법은 다른 지식재산권법과 같이, 민사적 구제 외에 형사적 구제도 인정한다. 저작재산권 등 침해죄는 5년 이하의 징역, 5천만 원 이하의 벌금에 처하며, 저작인격권 등 침해죄는 3년 이하의 징역, 3천만 원 이하의 벌금에 처한다. 저작권의 형사적 제재는 고의에 의한 경우만이 가능하며, 원칙적으로 고소가 있어야만 하는 친고죄이다. 다만, 영리를 목적으로 또는 상습적으로 저작재산권의 침해 등에 해당하는 행위를 하거나, 등록을 거짓으로 한 자 등의 경우에는 고소가 요구되지 않는 비친고죄이다.

## – 김창화 –

- 인하대학교 공과대학 반도체공학 (공학사)
- 美 Wisconsin대학교 L.L.M. (지식재산법 전공, 법학석사)
- 美 Wisconsin대학교 S.J.D. (지식재산법 전공, 법학박사)

<br>

- 국립 한밭대학교 공공행정학과 교수
- 변리사 시험 출제·채점 위원
- 한국저작권위원회 감정전문위원
- 한국스포츠엔터테인먼트학회 감사
- 대전 고등검찰청 상소심의위원
- 음악산업발전특별위원회 이사 등

<br>

- 논문
  - 저작물의 새로운 이용 방법과 저작권의 귀속
  - 혁신과 창작의 균형을 위한 저작권법 목적의 해석에 관한 연구
  - 디지털 디자인의 보호 방안에 관한 연구
  - 지식재산 라이선스 거절의 경쟁법 위반 여부에 관한 판단
  - 위조 상품 유통에 대한 온라인상거래매개자의 책임
  - 영업비밀 보호를 위한 비밀관리 요건의 연구
  - 특허심판의 필수적 전치주의에 대한 타당성 연구
  - 미국 상표법상 간접책임의 현황과 개선방안에 관한 연구
  - 자연독점 이론의 관점에서 바라본 지적재산권 제도의 이해
  - FRAND 표준특허 침해에 대한 금지청구의 타당성 검토
  - 네트워크 기반 저장장치와 저작권 침해
  - 뉴스 애그리게이터(Aggregator)의 저작권 침해 책임
  - 미국에서의 개인정보 유출 관련 소송에 대한 연구
  - 미국에서 3D 프린팅 안전 문제와 관련 법정책의 검토

# 지식재산법개론

| | |
|---|---|
| 초판발행 | 2024년 6월 10일 |
| 지은이 | 김창화 |
| 펴낸이 | 안종만·안상준 |
| 편 집 | 사윤지 |
| 기획/마케팅 | 정연환 |
| 디자인 | BEN STORY |
| 제 작 | 고철민·조영환 |
| 펴낸곳 | (주)**박영사** |
| | 서울특별시 금천구 가산디지털2로 53, 210호(가산동, 한라시그마밸리) |
| | 등록 1959.3.11. 제300-1959-1호(倫) |
| 전 화 | 02)733-6771 |
| f a x | 02)736-4818 |
| e-mail | pys@pybook.co.kr |
| homepage | www.pybook.co.kr |
| ISBN | 979-11-303-4734-9    93360 |

| | |
|---|---|
| 정 가 | 17,000원 |